"十二五"辽宁省重点图书出版规划项目

第16辑 三友会计论丛

SUNYO ACADEMIC SERIES IN ACCOUNTING

New Exploring on the Financial Analysis

财务分析新论

王冬梅 等 著

东北财经大学出版社
Dongbei University of Finance & Economics Press
大连

图书在版编目（CIP）数据

财务分析新论 / 王冬梅等著. —大连：东北财经大学出版社，2017.10（2019.5重印）
（三友会计论丛·第16辑）
ISBN 978-7-5654-2952-1

Ⅰ. 财… Ⅱ. 王… Ⅲ. 会计分析 Ⅳ. F231.2

中国版本图书馆CIP数据核字（2017）第226756号

东北财经大学出版社出版
（大连市黑石礁尖山街217号 邮政编码 116025）
网 址：http：//www.dufep.cn
读者信箱：dufep@dufe.edu.cn

大连永盛印业有限公司印刷 东北财经大学出版社发行

幅面尺寸：170mm×240mm 字数：216千字 印张：15.5 插页：1
2017年10月第1版 2019年5月第2次印刷

责任编辑：王 莹 周 慧 责任校对：惠恩乐
封面设计：冀贵收 版式设计：钟福建

定价：35.00元

教学支持 售后服务 联系电话：（0411）84710309

如有印装质量问题，请联系营销部：（0411）84710711

本书得到“企业转型的财务后果研究”和2015年度中国科学院大学生创新实践训练计划“轻资产企业财务分析体系的创新”两项课题的支持。

出版者的话

随着我国以社会主义市场经济体制为取向的会计改革与发展的不断深入，会计基础理论研究的薄弱和滞后已经产生了越来越明显的“瓶颈”效应。这对于广大会计研究人员而言，既是严峻的挑战，又是难得的机遇。说它是“挑战”，主要是强调相关理论研究的紧迫性和艰巨性，因为许多实践问题急需相应的理论指导，而这些实践和理论在我国又都是新生的，没有现成的经验和理论可资借鉴；说它是“机遇”，主要是强调在经济体制转轨的特定时期，往往最有可能出现“百花齐放，百家争鸣”的昌明景象，步入“名家辈出，名作纷呈”的理论研究繁荣期和活跃期。

迎接“挑战”，抓住“机遇”，是每一个中国会计改革与发展的参与者和支持者义不容辞的责任。为此，我们与中国会计学会财务成本分会、东北财经大学会计学院联合创办了一个非营利的学术研究机构——三友会计研究所，力求实现学术团体、教学单位、出版机构三方的优势互补，密切联系老、中、青三代会计工作者，发挥理论界、实务界、教育界的积极性，致力于会计、财务、审计三个领域的科学研究和专业服务，以期为我国的会计改革与发展做出应有的贡献。

三友会计研究所的重大行动之一就是设立了“三友会计著作基金”，用于资助出版“三友会计论丛”。它旨在荟萃名人力作及新人佳作，传播会计、财务、审计研究与实践的最新成果与动态。“三友会计论丛”于1996年推出第一批著作；自1997年起，本论丛定期遴选并分辑推出。

采取这种多方联合、协同运作的方法，如此大规模地遴选、出版会计著作，在国内尚属首次，其艰难程度不言而喻。为此，我们殷切地希望广大会计界同仁给予热情支持和扶助，无论作为作者、读者，还是作为评论者、建议者，您的付出都将激励我们把“三友会计论丛”的出版工作坚持下去，越做越好!

东北财经大学出版社

前言

2013年4月，东北财经大学出版社为我出版了研究生教材《财务报表分析》，本书在广大读者中反映良好。一般来讲，理所当然的选择是出版该教材的修订版以满足教学之需，但我却决定出版一部新的专著，因为《财务报表分析》教材本身就包含了大量篇幅供研讨课使用，出版专著相当于进一步提升和系统化，是一件很有意义的工作。

这次出版的新专著为《财务分析新论》，全书共分10章。第1章针对特定行业的企业的财务报表展开解读与分析，因为这类企业的报表由于某些业务的会计核算要求与传统制造企业大不一样，必定反映在报表项目的差异上。如环保企业，经常采用BT、BOT投融资模式，投资规模大、周期长、会计核算较复杂，其报表项目的含义容易被误读，且这类企业需要特别关注风险的识别与管控，所以值得单列出来进行深入的分析。第2章针对掌趣科技展开案例研究，主要探讨传统财务分析指标、方法和模型是否依旧适用于虚拟经营企业。第3章专门针对虚实混业经营企业乐视网展开案例研究。第4章专门针对经营与金融混业经营企业雅戈尔展开案例研究。这两章主要探讨混业经营企业与单一经营企业在报表分析上有何异同。第4章还专门编制了雅戈尔的管理用财务报表，并在此基础上改造了传统的杜邦模型。在经济新常态下，许多国产品牌呈现衰落之势，其经营和盈利日益艰难，这类企业目前正积极地谋求战略、业务和组织结构转型。那么，这些企业在转型过程中会面临哪些财务问题呢？所以，第5章就专门针对乐凯胶片的转型进行财务诊断与分析。为了帮助国企、央企解决目前所面临的经营困境，财政部自2014年起就力倡管理会计改革，主张财务会计与管理会计的融合、财务与业务的融合等。由于管理会计在外资企业中应用得比较成功，所以在实务界掀起了一股向外企学习的热潮。针对这种情景，本书第6章以亲身经历的案例为基础专门探讨如何从外资企业的成功中挖掘财务报表分析的新视角。在经济下行压力下，企业转型已是大势所趋。在此背景下，无论是学术界还是实务界目前均在热烈讨论轻资产盈利模式的问题。所以，本书第7章主要探讨企业的资产结构与盈利结构之间的匹配关系，由此展开了从财务角度对轻资产盈利模式的研究，主要总结了传统企业如果计划向轻资产盈利模式转型，选择怎样的路径会是比较合理的。第8章承接第7章，侧重讨论实行“资产轻化”的企业其财务后果主要是财务绩效会如何变化。第9章则专门选取了资产构成中以轻资产（主要是表内无形资产）为主要盈利性资产的文化企业其无形资产的价值相关性进行研究。第8章考查的出发点是企业账面财务绩效，第9章的考查点则是对市值的影响，二者正好形成互补。第10章依旧围绕投资决策展开，选取泛海控股更名事件从短期和长期两个时段研究这类企业的投资价值。通过这样的内容设计和结构安排后，本书的脉络就非常清晰了，也就是奔向一个新的主题：新形势下如何从财务角度分析和研究新的问题。这就是本书取名“财务分析新论”的原因。

本书有三大特色。第一个特色可以总结为三新：研究新的问题、选择新的角度、使用改造过的新的分析模型。本书研究的新问题有：特定企业的财务报表如何分析、轻资产盈利模式的财务视角研究、企业转型的财务诊断与分析等。这些问题都是理论界和实务界十分关注的问题。本书在研究过程中很注意选取新的角度。如对轻资产盈利模式的分析，就是从财务角度出发，从考查企业资产负债表的资产结构和利润表的盈利结构的匹配度入手来展开的。此外，本书还指出了需要改造的财务分析模型，即以经营活动为主的企业继续采用杜邦模型，只调整部分财务指标，如互联网公司虽为虚拟企业，但依旧以经营活动为主，所以只需要进行部分指标的调整即可，如不需要计算存货周转率和资产周转率；而对金融活动已不可忽略的混业经营企业，则需要编制管理用财务报表并使用改造过的杜邦模型。本书的第二个特色是充分关注管理决策和投资决策。随着管理会计改革的深入推进，财务报表分析需要自觉地为企业经营分析诊断服务，如为企业战略制定的合理性和执行效果的考查服务，为企业财务风险的准确识别和有效控制服务等。随着企业转型成为普遍趋势，财务报表分析也需要对转型期企业所面临的问题予以充分关注，读者可以从本书的目录中看到这一需要已得到充分满足。除此之外，本书既有大量的案例研究，包括单案例研究和多案例研究，也有足够的实证研究。这一点特别有助于读者对本书的阅读和理解，同时也使得这部专著除了作为研究参考书之外，还可以满足高层次教学的需要，极大地拓展了读者适用群。这是本书的第三个特色。

综上所述，本书可以作为财务分析和财务管理等专业领域的研究参考书，也可以作为会计学、财务管理、金融学、企业管理等专业本科生、学术硕士研究生以及工商管理硕士（MBA）、会计硕士（MPAcc）、金融硕士（MF）等专业硕士研究生的“财务报表分析”等相关课程教材。

本书由王冬梅等著。王冬梅承担了本书的主要撰写工作，王旭、李沛桦、于宏扬、李烁、张季宏、高扬、刘松培、任新鹏、孙明明和游朝阳也承担了本书部分章节的撰写工作。最后由王冬梅统稿和定稿。各人承担的具体章节如下：

第1章由王冬梅和张季宏撰写，其中第1.2~1.6节由张季宏完成，其余由王冬梅完成；

第2章由王冬梅撰写；

第3章由王冬梅、任新鹏和游朝阳撰写，其中第3.3节和3.6节由任新鹏和游朝阳完成，其余由王冬梅完成；

第4章由王冬梅和于宏扬撰写；

第5章由王冬梅和高扬撰写，其中第5.3节由高扬完成，其余由王冬梅完成；

第6章由王冬梅撰写，其中案例的第一手材料由刘松培提供；

第7章由王冬梅、任新鹏和孙明明撰写；

第8章由王旭撰写；

第9章由李沛桦撰写；

第10章由王冬梅和李烁撰写。

最后需要说明的是，本书所有图表下凡未注明资料来源者，其资料来源均为所提及上市公司财务报表及其附注，不再一一注明，敬请读者注意。本书的缺点与错误也请读者批评指正。

作 者

2017年8月

目录

目　录

第 1 章

实体经营企业清新环境的报表分析

1.1 问题的提出

从事原料采购、产品生产和销售的实体企业如青岛啤酒等，由于易于感知其业务环节，对其财务报表的分析已经可以做得很好了。但对于某些特定行业的企业，由于其业务链条比较复杂，经营周期较长，就需要首先了解其业务运作的过程和特点，才能正确地对其财务报表进行分析并提出切实有效的管理建议。环保行业属于朝阳产业，在2016—2020年的“十三五”规划内，国家将进一步加大环保领域的投资，不惜花大力气做好水和大气的污染治理，其发展前景普遍看好。故本章就从采取BOT模式实施污染治理的专业化环保公司的角度出发，首先探究环保产业BOT项目的实施方式、特点和会计处理要求，然后介绍电力行业典型脱硫BOT项目的运作过程，在此基础上选择该行业BOT运营规模较大的典型企业——北京清新环境股份有限公司（以下简称清新环境）作为研究对象，对其财务报表进行分析，主要对其风险进行识别和评价，从而总结出BOT运营模式及公司的财务风险防范措施，以期为政府、排污企业和专业化环保公司选择BOT项目时提供参考。

1.2 电力环保行业实施特许经营BOT模式的必要性

近几年来，我国大陆上空大气的污染问题越来越严重，空气质量恶化呈明显加速的趋势，全国大部分地区极端天气频频发生，而燃煤电厂锅炉尾气排放是造成大气污染的重要原因之一。我国政府为降低大气污染，提高空气质量出台了很多政策和标准，鼓励燃煤锅炉尾气安装脱硫、脱硝和除尘装置，修订和制订了许多有关环境保护的法律、法规。如2013年国家发展和改革委员会下发了《煤电节能减排升级与改造行动计划（2014—2020年）》，2015年重新修订了《大气环保法》。根据中国电力联合会官方数据统计，截至2015年年末，全国90%的燃煤电厂必须达到脱硫、脱硝和除尘污染物的减排指标。按现行国家标准，到2020年，新建燃煤发电机组的运行费用中，仅烟气脱硫设施的运营成本就会高达286亿元。然而，环保工程建设动辄需要耗费上亿元的初始投资，如果污染排放企业投入大量的资金购买技术，既影响企业的经济效益，短期内又难以获得经验丰富的专业技术人员参与技术的应用实施。污染排放企业无论从技术、资金，还是管理上，建设和运行环保设施都存在诸多困难。考虑到污染排放企业的专业性质和资金能力，结合国内外先进的经验，2007年，国家发展和改革委员会、国家环保部委托中国电力联合会负责在电力系统组织开展烟气脱硫的特许经营试点项目，开创了电力系统环保设施运营管理的第三方治理模式，这就是国际上通常所说的BOT（Build-Operate-Transfer，建设-运营-移交）模式。2010年试点项目设施运行可靠，烟气脱硫的特许经营试点取得了成功。2015年1月国务院发布了《关于推行环境污染第三方治理的意见》，确立了第三方治理的“谁污染，谁付费，专业治理”实施原则，正式将BOT模式引入电力环保行业。环境污染第三方治理模式即BOT运营模式是政府和企业将环境污染治理推向市场化，即通过市场机制选择优秀的环保企业负责污染治理的一种方式，该方式按照市场交易手段，利用专业化环保公司的资金、管理和技术力量，对其污染物排放进行治理。而专业化环保公司对环境污染进行治理的同时收取政府或排污企业支付的污染物治理费用，同时承担了污染物治理过程中的政策、经济、技术风险和环保责任。BOT项目的实施减轻了政府或排污企业的债务负担，避免了政府和排污企业的财务风险，二者不需要为上述环保项目筹集大量资金，只要授权投资者，若干年后即可无偿得到基础设施项目。项目的资金风险、排污指标和排污指标的达标风险和损失均由投资者承担。同时项目的预期投资收益也由投资者获得。政府或排污企业可将原来用于环保项目的资金转用于其他项目的投资开发。在此背景下，各专业化环保公司无不积极地介入BOT项目。由于BOT项目的建设周期长、所需资金量大、运营过程中的收入回收存在较大的不确定性等，专业化环保公司所面临的财务风险也大。因此，对从事BOT项目的专业化环保公司的各类财务风险进行专门的研究，是十分必要的。

1.3 相关文献综述

国内采取BOT方式实施基础设施建设起步较晚，主要是关于项目管理方面的研究，如曹堂哲（2005）认为政府在基础项目建设上既是“掌舵人”，又是“划桨人”，这导致了公共物品提供过程中的浪费和无效率，建议政府在BOT项目的审批环节、外汇保障方面、担保体制及人才培养等方面进行制度的建设和改造，以解决现存体制造成的项目难以执行，审批环节过长、过于复杂及审批手续不明确等问题。边立明、杨建基、于国安（2003）把投资回报率划分为资产投资回报率和资本投资回报率，且认为投资回报率的确定决定了基础设施特许经营期限的长短。周国光（2009）在对比了国内外BOT资产核算的制度要求后，认为财政部下发的《企业会计准则解释第2号》文件存在一定的局限性并提出进一步完善的建议。胡熙敏（2011）通过统计含有BOT项目的上市公司年报发现国内将BOT项目的资产分别按金融资产、无形资产和固定资产三种资产属性进行核算，并比较了按三种资产属性进行核算的优劣。刘正奇（2013）以一家污水处理厂的BOT项目会计核算为例，对BOT项目运营期间的收入确认、维修费用的计提、利息费用的资本化以及无形资产的摊销和减值等具体问题进行了阐述。张维宾（2004）、郑先弘和张维宾（2011）、孙燕芳（2013）和张琳（2014）分别从国内和国际会计准则的角度对BOT项目建设和运营期间资产的确认、计量和披露进行了详尽的研究。田华维（2013）以水处理BOT项目为例，探讨了投资者、政府部门等不同对象在BOT项目中所面临的财务风险并将BOT模式的财务风险分为可控和不可控两种，提出了由BOT项目投资方、政府和第三方共同承担风险的措施。徐刚（2015）认为BOT项目风险主要是项目高负债运营、政策频繁变动、项目收入不确定、建设和运营成本难以控制等原因，并分别从筹资、投资、资金回收和成本控制等方面提出了一系列风险控制措施。他认为投资风险是BOT项目存在的最大风险，建议对BOT项目从建设、运营和移交全过程推行全面风险管理体制。朱懿、龚晶晶（2014）以行业均值为基准，对尚德环境的偿债能力、营运能力、盈利能力和成长性进行分析后指出影响环保公司财务状况的主要因素有国家政策、企业自身的筹资能力和营销渠道的建设等。王慧明（2014）运用因子分析法对国内环保上市公司进行综合评价，认为我国环保产业上市公司正处于稳中向好的发展阶段。王世汶等（2015）以1999—2015年我国环保上市公司为样本，聚焦环境细分领域的水处理、大气污染治理、固体废物治理和环境监测公司的主要财务指标变化，统计得出环保公司正从整体成长阶段向成熟阶段发展。

通过以上文献综述可以看出：国内针对基础设施建设BOT项目的风险、会计核算和财务评价的内容较多，专门针对环保产业BOT项目的上述问题进行研究的文献较少。尤其缺乏结合环保产业特点对BOT项目的资产核算、经济效益和财务风险进行研究的文献（吴金辉，2013），更缺乏对拥有BOT运营资质的环保企业的财务风险进行全面、深入研究的文献。故本章选择一家典型的进行电力脱硫BOT项目运营的环保上市公司——清新环境为对象，对其项目层面和公司层面的风险展开研究，以期为环保行业BOT项目的可持续发展提供有益的建议。

1.4　BOT项目的实施模式分类

采取BOT模式的项目具有融资能力强、政府和排污企业的资金需求量小、项目收益有保障的特点，这种模式最初是为引入私人资本进入国家基础设施建设而采取的一种运作方式。BOT现行的运营模式是指政府或企业通过项目招标的形式，授予BOT运营承担企业一定期限该项目运营的特许权力。BOT项目公司在合同约定的条件下负责项目的投资、建设、运营和运营期满后设施的移交。BOT项目公司可以通过项目进行融资，也有权通过项目的运营向用户或政府收取一定的运营费用或出售某种相关产品，并因此获得投资收益。特许经营期结束后，该项目设施无偿或有偿移交给政府或企业。BOT项目衍生出很多其他的形式，一般有：BOO、BOOT、BRT、BOD、BOOST及DBOT。BOO（Build-Own-Operate）即建设-拥有-经营模式，该种模式是上述模式的变形转化，一般在一些特殊需要的国家基础设施项目采取BOO模式，该种模式下，承担项目的公司按照合同的约定建设和运营项目设施，为政府提供合同约定的产品和服务。项目不需要移交给政府或公共部门。BOOT（Build-Own-Operate-Transfer）即建设-拥有-经营-转让模式，该种模式是指BOT项目的实施单位不仅仅对项目进行建设、运营，而且在特许经营期间内拥有该项目的所有权，BOT项目的实施单位对该项目的资产可以按固定资产进行会计确认，特许经营期满后再将项目资产和经营权无偿地移交给政府或企业，也可以以有偿或其他的方式移交。因此，按BOOT模式实施的项目特许经营期一般比较长。实施该种模式的项目公司一般自主经营权限较大，可利用项目的资产进行资金的融通，资产的处理和经营也由项目公司负责。BRT（Build-Rent-Transfer）即建设-租赁-转让模式，这种模式不属于真正意义的BOT模式，它是项目承包商根据项目的要求进行建设，项目建设完成后，将项目设施租赁给其他公司或相关部门进行经营，而承包商通过租赁的租金对投资进行回收，在项目期满后，对项目进行整体转交。该种模式承包商对项目不进行经营，项目发包方更侧重于对项目资金的需求，因此，项目实施的金融属性更为明显。对于承包商来说，该种模式的项目资产按金融资产进行确认。BOD（Build-Operate-Derive）即建设-经营-交易模式，该种模式与常规的BOT模式的区别主要在于移交时项目按固定交易价格或确定的投资回报率进行移交。采用这种模式的项目通常是特许经营期较短，项目公司在短时间无法获得基本的投资回报或项目收益率低于基准收益率的项目。BOOST（Build-Own-Operate-Subsidize-Transfer）即建设-拥有-经营-补助-转让模式。该种模式是一种特殊的BOT项目实施方式，主要针对政府补助低于行业内基本的投资回报率而没有其他收入来源的项目，另外，有一些项目在测试期就可以明确确定该项目收益率明显低于行业的基本投资回报率的也可以应用该种模式。一般政府或企业为促进该项目的合理实施，会对该种项目给予较长的特许经营期，并允许项目实施单位在特许经营期内对该项目的设施独立拥有资产的权利。

1.5 BOT项目的运作过程

对电力环保行业来说，烟气脱硫特许经营模式，就是电力企业将脱硫设施的投资、建设和运营委托给第三方专业的脱硫企业来实施的一种新型的环境治理的行为，是BOT模式在电力环保行业的特殊应用。专业脱硫公司可以在脱硫项目建设之前接入项目的投资建设，也可以在项目建设完成后直接通过一定溢价的方式购买脱硫设施进行运营，专业的脱硫公司付出投资成本和运营期的运营成本，收取运营期享受的国家规定的脱硫环保电价补贴和脱硫设施运行后的副产品（主要为石膏）产生的经济效益。特许经营期的确定可以与脱硫项目对应的发电设施运行期限相同，也可以根据脱硫BOT项目招投标时双方测算并确认的合理经营期确定，同时亦可根据发电机组运行的发电量进行调整。在实际操作过程中，BOT项目运行模式如图1-1所示。

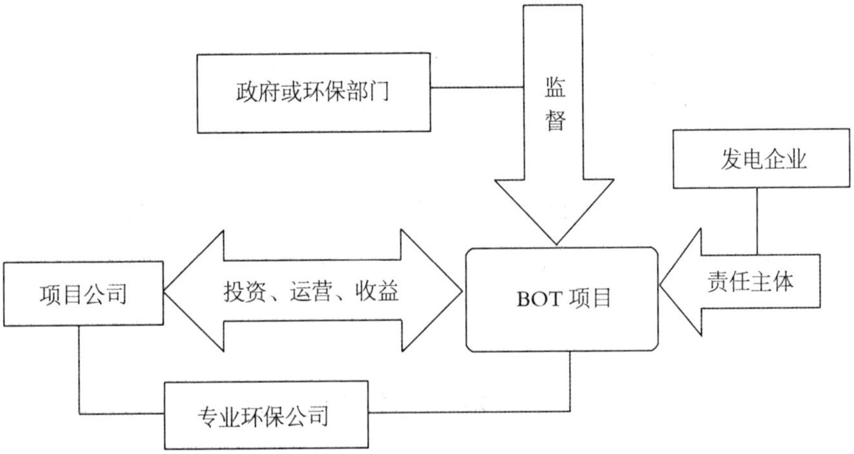

图1-1　BOT项目的运作过程

资料来源：吴金辉.火电厂烟气脱硫特许经营项目风险管理研究［D］.北京：华北电力大学，2013.

项目在特许经营模式下的各方责任如下：

（1）项目公司的责任

项目公司是该BOT项目的运营主体，负责合同期内项目的运营并根据合同承担环保减排的责任。由于BOT项目公司原因造成设施运行达不到环保减排的指标要求，按国家有关规定扣减的脱硫电价和经济处罚由脱硫公司承担。同时，实施BOT项目的公司必须按照国家的有关规定在BOT运行项目上安装烟气脱硫连续监测系统，并通过有线传输或无线传输将烟气监测系统测得的数据直接实时传输到环保部门和电网公司，并对数据的真实性和可靠性负责。同时项目公司也是BOT项目的投资主体，负责对项目进行筹资、投资建设或资产收购，并且项目公司是该项目的收益主体，享受项目带来的整体收益及国家对项目的优惠政策和补贴。

（2）发电企业的责任

在特许经营模式下，发电企业是环境污染减排责任主体单位，其对二氧化硫减排承担着法律责任。承接脱硫BOT项目的专业化环保公司根据BOT合同约定对项目的运营和环保的排放指标承担着相应的责任。根据BOT合同的约定，由于未按合同的规定运行脱硫设施的，专业环保公司要承担相应的经济责任并接受相关政府部门和电力企业的处罚；由于发电企业自身的原因造成脱硫设施运行不能达到国家排放标准的要求，按国家有关规定扣减的脱硫电价和经济处罚由发电企业承担。

（3）政府部门（环保部门）的责任

政府部门（环保部门）是项目的监督主体，负责对项目的环保减排效果进行监督和检查。环保部门同时通过实时监测燃煤机组脱硫设施运行情况，监控脱硫设施运行效果，监控企业的环保减排效果。

1.6 BOT项目的会计核算要求

国际上BOT项目的资产一般可以按金融资产、无形资产和固定资产进行核算，但不同的项目核算的方式不同。对项目采取不同的核算方式，会影响到收益的最终确认。在国内，国家财政部2008年颁布了《企业会计准则解释第2号》（以下简称《解释第2号》文件）对基础设施的BOT项目会计核算进行了官方阐述，包括BOT业务的满足条件、BOT业务在建设期和运营期资产的核算方式等。《解释第2号》文件规定，企业可以根据基础设施项目的特点，将BOT项目资产按金融资产和无形资产进行确认，建设期间项目收入按收取或应收对价的公允价值计量，并在收入确认的同时，确认为金融资产或无形资产。关于基础设施BOT项目在建设完成后的一定期间内，下列两种情况可以确认为金融资产：第一种情况是BOT实施方可以无条件收取确定金额的货币收入或其他金融资产项目，该建设投资可以确认为金融资产。第二种情况，BOT实施方在经营期间的经营服务收费低于合同规定的某一限定金额的情况下，BOT项目的合同授予方需要按照合同的规定将有关差价补偿给BOT项目的实施方，该项目投资也可以确认为金融资产。关于何种情况下BOT项目按照固定资产进行确认，国内会计准则并没有给出明确的界定，但《解释第2号》文件第五条规定，对于基础设施BOT项目，不作为项目公司的固定资产进行确认。

1.7 清新环境财务报表分析

清新环境2012—2016年财务报表

1.7.1 清新环境简介

北京清新环境技术股份有限公司创建于2001年，是一家主业从事大气环境治理，以脱硫脱硝除尘为先导，集投资、研发设计、建设及运营为一体的综合性服务运营商。2011年4月在深交所中小企业板上市，注册资本10.656亿元人民币。截至2016年6月，清新环境拥有18家子公司及15家运营分公司，千余名员工，资产总额超百亿元人民币。清新环境的主营业务包括：大气污染治理设施EPC建造业务和环保设施BOT运营业务两大支柱性产业。EPC建造业务主要是公司为燃煤锅炉客户提供包括设计、供货、安装、技术服务在内的烟气治理设施总承包“交钥匙”工程。在建造业务中，公司开拓了多行业、多领域的脱硫、脱硝及烟气集成净化建造业务，主要客户以中国国电、大唐、华能、中电投、华润等多家电力集团为主，也包括神华、中煤、希望铝业等煤炭、冶金、化工和石油等其他行业的环保设施建设项目。在BOT运营项目上，该公司是特许经营领域的开拓者，2007年7月该公司取得了行业特许经营首批试点最大项目——托克托电厂的运营业务。表1-1列示了清新环境主要的BOT运营项目。

清新环境坚持以技术创新引领发展，长期持续投入研发，引领行业技术发展。公司具有自主知识产权的单塔一体化脱硫除尘深度净化技术（简称“SPC-3D”技术），对现役机组提效改造及新建机组实现SO_2和烟尘的特别排放限值及深度净化带来创新性的一体化解决方案，目前已经成功帮助全国270余台套机组实现超低排放。公司自主研发的湿法脱硫零补水技

表1-1　**清新环境主要BOT运营项目**

项目名称	建设方式	运营状态
内蒙古托克托电厂烟气脱硫工程(1~4期)	资产收购	已投运
内蒙古大唐国际呼和浩特电厂脱硫工程	资产收购	已投运
山西云冈热电厂脱硫工程	资产收购	已投运
河北丰润热电厂脱硫工程	资产收购	已投运
浙江大唐乌沙山发电有限责任公司脱硫工程	资产收购	已投运
山西大唐国际运城发电有限责任公司烟气脱硝工程	BOT(20年)	已投运
山西云冈热电有限责任公司烟气脱硝工程	BOT(20年)	已投运
山西武乡西山发电厂脱硫/脱硝工程	BOT(18年)	已投运
陕西神东店塔电厂脱硫工程	BOT	建设期
重庆石柱发电厂脱硫/脱硝工程	BOT	建设期
新疆图木舒克电厂脱硫工程	BOT(10年)	建设期

资料来源：北京清新环境技术股份有限公司官网。

术，成功中标京能五间房新建2×660MW机组脱硫、除尘、零补水项目，该项目成功实现了单塔一体化脱硫除尘深度净化技术和湿法脱硫零补水技术的首次同期应用。“新一代活性焦干法多污染物脱除技术”“湿法脱硫脱硝一体化技术”“高效节能脱硫技术”“SCR烟气脱硝系统性能优化及SO_3控制技术”“燃煤锅炉烟气脱汞”“燃煤电厂废水零排放”等新技术和新工艺，也将逐步推向市场。概括来说，清新环境的主要研究开发项目包括有关烟气污染治理的干法脱硫、湿法脱硫、脱硫除尘一体化以及烟气脱硝等技术的研究与开发。

清新环境的营业收入主要有两类：脱硫脱硝BOT运营收入和EPC建造合同收入。两类收入的确认标准分别为：本公司脱硫脱硝运营收入是指为火电厂烟气脱硫脱硝运营收入，在脱硫脱硝运营服务已经提供，运营收入和运营成本能够可靠地计量、运营相关的经济利益很可能流入本公司时，确认脱硫运营收入的实现。具体按照如下公式进行确认：收入＝脱硫脱硝电量×脱硫脱硝电价－本公司责任投运率低形成的脱硫脱硝电费处罚款。其中脱硫脱硝电量按照电厂实际脱硫脱硝上网电量计算，脱硫脱硝电价为本公司与电厂约定的本公司为之提供脱硫脱硝服务的单价。对于EPC建造合同收入：本公司在合同总收入能够可靠计量、与合同相关的经济利益很可能流入企业、实际发生的合同成本能够清楚区分和可靠计量、合同完工进度和为完成合同尚需发生的成本能够可靠确定时，于资产负债表日按完工百分比法确认合同收入和合同费用。采用完工百分比法时，合同完工进度根据实际发生的合同成本占合同预计总成本的比例确定。该公司存货的主要构成为建造合同形成的已完工未结算资产。其长期借款利率区间为6%～7.04%。

1.7.2　清新环境利润构成及盈利能力分析

由表1-2可以清楚地看到，BOT运营业务和脱硫建造业务是该公司的主要业务，在2012—2014年间，BOT运营业务收入占总收入的比例由65.45%先增加到69.45%，继而下降为55.71%。2015—2016年虽没有将两类业务的数据分开列示，但从经营情况的讨论与分析获知：营业收入及成本较上期增加较大的主要原因为大气治理建造业务收入增加，新增石柱电厂、亭湖、神木脱硫脱硝特许经营项目取得运营收入以及赤峰博元焦油加氢项目投产所致。至此，至少可以判定在2015—2016年，BOT收入占总收入的比例不会超过50%。这是因为国家有关部门规定：截至2017年，所有电力企业污染物排放必须100%达标。所以期限较短、见效快的EPC建造业务在这2年内将呈爆炸式增长，所以该公司改变经营策略，先参与分享这块业务的政策利好。相应地，脱硫建造业务的收入占总收入的比例就从25.42%增长到27.62%，再增长到43.14%，2015—2016年达到50%以上。BOT运营业务的毛利率要远高于EPC建造业务的毛利率，虽然前者一路下降，从49.7%到44.3%再到43.74%，而后者则一路上升，从9.28%到15.7%再到21.94%。所以总的毛利率就从39.09%下降到36.18%再下降到33.99%。这主要有两个原因：其一是后期BOT业务占比的下降，其二是BOT运营本身的毛利率也在逐年下降。总体来讲，在2012—2013年，该公司各年的利润主要来源于BOT运营业务，并且运营的品质要优于脱硫建造业务的品质。可以说，该公司是一家以BOT项目运营业务为主的企业。2014年，该公司BOT运营业务的收入占总收入的55.71%，建造业务的收入占总收入的43.14%。这表明，2014年清新环境的收入主要来源于BOT运营和建造两大业务，并且该年度建造业务收入比重明显增加，虽然运营业务收入也在增加，但增加幅度低于建造业务。另外，在营业成本中，运营业务营业成本占总成本的47.48%，低于运营业务收入占总收入的比例。而建造业务成本占总成本的51.01%，略高于脱硫建造收入占总收入的43.14%的比例。2015—2016年还继续保持这种趋势。所以，至少可以说，在后三年，该公司的利润有两大来源，建造业务与运营业务同等重要了。通过2012—2016年清新环境营业收入和成本分析可以看到，建造业务和BOT运营业务是该公司的主营业务，运营业务是该公司利润的第一大来源，而近年来，该公司加强了建造业务的管理，提高建造业务的规模和品质，建造业务的利润贡献逐渐接近BOT运营业务的贡献。

表1-2 **清新环境2012—2016年营业收入和营业成本构成及毛利率的变化**

年份	明细项目	营业收入（万元）	占总收入比率(%)	营业成本（万元）	占总成本比率(%)	毛利率(%)
2012	脱硫建造	9 744	25.42	8 840	37.86	9.28
	脱硫运营	25 086	65.45	12 618	54.04	49.70
	技术服务	2 170	5.66	827	3.54	61.89
	活性焦销售	1 326	3.46	1 063	4.55	19.87
	合计	38 327		23 347		39.09
2013	脱硫脱硝建造	21 130	27.62	17 813	36.48	15.70
	脱硫脱硝运营	53 129	69.45	29 593	60.61	44.30
	技术服务	739	0.97	107	0.22	85.47
	活性焦销售	1 505	1.97	1 314	2.69	12.66
	合计	76 502		48 827		36.18
201	建造业务	55 075	43.14	42 993	51.01	21.94
	运营业务	71 131	55.71	40 017	47.48	43.74
	技术服务	0	0	0	0	0
	产品销售	1 473	1.15	1 272	1.51	13.69
	合计	127 680		84 281		33.99
2015	大气治理业务	225 207	99.31	136 400	98.59	39.43
	其他业务	1 573	0.69	1 953	1.41	−24.16
	合计	226 780		138 353		38.99
2016	大气治理业务	327 792	96.58	203 234	95.63	38.00
	其他业务	11 607	3.42	9 278	4.37	20.07
	合计	339 399		212 512		37.39

1.7.3 清新环境成长性分析

从表1-3可以看出，在2012—2016年间，清新环境营业收入从3.8亿元增加到33.9亿元，虽然营业成本和期间费用也同时增加，利润总额从1.1亿元增加到8.9亿元，净利润也从1亿元增加到7.5亿元，增长幅度均很大。可见该公司正处于高速成长期。就增长比率来看，营业收入增长率呈现先降后升再降的态势，虽然营业成本增长率放缓，三费加税金增长率却呈现前三年单调上升后下降的态势，尤其是资产减值损失增长率在2014年和2015年这两年，同比增幅分别高达151%和413%。虽然不含资产减值损失的总成本增长率呈单调下降态势，但最终利润总额增长率呈现的是与营业收入增长率同样的趋势，先降后升再降。可见资产减值损失降低了该公司利润总额的增长率。该公司营业收入增长率和利润总额增长率的变化呈锯齿形，是由其行业特点和BOT项目的会计核算要求决定的（王冬梅，2017）。

表1-3 清新环境2012—2016年利润表片断及增长比率 金额单位：万元

项目 \ 年份	2016	2015	2014	2013	2012
营业收入	339 399	226 780	127 680	76 502	38 327
营业成本	212 512	138 353	84 281	48 827	23 347
营业税金及附加*	3 201	1 714	1 273	583	320
销售费用	7 748	6 358	1 933	1 452	527
管理费用	17 271	15 294	7 892	5 539	4 317
财务费用	10 464	2 510	883	−32	−24
资产减值损失	4 592	4 176	814	324	−379
投资收益	−287	−325	16	0	1 136
营业利润	83 324	58 051	30 620	19 809	11 355
利润总额	89 097	58 664	30 138	19 870	11 423
所得税费用	13 834	6 904	2 492	1 989	1 104
净利润	75 263	51 760	27 058	17 881	10 319
增长率(%)	2015—2016年	2014—2015年	2013—2014年	2012—2013年	
营业收入增长率	49.66	77.62	66.90	99.60	
营业成本增长率	53.60	64.16	72.61	109.13	
三费加税金增长率	49.50	115.98	58.86	46.76	
资产减值损失增长率	9.96	413.02	150.91	—	
不含资产减值损失的总成本增长率	52.96	70.61	69.80	99.02	
利润总额增长率	51.88	94.65	51.68	73.94	

注：全面施行营业税改征增值税后，“营业税金及附加”项目名称调整为“税金及附加”。

1.7.4 清新环境BOT项目本身存在的主要风险

（1）收入不确定性风险

BOT项目的收入主要来自于上网电量的环保电价补贴。而上网电量的大小取决于发电机组的容量和机组年等效发电小时数的大小。机组容量在机组建设之初就已经确定，几乎不能改变，所以，上网电量完全取决于发电机组的年平均发电小时数。而机组发电小时是随着国家或地方的经济、电力需求量和能源供应条件的不同而变化的，它不是一个持续稳定的数据。据中电联统计：国内机组发电小时近几年呈逐年降低趋势，而且将来几年可能还会持续降低。这主要是由于国家近三年经济持续下滑，降低经济增长速度，减少基础建设的大规模投入，传统制造业、冶金业和能源企业萎靡等因素造成的。另外，随着新能源企业的成长，水力发电的大量投运，也压缩了燃煤发电机组的生存空间。由此可见，煤电企业机组发电小时数未来是否会有回升也是不能完全确定的。因此发电机组的上网电量的不确定性决定了脱硫BOT项目收入的不确定性，增加了BOT运营项目的收入风险。

（2）成本增加风险

①煤质好坏影响成本

脱硫BOT项目的运营成本主要包括供应设施运行的电力消耗成本、环保达标排放需要的生产材料成本（石灰石或其他）、未满足设备正常运转的设备修理和维护成本、生产所需要的人力成本等。根据脱硫系统的特点，这些成本的大小取决于发电机组入炉煤的品质好坏。因此，煤质好、烟气含量低的发电机组，脱硫设施的运行成本低；相反，煤质差、烟气含量高的发电机组，脱硫设施的运行成本高。在煤价下降的背景下，发电企业会采取措施，购入品质好的煤质运行，降低了脱硫项目的运行成本，BOT项目的收益率会上升；相反，在煤价上升的背景下，发电企业会采取措施，购入品质差的煤质运行，造成脱硫项目运行成本增加，BOT项目的收益率下降。

②经济环境影响成本

经济环境也会影响脱硫BOT项目运行成本。经济环境差，生产原材料价格相对下降，同时人力成本也会下降，如果在其他条件不变的情况下，脱硫BOT项目的收益也会相应增加。相反，经济环境好，生产原材料价格上涨，人力成本也会随就业趋势转好和物价上涨而上涨，假设在其他条件不变的情况下，脱硫BOT项目的收益就会下降。另外，脱硫设施特许经营运行期间所消耗的水、电、气、汽等需向电厂支付相应费用，需要支付人员工资，需要对脱硫设施进行维护、检修。所有这些构成脱硫生产运营总成本费用。从一般规律及趋势上看，是保持上涨的，即成本费用将随着时间的推移，不断增加。但当前国家的脱硫电价补贴政策是固定的，还没有建立根据行业总成本调整脱硫电价的机制及相关规定。因此，当成本上升很大时，会造成利润大幅降低。

③技术革新影响成本

先进的技术是降低运行成本的主要因素。从脱硫技术引进国内后，十几年间，国内自有的脱硫技术蓬勃发展，一些高效的节能设备被利用到了脱硫设施的运营当中，所以，通过新技术、新产品的使用，能够降低生产物料的消耗。另外，随着自动化技术的提高和信息技术的发展，脱硫设施对人力资源的需求将会逐年减少，因此，有技术优势的企业可以通过技术改造降低运营成本，促进BOT项目的盈利能力。相反，技术落后的企业，可能使得盈利能力很强的BOT项目产生亏损。另外，具有先进的设施建设和改造技术可以降低企业的建设投资和改造投资。而脱硫资产不论作为固定资产进行确认还是按照无形资产进行确认，项目的投资和技术改造成本都会影响企业的盈利能力，在这种情况下，拥有先进技术的企业能够有效降低项目的运营成本。尤其近些年，随着国家环保标准的提升以及监管力量的加强，大量脱硫设施存在技改需求。而BOT发包企业，更愿意将自己运营盈利能力比较差的项目发包给BOT承包企业。这样，只有具有先进的改造和生产运行技术的企业才可能取得相关的BOT项目，降低BOT项目的运营成本，并能够取得预期的盈利水平。

④管理进步影响成本

脱硫BOT项目的终止就是利用环保公司专业的管理能力和技术能力对完成脱硫设施的建设、安装和运营，最终达到企业环保排放达标。

BOT项目公司企业管理水平和BOT项目的生产管理水平决定了脱硫BOT项目的运行成本的高低。管理先进的项目可以提高项目的建设质量和运行质量，生产期间，降低项目的生产运行成本，提高直接和间接参与项目的人力资源的利用效率，提高脱硫设施运行的生产技术水平，完成环保减排指标。管理缺失的企业和BOT项目，可能建设出一个质量不高的脱硫设施，运营成本增加，需要投入大量的人力资源保障设施的健康运行，有些脱硫设施因建设和运行质量太差，完不成环保排放指标，受到政府部门的处罚，造成项目的亏损。

（3）项目投资回收期延长的风险

由清新环境的年报可知，其对外投资主要是BOT项目投资，而影响BOT项目投资回收期延长的因素很多，如BOT项目收入的降低、BOT项目成本增加等。因成本逐年升高是确定的，而收入的变化是不确定的，因此一般来说脱硫BOT项目运营期限延长是必然的。所以在设计时运营期不应低于10年，最好大于15年，这样才能保证在一个基准的收益率之下完全收回投资。

（4）国家政策变动的风险

①BOT补贴政策变化影响收入

BOT项目的收入主要基于上网电量的环保电价补贴。但该补贴电价本意是对发电企业在脱硫设施投运时的一种成本补偿，而随着技术的进步和脱硫专业化公司通过特许经营的方式进入生产运行，部分地区的脱硫设施的运行成本已经远低于1.5分每千瓦时的脱硫补偿电价标准，因此脱硫运营公司在该项目能够取得大量的利润。但是，在BOT项目持续运营期间，国家是否会因为脱硫设施运行成本的降低而调整脱硫补贴电价的标准？尤其近年来国家出台了一系列提高环保标准的新政策，由国务院提出对大气排放采取超低排放标准，并对所有电力企业提出超低排放改造最终期限。这就增加了环保设施的投资成本和投入运营的成本，而提高成本的同时，没有明确提出脱硫电价的补偿电价机制。因此，相对而言，就是变相降低了脱硫电价的补偿。

另外，国家为响应节能减排政策，鼓励使用能耗低的优秀发电机组，淘汰高能耗、低品质的发电机组。国家采取发电企业通过网上交易电量政策，由交易的发电企业直接供应电力需求企业电量。这部分电量没有包含在脱硫电价补贴中，因此，发电企业和BOT项目运营公司无法取得该项收入。如果国家调整相关政策，加大发电企业网上竞价的范围，降低或取消计划电量的范畴，就会使得BOT项目公司面临巨额亏损或没有收入的尴尬境地。

②发电机组运营方式变化影响利润

国家对脱硫设施运行的电价补贴是以上网电量为计价基础的，因此，在设计之初就没有考虑热电联产机组供热燃煤烟气脱硫电价补贴。而对于BOT项目公司而言，在建设之初电力企业会提供机组设计的运行方式，如果该运行方式不发生变化，就不会对BOT运行的收入和成本产生影响。但是，由于企业和政府的需要或技术的革新，往往在运营过程中，很多企业将运营方式由原来的单纯的发电机组改为热电联产机组。而此时，脱硫设施正处在BOT项目运营实施中，机组供热即使脱硫设施的运行成本大大增加，发电企业和BOT项目公司又没有因供热而取得额外的收入。如果机组供热量相对发电量占较大的比例，就会严重影响BOT项目公司的利润，甚至使得本来就收益不高的项目产生严重亏损。

1.7.5　清新环境财务风险分析

（1）BOT业务收入的不确定性风险

由表1-4可以看到，清新环境运营业务收入虽然逐年增长，但增长率降低非常明显，尤其2014年，相对2013年降低至33.88%，远远低于公司收入增长率66.90%。在该公司财务报告中可以看到，公司近几年呈财务扩张趋势，而此时，作为公司的支柱性业务BOT运营业务却呈增速下降趋势，这是由于BOT业务本身的财务风险模式所决定的。如果该公司建造业务不能保持现有的状态高速增加，清新环境的收入增长有可能出现下降。事实上在2016年这种情况已经出现。虽然相对EPC建造项目，BOT项目具有可持续性，但其收入来源于环保补贴电价，而环保补贴电价受上网发电量的影响明显。因此，清新环境财务风险将来主要来自于BOT运营业务收入的不确定性。

表1-4　　清新环境近几年营业收入、成本、利润增长情况

主营业务	项目＼年份	2015—2016（%）	2014—2015（%）	2013—2014（%）	2012—2013（%）
运营业务	收入	—	—	33.88	111.79
	成本	—	—	35.22	134.53
	利润	—	—	32.19	88.77
建造业务	收入	—	—	160.66	116.84
	成本	—	—	141.36	101.51
	利润	—	—	264.31	266.68
全部业务	收入	49.66	77.62	66.90	99.60
	成本	53.60	64.16	72.61	109.13
	利润	51.88	94.65	51.68	73.94

（2）现金流的可持续性风险

①关联方资金占用造成预期财务风险

由表1-5可以看到，清新环境在2012—2016年间，应收账款显著增加，企业计提的坏账准备也随之明显增加。根据清新环境年报可知应收账款的增加，有相当一部分是由于BOT业务的运营收入产生的，因环保电价补贴申请的流程是由BOT项目服务公司向发电企业申请脱硫电价补贴，再由发电企业向电网公司申请电价补贴，电网公司收到发电企业开具的增值税发票后，支付给发电企业，发电企业收到BOT运营公司开具的增值税发票后再支付给BOT运营公司。因此，这个繁琐的环节增加了BOT运营企业的收款速度，使得BOT项目越多，企业的应收账款余额就会越大。清新环境应收账款的增加，增加了企业现金流转的风险。虽然一般来说，BOT运营项目环保补偿电价是国家专项款项，但是也存在发电企业财务紧张临时挪用环保补贴电价的风险，对清新环境来说，BOT项目应收账款的增加对其长期稳健的发展是莫大的危害。所以，据清新环境2016年年报第137页披露该公司将母公司及其所属子公司3.41亿元的应收账款分别抵押和出质为其取得交通银行的借款提供担保和为融资租赁合同

提供质押担保。这也不失为盘活资金的一种有效方法。

表1-5　**清新环境2012—2016年应收账款及坏账准备情况**　单位：万元

项目＼年份	2016	2015	2014	2013	2012
年末应收账款账面余额	234 215	112 400	45 924	27 330	14 924
计提坏账准备金额	9 636	5 380	1 534	785	548

②再融资风险

从表1-6可以看出：除应收账款外，清新环境的期末货币资金存量大体上呈下降趋势，从2012年的10.7亿元下降到2014年的4.8亿元，降幅近一半，2015—2016年开始回升。除2011年上市之初的股权融资外，2012—2016年进行过银行信贷融资，其长、短期借款中有相当一部分为保证、质押和抵押借款，说明所受的融资约束较大。所以资产负债率一路攀升，从20.32%上升到64.28%。较高的资产负债率使得再进行信贷融资日益困难。再从表1-7看其现金流量表片断，销售收现比从130.75%降至59.68%，虽然付现成本比在此期间先升后降，最终下降了7个百分点，从62.37%降至55.38%，但降幅没有销售收现比快，所以经营活动现金净流量虽有所波动，但非常紧张，2016年只有区区8 495万元。2015—2016年公司建造业务骤增，部分项目工期紧，为保障业主投产时间要求，在确保款项回收无风险的前提下，公司短期垫资，推动项目实施，造成经营性现金净流量急剧下降。该公司投资活动现金缺口较大，虽然筹资活动中借新债超过还旧债的，在支付股利之后能有所富余，最终也难以弥补投资现金流的缺口，现金及现金等价物的净增加额2012—2015年均为负值，可见该公司现金流很紧张。若不能顺利地、及时地融取新的资金，其现金断流的风险还是较大的。所幸的是，公司2016年积极拓展融资渠道，通过应收账款质押借款、固定资产售后回租、抵押特许经营权借款和发行清新绿色债等途径融取到了大额资金，有效地弥补了其现金流的缺口，使得公司资金紧张的局面大为缓解。但对于清新环境而言，如何避免将来资金链断裂的风险，依旧是一个需要常抓不懈、积极破解的难题。

表1-6　　**清新环境2012—2016资产负债表片断**　　金额单位：万元

项目＼年份	2016	2015	2014	2013	2012
货币资金	126 314	51 981	47 576	72 893	107 386
应收账款	224 580	107 020	44 390	26 555	14 376
预付款项	42 798	22 332	26 489	29 668	13 135
存货（建造合同形成的已完工未结算资产）	97 759	55 883	14 500	12 060	8 332
固定资产（购置、在建工程转入及售后回租的机器设备）	488 085	203 768	173 785	120 127	106 102
在建工程	51 193	146 360	133 168	74 928	3 696
长期股权投资（合并/母公司）	10 294/108 393	5 131/55 229	0/52 723	0/26 428	0/15 778
资产总计	1 121 620	654 144	481 082	365 431	273 681
短期借款	175 848（保证50 000）	71 320（抵押30 000）	29 320	44 464（保证20 000）	38
应付账款（应付工程、设备款）	94 817	68 034	46 104	28 049	8 610
一年内到期的非流动负债（质押、抵押借款）	69 375	46 435	29 775	12 063（12 063）	15 178（11 000）
长期借款（质押、抵押、保证借款）	23 313（保证19 375）	42 688（保证33 750）	66 663	36 938	29 000
应付债券（16清新绿色债）	108 123	0	0	0	0
长期应付款（应付融资租赁款）	110 056	28 296	0	0	0
负债总计	720 958	351 369	220 714	128 788	55 597
资产负债率（%）	64.28	53.71	45.88	35.24	20.32
股本	107 319	106 560	53 280	53 280	29 600
资本公积	79 305（股权激励）	70 497（转股）	116 851	116 851（转股）	140 531

资料来源：根据清新环境2012—2016年年报整理、计算而得。

表1-7　　**清新环境2012—2016现金流量表片断**　　金额单位：万元

项目＼年份	2016	2015	2014	2013	2012
销售商品、提供劳务收到的现金	202 546	129 437	99 966	64 935	50 113
销售收现比(%)	59.68	57.08	78.29	84.88	130.75
购买商品、接受劳务所支付的现金	117 687	73 012	50 244	34 836	14 562
付现成本比(%)	55.38	52.77	59.62	71.35	62.37
经营活动现金净流量	8 495	9 423	20 310	4 880	24 229
构建固定资产、无形资产及其他长期资产所支付的现金	219 314	58 581	91 493	71 240	50 920
投资所支付的现金	16 323	15 300	3 000	0	80 000
投资活动现金净流量	−234 022	−54 469	−67 332	−71 293	−29 461
吸收投资所收到的现金	30 125	800	3 500	0	1 821
取得借款所收到的现金	316 619	161 500	89 960	73 079	38
收到其他与筹资活动有关的现金(融资租赁款)	129 650	0	0	0	0
偿还债务所支付的现金	125 005	99 090	57 666	33 203	11 000
分配股利、利润和偿付利息所支付的现金(股利)	22 028(10 732)	19 338(10 656)	14 736(10 656)	9 436(7 992)	7 655
筹资活动现金净流量	301 362	43 873	21 057	30 441	−16 816
现金及现金等价物的净增加额	75 867	−211	−25 953	−35 972	−22 049

资料来源：根据清新环境2012—2016年年报整理、计算而得。

(3) 地方税务政策造成收入和成本不确定风险

《中华人民共和国企业所得税法》第二十八条第二款规定："国家需要重点扶持的高新技术企业，减按15%的税率征收企业所得税。"据此，该公司在2008年北京市科学技术委员会、北京市财政局、北京市国家税务局和北京市地方税务局认定的高新技术企业基础上，于2014年10月30日通过高新技术企业复审，取得《高新技术企业证书》，已在北京市海淀区地方税务局备案，2014年至2016年度继续按15%的税率缴纳企业所得税。

《中华人民共和国企业所得税法》第二十七条规定："从事符合条件的环境保护、节能节水项目的所得""可以免征、减征企业所得税"；《中华人民共和国企业所得税法实施条例》第八十八条规定："自项目取得第一笔生产经营收入所属纳税年度起，第一年至第三年免征企业所得税，第四年至第六年减半征收企业所得税。"公司所属托克托运行分公司，丰润分公司，大同分公司，武乡分公司，浙江清新天地等分、子公司的脱硫运营业务符合财政部、国家税务总局、国家发展和改革委员会联合发布并经国务院批准的《环境保护、节能节水项目企业所得税优惠目录（试行）》（财税〔2009〕166号）中"燃煤电厂烟气脱硫技术改造项目"的相关规定，所以享受了相应的优惠政策，见表1-8。

表1-8　　**清新环境所缴纳的主要税种及税率**

税种	计税依据	税率
增值税	应税收入	17%、6%
营业税*	营业额	5%、3%
城市维护建设税	流转税	7%、5%
企业所得税	应纳税所得额	15%

注：全面施行营业税改征增值税后，不再征收营业税。

由于清新环境充分利用了国家免税和减税政策，企业的收入大幅增加，降低了企业的税收支出，该政策成为企业创造利润的重要因素。但是，并不是所有区域的BOT项目都能享受到税务部门的免税和减税的优惠政策的。另外，国务院在该优惠政策备案时，没有将脱硝的BOT项目列入优惠名录，因此虽然脱硝BOT项目符合环境保护节能、节水项目的条件，但仍没有享受到该项税收优惠政策，见表1-9。

表1-9　　清新环境已投运项目营业税优惠政策执行情况

项目名称	免税	减半
内蒙古托克托电厂烟气脱硫工程(1-4期)	取得	取得
内蒙古大唐国际呼和浩特电厂脱硫工程	取得	执行中
山西云冈热电厂脱硫工程	取得	执行中
河北丰润热电厂脱硫工程	取得	执行中
浙江大唐乌沙山发电有限责任公司脱硫工程	审核中	审核中
山西大唐国际运城发电有限责任公司烟气脱硝工程	未取得	未取得
山西云冈热电有限责任公司烟气脱硝工程	未取得	未取得
山西武乡西山发电厂脱硫/脱硝工程	未取得	未取得

1.8 案例分析结论与建议

清新环境占半数以上的收入来自BOT运营业务。所以BOT项目所固有的各种风险都会反映到公司层面上，成为该公司的主要风险来源。除此之外，该公司作为一个实体经营企业，还存在其他影响其健康发展的风险因素，如由于形势变化所导致的业务重点由BOT运营向EPC建造的转移、应收账款回收的信用风险、负债期限与结构的不匹配所造成的流动性风险以及税收优惠政策的变化等。对于清新环境而言，凡属于环境、政策等因素造成的风险隐患自身能作为的地方均很有限，而通过加强企业经营管理就能控制的风险则应当积极地防范，如采取风险自留策略，积极和银行沟通，争取获得银行贷款承诺，向国家相关部门提出“用脱硫电价质押来借贷”的建议就可行、有效（唐拥军、韦玉，2009）。

本章主要参考文献

[1] 曹堂哲.中国政府在BOT中的作用——制度分析与政策选择[J].学术探索，2004（5）：54-57.

［2］周国光.路桥基础设施特许经营会计核算问题探讨［J］.会计学习，2009（8）：20-22.

［3］郑先弘，张维宾.BOT模式下基础设施后续支出的会计实务探析［J］.会计之友，2011（2）：72-74.

［4］唐拥军，韦玉.企业环保问题经营化战略与实施模式创新［J］.管理评论，2009（9）：114-119.

［5］张琳.BOT业务会计核算问题探讨［D］.北京：财政部财政科学研究所，2011.

［6］边立明，杨建基，于国安.基础设施特许经营中的投资回报率分析［D］.商业研究：2011（5）：24-27.

［7］胡熙敏.BOT模式下特许经营权的资产属性及其会计核算研究［D］.长安大学硕士论文，2011.

［8］孙燕芳，张连营，孟维超.基础设施BOT项目资产的信息披露研究——基于路桥类上市公司的案例分析［J］.学术论坛，2013（11）：63-69.

［9］田华维.BOT模式下税务投资项目财务风险研究及对策［J］.经营管理者，2013（22）：298.

［10］吴金辉.火电厂烟气脱硫特许经营项目风险管理研究［D］.北京：华北电力大学，2013.

［11］刘正奇.BOT特许权项目会计核算实例解析——以污水处理厂为例［J］.财会咨询，2013（4）：76-77.

［12］张维宾.BOT方式建设项目运营后会计问题探讨［J］.会计研究，2014（10）：37-40.

［13］朱懿、龚晶晶.生态保护和环境治理行业的财务分析——以“尚德环境”为例［J］.湖北经济学院学报：人文社会科学版，2014（11）：70-72，81.

［14］王慧明.基于财务分析的我国环保产业上市公司综合绩效评价研究［J］.开发与研究，2014（6）：103-106.

［15］徐刚.基于PPP模式的BOT项目财务风险分析与防范［J］.公路交通科技，2015，32（9）：150-153，158.

［16］王世汶，等.中国环保上市公司发展现状及趋势分析［J］.中国环境产业，2015（2）：40-44.

［17］王冬梅，王旭.企业财务风险评价：误区与框架重构［J］.财会月刊，2016（31）：22-27.

第 2 章

虚拟经营企业掌趣科技的报表分析

2.1 问题的提出

传统的财务比率评价和杜邦模型分析是在工业化大生产的背景下提出来的，适用于评价传统的工商企业。进入21世纪以来，随着互联网和移动互联网的飞速发展，涌现出了一大批互联网公司，即所谓的“虚拟经营”企业。这样的企业与“实体经营”企业，如贵州茅台、全聚德等有很大的不同，传统的比率计算加杜邦模型的分析套路是否还有效呢？下面就以一家在创业板上市的典型互联网公司——北京掌趣科技股份有限公司（以下简称掌趣科技）为例来展开讨论。本章的思路是：先以传统的分析方法分析案例企业，如果结论符合这类虚拟经营企业的实际情况并能提出有针对性的建议，那就说明传统的分析方法同样适用于分析新兴的虚拟经营企业；如果不尽相符，就说明要对传统的分析体系进行适度的改造和调整；如果完全不符，那就说明需要重新构建一个新的体系了。

2.2　掌趣科技简介

北京掌趣科技股份有限公司于2004年8月2日成立，2012年5月11日在深圳证券交易所创业板上市，首次公开发行A股4 091.5万股，发行价16元/股，募集资金总额6.55亿元，股票简称“掌趣科技”，股票代码300315。掌趣科技属于信息服务业，主要从事移动终端游戏和互联网页面游戏的开发、发行和运营。其实际控制人为姚文彬，持有北京掌趣科技股份有限公司15.99%的股份。

公司现有员工1 634人，其中研发人员1 152人。作为国内领先的游戏开发商和发行商，公司十分重视研发投入和研发投入的转化效果，如表2-1所示。从表2-1可以看出：掌趣科技近三年来无论是研发人员数量还是研发投入金额均呈增长态势，研发人员占总员工人数的比例从64%上升到70.5%，研发投入金额占营业收入的比例即研发强度每年均超过20%。资本化研发支出占研发投入的比例即研发投入的资本化率2014年和2015年均超过了60%，即超过60%的研发投入转化成了可产生经济价值的无形资产，包括版权和著作权。2016年因研发投入的大幅增长，研发投入金额从2015年的24 686万元增加到2016年的37 895万元，增幅达53.51%，导致当年研发投入的资本化率下降至37.46%。已顺利转化为成果的研发投入对当期净利润的撬动作用明显，资本化研发支出占当期净利润的比例三年分别为32.43%、31.75%和27.91%。也就是说，持续的大额研发投入是掌趣科技盈利的源泉。正因为如此，掌趣科技在移动游戏研发领域能够占据3.7%的市场份额，成为国内仅次于腾讯和网易的第三大手游开发商。

公司在“内生增长”的基础上，不断加强“外延式发展”，持续投资、并购有发展潜力的公司及团队，在2013年2月至2016年3月间，先后有动网先锋、玩蟹科技、上游信息、天马时空等陆续加入掌趣集团，不断夯实其游戏主业，如表2-2所示，交易总金额达799 769万元。

表2-1　　掌趣科技2014—2016年研发投入金额及占营业收入的比例

金额单位：万元

项目	2016年	2015年	2014年
研发人员数量(人)	1 152	1 149	1 076
研发人员数量占比(%)	70.50	65.81	64.00
研发投入金额	37 895	24 686	17 377
研发投入金额占营业收入比例(%)	20.43	21.97	22.43
研发支出资本化的金额	14 195	14 938	10 723
资本化研发支出占研发投入的比例(%)	37.46	60.51	61.71
资本化研发支出占当期净利润的比例(%)	27.91	31.75	32.43

资料来源：根据掌趣科技2016年年报的“经营情况讨论与分析”整理而成。

表2-2　　掌趣科技2013—2016主要投资和并购事件

首次披露日	交易标的	股权比例(%)	标的方所在行业	交易总价值(万元)
2016-03-09	Webzen Inc.	19.24	家庭娱乐软件	110 142
2016-01-16	国金天吉	74.25	多领域控股	30 294
2015-11-17	国金天惠	2.1739	多领域控股	1 000
2015-11-04	大神圈	15.14	媒体	5 100
2015-02-16	天马时空	80	家庭娱乐软件	304 124
	上游信息	30		
2014-03-05	欢瑞世纪	4.67	电影与娱乐	12 800
2013-10-16	玩蟹科技	100	家庭娱乐软件	255 300
	上游信息	70		
2013-02-05	动网先锋	100	家庭娱乐软件	81 009

资料来源：Wind资讯。

通过“内生+外延”的发展模式，掌趣科技已初步构建了以游戏为核心业务，并通过投资布局延伸至文学、动漫、影视、体育、电竞等文化产业领域，从上游IP培育和获取到中游研发再到下游的发行和变现的娱乐生态布局。公司两款精品游戏《拳皇98终极之战OL》和《全民奇迹》为公司带来稳定的收入增长，自上线以来累计流水分别突破30亿和60亿元。其中第一款游戏《拳皇98终极之战OL》为公司2016年带来用户、充值流水和收入的详细情况见表2-3和表2-4。从表2-3和表2-4可以看出：仅一款精品游戏就带来了大量的新增用户，并由此产生大量的活跃用户和付费用户，他们的充值流水共计为公司带来了94 997万元收入，占游戏总收入的一半以上。可见游戏产品的高度集中性，就像好的电影和电视剧一样。

表2-3　**2016年掌趣科技主打游戏分季度运营数据**　金额单位：元

游戏名称	季度	新增用户数	活跃用户数	付费用户数	ARPU值	充值流水
拳皇98终极之战OL	1	2 517 446	4 803 729	573 205	1 037	594 204 586
	2	2 468 855	4 393 845	510 643	988	504 261 970
	3	2 847 475	4 969 512	550 058	862	474 398 275
	4	1 908 274	4 014 621	482 717	1 051	507 167 894

资料来源：根据掌趣科技2016年年报的“经营情况讨论与分析”整理而成。

表2-4　**2016年掌趣科技主打游戏基本情况**　金额单位：万元

游戏名称	游戏类型	运营模式	收费方式	收入	占游戏收入比	推广营销费用	占总营销费用比	营销费用占收入比
拳皇98终极之战OL	手游	联合运营	道具收费	94 997	51.22%	10 394	67.59%	10.94%

资料来源：根据掌趣科技2016年年报的“经营情况讨论与分析”整理而成。

公司的战略规划是：围绕游戏主业进行泛娱乐投资布局。公司战略投资参股韩国上市游戏公司Webzen Inc.，参股投资了成都有明堂互动科技有限公司（体育游戏研发）、广州黑糖网络科技有限公司（走舞类游戏研发）、杭州玄机科技信息技术有限公司（动漫影视制作），通过投资运动保信息技术（北京）有限公司间接投资参股北京微影时代科技有限公司。同时，公司在VR方面进行了一系列投资布局，参股投资了北京乐客灵境科技有限公司（虚拟现实线下体验平台）、北京橙子维阿科技有限公司（VR视频分发平台）、幸福互动（北京）网络科技有限公司（虚拟现实媒体平台服务及游戏分发）。通过这样的战略布局，掌趣科技构建了完备的游戏产业链，实现了资产规模和营业收入的高速增长，如图2-1所示，总资产增长率超过30%，营业收入增长率超过45%。

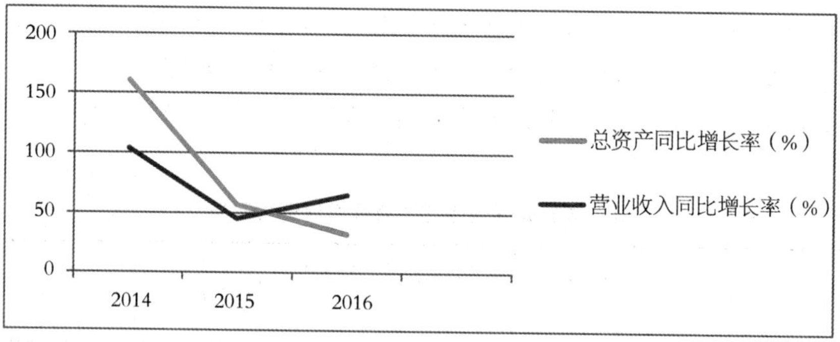

图2-1　掌趣科技2014—2016年总资产和营业收入的增长态势

2.3　掌趣科技2013—2016年财务报表分析

掌趣科技2013—2016年财务报表

2.3.1　利润构成及盈利能力分析

表2-5列示了掌趣科技2013—2016年合并利润表的片段数据，从中可以看出其营业收入、营业成本、营业利润、利润总额和净利润基本上呈现相同的增长趋势。基本的每股收益呈现先增加后略有下降的趋势。其中管理费用2015—2016年有较大幅度的增加，主要系公司研发投入增加及合并天马时空利润表所致。资产减值损失2015—2016年有较大幅度的增加，主要系本期计提长期股权投资减值准备所致。财务费用由负转正，主要系公司债券利息支出和汇兑损益所致。这是初步观察的结果。再通过计算相关比率进行深入分析，如表2-6所示。从表2-6可以看出，2014年和2015年掌趣科技的毛利率比2013年上升了约7个百分点，由此带动营业利润率和销售净利润率上升了3至5个百分点；2016年由于毛利率相比2015年下降了约5个百分点，由此造成营业利润率和销售净利润率下降了

15至16个百分点。显然这不仅是毛利率下降造成的，管理费用和资产减值损失的较大幅度上升也对此有相当大的影响。

表2-5　**掌趣科技2013—2016年合并利润表片段**　单位：元

项目	2016年	2015年	2014年	2013年
营业收入	1 854 690 000	1 123 780 000	774 764 000	380 504 000
营业成本	813 325 000	433 409 000	296 313 000	173 375 000
管理费用	342 593 000	184 376 000	140 974 000	49 231 700
财务费用	10 267 200	-12 254 300	-23 152 000	-23 867 500
资产减值损失	182 715 000	16 465 800	-52 233	2 240 600
营业利润	539 258 000	511 738 000	346 661 000	159 443 000
利润总额	569 222 000	535 530 000	368 502 000	172 494 000
净利润	557 196 000	501 194 000	350 453 000	153 619 000
基本每股收益	0.18	0.19	0.27	0.23

表2-6　**掌趣科技2013—2016年盈利和成长指标**

比率	2016年	2015年	2014年	2013年
毛利率(%)	56.15	61.43	61.75	54.44
管理费用占比(%)	18.47	16.41	18.20	12.94
营业利润率(%)	29.08	45.54	44.74	41.90
销售净利润率(%)	30.04	44.60	45.23	40.37
营业收入同比增长率(%)	65.04	45.05	103.62	—
总资产同比增长率(%)	32.03	56.84	160.61	—

下面就来探究为什么2016年毛利率会出现较大幅度下滑。表2-7列示了掌趣科技2015—2016年营业收入和营业成本的构成及变化。从中可以看出2016年比2015年营业收入增长了65%，但增加的是移动终端游戏的收入，增幅达126%。相反地，互联网页面游戏的收入反而下降了，降幅达36%。因为2016年，互联网游戏行业的总体情况是：客户端游戏与网页游戏市场份额同时出现下降，移动游戏继续保持高速增长。掌趣科技在2016年出现了一个可喜的变化，在国内同业竞争日益激烈的情况下，其境外收入出现高速增长，增幅达323%，从2015年的19 465万元增长到2016年的82 406万元。从表2-7还可以看出，掌趣科技的营业成本增幅超过营业收入，达88%。其营业成本构成项目中的产品分成、渠道分成、市场推广、版权摊销、人工成本和运营费用均有不同程度的增长，其中增幅

最大者为渠道分成和版权摊销。这是造成其毛利率下降的真正原因。掌趣科技以后需要全面加强成本的控制，尤其需要在渠道分成上着力，因为版权摊销已是既成事实。

表2-7　　**掌趣科技2015—2016年营业收入和营业成本的构成及变化**　　金额单位：万元

项目	2016年		2015年		同比增减(%)
	金额	占比(%)	金额	占比(%)	
营业收入合计	185 469	100	112 378	100	65.04
移动终端游戏	157 824	85.09	69 756	62.07	126.25
互联网页面游戏	24 637	13.28	38 338	34.12	-35.74
其他	3 008	1.63	4 284	3.81	-29.78
国内	103 063	55.57	92 913	82.68	10.92
境外	82 406	44.43	19 465	17.32	323.35
营业成本合计	81 333	100	43 341	100	87.66
产品分成	21 494	26.43	13 587	31.35	58.20
渠道分成	12 882	15.84	3 108	7.17	314.41
市场推广	15 379	18.91	8 892	20.52	72.95
版权摊销	21 869	26.89	9 181	21.18	138.20
人工成本	5 296	6.51	4 412	10.18	20.02
运营费用	4 414	5.43	4 461	9.60	6.08
毛利率(%)	56.15		61.43		-5.28

资料来源：根据掌趣科技2016年年报的“经营情况讨论与分析”整理而成。

作者在阅读掌趣科技利润表的时候，发现了一个自相矛盾的现象。那就是掌趣科技2015—2016年母公司盈利能力急剧下降的同时，其合并利润表上体现出来的盈利能力并未呈现同等幅度的下降。在此特将掌趣科技母公司利润表2015—2016年的片段数据列示如表2-8。从表2-8可以看出，掌趣科技母公司利润表上的营业收入同比增幅为30.47%，而营业成本的同比增幅却高达129.85%，远远超过营业收入的增幅，导致2016年没有毛利，反而亏损。掌趣科技母公司会计报表附注对此的解释是：本期营业收入增加较大主要系《拳皇98终极之战OL》于2015年7月上线，该产品上线后持续表现优异所致。营业成本增加较大主要系随收入增加相应分成款增加，以及外购版权、自研游戏产品的成本摊销增加较大所致。2015年，掌趣科技母公司的投资收益为4亿元，2016年降为1.87亿元。掌趣科技解释为：掌趣科技的长期股权投资主要是对子公司的投资，投资收益主要为子公司发放的现金股利或利润，从“取得投资收益收到的现金”一项可以得到印证。母公司2015年在成本法下的投资收益为41 500万元，2016年为17 190万元。2016年投资收益大幅减少主要是子公司分红减少所致。由于投资收益对掌趣科技营业利润的贡献很大，也就是说，只是因为子公司的分红意愿的下降，再加之管理费用有所上升，导致掌趣科技2016年营业利润从2015年的5.17亿元下降为3 804万元，因而进一步导致其营业利润、利润总额和净利润也出现同样急剧的下降。在掌趣科技的子公司动网先锋、上游信息、玩蟹科技和天马时空中，掌趣科技持有天马时空80%的股份，其他3家均持有100%。以子公司天马时空为例，其2016年的营业收入为37 897万元，实现净利润26 676万元，若其全部用来分红，掌趣科技母公司利润表上可确认投资收益21 341万元。但互联网公司分红极少或不分红已成惯例。互联网公司立足于成长并通过成长来提升市值以回报广大投资者和创业元老。这就是为什么母公司不盈利或盈利很低而合并报表却有较好的盈利能力的缘故。这只是子公司股利分配决策的改变而已。

表2-8　**掌趣科技2015—2016年母公司利润表片段**　单位：元

项目	2016年	2015年
营业收入	531 140 255	406 634 564
营业成本	592 652 315	257 566 885
管理费用	100 695 584	80 812 628
投资收益	187 552 325	407 373 769
取得投资收益收到的现金(摘自现金流量表)	171 186 138	359 000 000
营业利润	38 044 394	517 029 578
利润总额	46 059 061	524 807 225
净利润	41 970 008	515 481 670

2.3.2 资产构成、偿债能力和营运能力分析

掌趣科技2013—2016年资产的构成列示如表2-9。从中可以看出掌趣科技没有存货，所以不需要计算速动比率和存货周转率。公司可供出售金融资产2015—2016年增长46%，主要系本期新增对深圳国金天吉创业投资企业（有限合伙）投资所致，投资金额30 294万元，持股比例为74.25%。长期股权投资2015—2016年大幅增加主要系本期新增对Webzen Inc.投资所致，投资金额为119 635万元，持股比例为20.24%，资金来源于非公开募集。掌趣科技母公司长期股权投资主要为对子公司的投资，这可以从合并之后的长期股权投资绝大多数被抵销看出。母公司2015—2016年长期股权投资大幅增加系对天津泛游科技有限公司投资119 600万元所致。掌趣科技固定资产很少。商誉在2013—2015年间增幅很大，从2013年的7.41亿元增长到2015年的56亿元，2016年只有少量的增加，说明掌趣科技的并购集中于2013—2015年。掌趣科技2013—2016年资产的快速扩张主要由股权投资和商誉的快速增长造成，由此推动营业收入的快速增长。这一趋势可以从图2-2中明显地看到。从表2-9还可以看出：货币资金占总资产比（俗称现金持有量）2013—2015年间由于大肆兼并大幅下降，2016年有所回升。股权投资（包括可供出售金融资产和长期股权投资）占总资产比逐年攀升，2016年达23.41%。这是因为从2016年起并购渐少，掌趣科技改而选择通过长期股权投资进行扩张。习惯上将存货、固定资产、在建工程和工程物资称为企业的重资产（袁媛，2013），从表2-9可以看出，掌趣科技重资产占资产比很低，且从4.44%下降到1.04%。所以掌趣科技可称之为典型的轻资产企业（杜海霞，2015），简直可以说“轻飘飘”的。若将无形资产、研发支出和商誉称为无形类资产，则掌趣科技的无形类资产占资产比2013—2015年间逐年大幅上升，从45.39%上升到75.27%，2016年有所下降，其中商誉占了很大的比例。

掌趣科技要实现快速扩张的目的，就需要全方位、多渠道融资。本章将掌趣科技资产负债表上涉及资金来源的项目总结成表2-10。从表2-10可以看出，掌趣科技的资金来源有四个渠道：有息负债融资、股权融资、内源性融资和其他途径。掌趣科技2014年和2015年有少量的短期借款，

表2-9　　**掌趣科技2013—2016资产构成**　　金额单位：元

项目	2016年	2015年	2014年	2013年
货币资金	1 372 510 000	489 218 000	1 082 720 00	842 232 000
存货	0	0	0	0
可供出售金融资产	1 248 590 000	853 081 000	370 086 000	0
长期股权投资	1 186 870 000	65 907 900	64 864 700	17 248 600
长期股权投资(母公司)	7 987 545 693	6 800 776 873	3 530 387 663	889 173 945
固定资产净额	107 813 000	109 182 000	106 400 000	85 669 000
无形资产	116 012 000	233 946 000	130 412 000	93 238 000
开发支出	176 861 000	95 484 100	98 723 800	40 518 900
商誉	5 608 840 000	5 600 140 000	2 990 210 000	741 179 000
资产总计	10 401 400 000	7 878 250 000	5 023 090 000	1 927 410 000
现金持有量(%)	13.20	6.21	21.55	43.70
股权投资占比(%)	23.41	11.66	8.66	0.89
重资产占比(%)	1.04	1.39	2.12	4.44
无形类资产占比(%)	56.74	75.27	64.09	45.39
商誉占比(%)	53.92	71.08	59.53	38.45

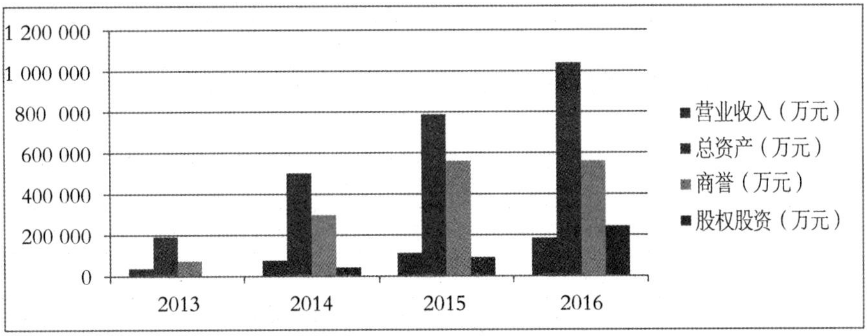

图2-2　掌趣科技2013—2016年资产和营业收入因投资和并购而变化的趋势

2016年面向合格投资者公开发行公司债券（第一期）融资8亿元。掌趣科技2013—2016年每年股本和资本公积均有大幅增加，均系定向增发所致。如公司于2016年1月5日向特定投资者非公开发行人民币普通股（A股）115 473 441股，每股面值人民币1.00元，每股发行认购价格为人民币12.99元，共计募集资金人民币1 499 999 998.59元。扣除与发行有关的费用人民币12 115 473.44元，实际发行募集资金净额为人民币

1 487 884 525.15 元。定向发行股票加现金支付共同作为合并对价用于并购发展前景看好的公司。表2-10中的长期应付款和一年内到期的非流动负债合计实际上为公司尚未支付的合并对价。2013—2016年分别为3.44亿元、7.09亿元、11.2亿元和3.37亿元。掌趣科技的留存收益（盈余公积+未分配利润）逐年增长，2016年达14.66亿元，属于内源性融资来源，也可用于公司的进一步扩张。除此之外，掌趣科技2016年其他非流动负债达3.11亿元，其中3亿元为公司实际控制人姚文彬所提供的无息借款。其中包括已经实施的以15 147万元向公司平价出售的深圳国金天吉创业投资企业（有限合伙）有限合伙人份额。该有限合伙企业主要投资于国内最大的移动阅读平台掌阅科技股份有限公司，由姚文彬先行出资投入，后平价转给公司，该项关联交易已于2016年2月第一次临时股东大会通过，且该笔投资款项作为对公司的无息借款支持，至今姚文彬尚未向公司收取，亦不计息。另无息拆借14 853万元。

表2-10 **掌趣科技2013—2016年的融资统计** 单位：元

项目	2016年	2015年	2014年	2013年
短期借款	0	100 000 000	134 618 000	0
应付债券	796 300 000	0	0	0
其他非流动负债	311 320 378	11 851 375	471 698	0
一年内到期的非流动负债	158 875 000	732 384 000	453 555 000	207 177 000
长期应付款	178 476 000	387 956 000	254 961 000	137 551 000
未支付的合并对价	337 351 000	1 120 340 000	708 516 000	344 728 000
负债合计	1 923 200 000	1 455 720 000	992 411 000	403 094 000
实收资本(或股本)	2 770 870 000	2 658 380 000	1 297 610 000	705 057 000
资本公积	4 090 420 000	2 707 860 000	2 122 150 000	534 425 000
盈余公积	122 015 000	117 818 000	66 269 300	22 307 300
未分配利润	1 344 600 000	887 342 000	506 108 000	262 689 000

根据掌趣科技的资产负债表，可计算出公司2013—2016年长短期偿债指标如表2-11所示和2014—2016年的资产运营效率指标如表2-12所示。从中可以看出，掌趣科技的流动比率前三年大幅下降，2016年回升

至较好水平。这提示公司2014—2015年的短期偿债能力一度较差。从表2-11还可以看出，掌趣科技的资产负债率较低，且呈小幅下降趋势。考虑到掌趣科技的资产构成中有大额商誉不可能用于偿付长期负债，维持这样的负债水平是必要的。从表2-12可以看出，2014—2016年掌趣科技的应收账款周转率呈下降趋势，流动资产周转率却上升幅度较大，这是因为掌趣科技的流动资产主要为货币资金。应付账款周转率呈现更大幅度的下降。结果是应收账款周转期和应付账款周转期都在延长，两相比较，现金周期从15天至16天下降为负。总体而言，掌趣科技的资产运营效率较高，只有总资产周转率较低，平均0.2次左右，即5年才周转一次。这显然与实际情况不符，主要是掌趣科技的大额商誉也参与了运算的结果。所以说，如果企业资产的构成主要为无形类资产和货币资金时，总资产周转率不适合于评价其资产运营效率。同时从表2-12可以看出，由于总资产周转率的小幅下滑，综合作用的结果是掌趣科技的综合性盈利能力指标——总资产收益率和净资产收益率均呈下降趋势。

表2-11 **掌趣科技2013—2016年的偿债能力指标**

比率	2016年	2015年	2014年	2013年
流动比率(倍)	2.99	0.81	1.68	3.58
资产负债率(%)	18.49	18.48	19.76	20.91

表2-12 **掌趣科技2014—2016年资产运营效率指标**

指标	2016年	2015年	2014年
应收账款周转率(次)	6.47	6.64	11.28
应付账款周转率(次)	6.22	9.14	22.28
流动资产周转率(次)	1.35	1.09	0.73
总资产周转率(次)	0.20	0.17	0.22
应收账款周转期(天)	56	54	32
应付账款周转期(天)	58	39	16
现金周期(天)	-2	15	16
总资产收益率(%)	6.10	7.77	10.08
净资产收益率(%)	7.48	9.59	12.62

2.3.3 现金流量表分析

从表2-13的现金流量表片段数据可以看出：掌趣科技经营活动现金流量比较充裕且呈上升态势，2016年达8.76亿元。但由于其投资活动一直有较大的资金缺口，2016年甚至高达22.67亿元，故需要筹资活动的现金流来弥补。由于掌趣科技筹资有方，2013年和2016年均顺利地解决了这个问题，只有2014年和2015年较为紧张。尤其是2015年，总的资金缺口达4.52亿元。

表2-13 **掌趣科技2013—2016年现金流量表片断** 单位：元

项目	2016年	2015年	2014年	2013年
经营活动产生的现金流量净额	875 913 000	484 673 000	408 662 000	140 458 000
购建固定资产、无形资产和其他长期资产支付的现金	188 727 000	183 926 000	178 951 000	80 630 400
投资所支付的现金	1 567 130 000	528 130 000	470 441 000	148 000 000
取得子公司及其他营业单位支付的现金净额	583 218 000	458 819 000	584 052 000	144 083 000
投资活动产生的现金流量净额	−2 266 990 000	−1 002 040 000	−1 097 700 000	−241 864 000
吸收投资收到的现金	1 488 840 000	28 650 500	839 000 000	265 030 000
取得借款收到的现金	944 530 000	100 000 000	134 618 000	0
偿还债务支付的现金	100 000 000	138 739 000	0	0
筹资活动产生的现金流量净额	2 240 000 000	64 218 700	787 904 000	237 829 000
现金及现金等价物净增加额	883 290 000	−451 902 000	98 887 300	136 138 000

从表2-14的销售收现比和付现成本比可以看出掌趣科技的经营活动现金流转质量较高，两个比率虽均呈下降趋势但均处于正常偏好水平。从其净利润现金保障倍数（倍）可以判定掌趣科技的盈利质量很高且总体呈上升态势。从掌趣科技的现金流动负债比率来看，掌趣科技即使按最严格

的标准来考察，其短期偿债能力依旧是很强的，因为该比率各年均超过了国际标准规定的40%的界限，2016年甚至达到了138.19%。

表2-14　**掌趣科技2013—2016年现金流量表比率**

比率		2016年	2015年	2014年	2013年
盈利质量	销售收现比(倍)	1.00	0.98	1.07	1.01
	付现成本比(倍)	0.69	0.78	0.79	0.86
	净利润现金保障倍数(倍)	1.57	0.97	1.17	0.91
偿债能力	现金流动负债比率(%)	138.19	46.53	56.75	54.21

2.3.4　杜邦模型的考察

从表2-15的杜邦模型验算中可以看出，掌趣科技2013—2016年总资产收益率的下降趋势是由两股相反的势力造成的，销售净利润率先升后降和总资产周转率的先降后升。最终还是由于销售净利润率的下降幅度大于总资产周转率的上升幅度，所以总资产收益率还是下降了。资产负债率虽然呈下降趋势但很微弱，故导致净资产收益率也呈现出与总资产收益率一样的单调下降的趋势。由此可见，掌趣科技实行的是差异化的一体化扩张战略（王冬梅，2013）。

表2-15　**掌趣科技2013—2016年杜邦模型验算**

比率	2016年	2015年	2014年	2013年
销售净利润率(%)	30.04	44.60	45.23	40.37
总资产周转率(次)	0.18	0.14	0.15	0.20
总资产收益率(%)	5.36	6.36	6.98	7.97
资产负债率(%)	18.49	18.48	19.76	20.91
净资产收益率(%)	6.57	7.80	8.69	10.08

2.4　案例分析结论与启示

由以上的分析过程可以看出，遵从传统的财务分析框架所下的分析结论基本上与掌趣科技的实际情况相符。可见传统的比率分析加杜邦模型验算对掌趣科技这样的虚拟经营企业依旧是适用的。但有两点需要特别注意：第一，要对企业业务和运作过程有一个全面的了解，以达到真正理解报表数据的目的。要认真、仔细地阅读公司报表，不遗漏重要的参考信息。第二，个别指标需要取舍和调整，如速动比率、存货周转率不需计算，总资产周转率对于评价虚拟企业的资产运营效率基本无效。

本章主要参考文献

［1］袁媛．我国企业重资产的态势分析及其财务风险管理［J］．财会月刊，2013（2）：5-8.

［2］杜海霞．浅谈资产运营模式——基于华谊兄弟案例研究［J］．财会月刊，2015（27）：112-113.

［3］王冬梅．财务报表分析［M］．大连：东北财经大学出版社，2013.

第 3 章

虚实混业经营企业乐视网的财务报表分析

3.1 问题的提出

乐视网信息技术（北京）股份有限公司（简称乐视网）原本属于网络视频行业，主要收入来源于基于网络视频的广告业务，是一家典型的虚拟经营企业。伴随着智能终端产品乐视手机、乐视超级电视和乐视汽车的推出，乐视网开始大举涉足实体制造，成为一家虚实混业经营企业。该公司目前已转型成唯一一家基于一云多屏构架、实现全终端覆盖的网络视频服务商，构筑起“平台+内容+终端+应用”的全产业链架构，希望借此持续提升品牌知名度、扩大用户规模，实现流量的快速变现和规模的快速扩张，最终实现公司的可持续发展。对于这种虚实混业经营企业，学术界将其盈利模式定义为“互联网+制造业服务化”（简兆权、伍卓深，2011），是一种典型的由轻转重的“轻资产运营”模式。对于这样的公司，若按传统的财务报表分析思路进行分析，势必“很难看”。若只分析其盈利模式和战略，未免“避重就轻”，未抓住问题的本质。所以本章采取折中的办法：立足于分析其盈利模式和战略执行效果，不回避其会计处理方法所存在的问题，明确指出其盈利能力下降和资金链紧张等财务风险点。在此基础上提出改进战略决策，促进公司可持续、健康发展的建议。

3.2 概念界定与文献综述

3.2.1 相关概念界定

（1）制造业服务化

制造业服务化是一个双主导结构（姚小远，2014；童有好，2015）。一个是以制造业为主体，从单纯提供产品到提供产品及相关增值服务，包括制造业投入服务化（市场调研、设计研发、信息咨询等）和制造业产出服务化（售后服务、维修保养等）两部分，即由制造业企业主导的制造业服务化，被称为“制造型的服务化”（Servitization）；另一个是以服务业为主体，从单纯提供服务延伸至产品生产制造环节，同时提供服务及产品，即由服务企业主导的制造业服务化，被称为“服务型的制造业化”（Manufacturization）。自20世纪90年代起，制造业服务化开始在国际大型跨国公司中盛行，主要以制造业为主导向服务业延伸。简兆权、伍卓深（2011）将其路径归纳为四类：①下游产业链服务化；②上游产业链服务化；③上下游产业链服务化；④完全去制造化。①、②类属于初级制造业服务化，对企业要求较低，适用于中小型企业；③服务化程度较高，业务已延伸至整个产业链，适用于竞争力较强的大型制造企业；④则是在③的基础上完全退出制造领域，实现完全服务化。IBM、西门子、华为等世界知名企业均是依靠“制造型服务化”实现产业升级转型，从提供产品到提供服务，发展到面向客户需求提供整体解决方案，进而使企业成为解决方案的提供商。

（2）重资产企业的资产轻化和轻资产企业的资产重化

相对于服务业，制造业属于重资产行业，制造企业需要在设备、厂房等固定资产上投入大量的资金，存货也会占用部分资金。戴天婧、张茹、汤谷良（2012）归纳总结出轻资产企业应具有如下特征：较多的现金储备、较高的资产周转速度与存货周转速度、较高的利润、较少的存货与固定资产。杜海霞（2015）将轻资产重新定义为具有杠杆效应且能获得超额收益的经济资源。因此，“制造型的服务化”就是重资产企业实现资产轻化的过程，而“服务型的制造业化”就是轻资产企业实现资产重化的过程，如图3-1所示。

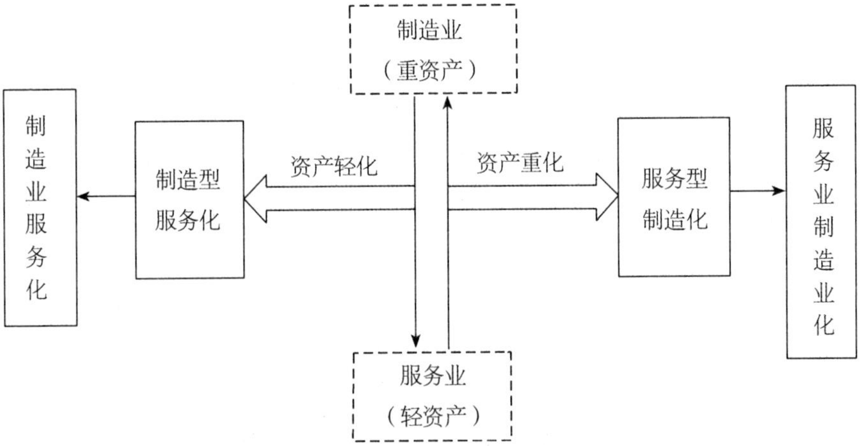

图3-1　制造业服务化的过程

资料来源：简兆权，伍卓深.制造业服务化的路径选择研究——基于微笑曲线理论的观点［J］.科学学与科学技术管理，2011，32（12）。

（3）互联网+制造业服务化

“智能工厂”+“智能生产”+“智能物流”是工业4.0的三大主题，其目标是建立一个高度灵活的个性化和数字化的产品与服务的生产模式。在这种模式的催化作用下，各领域间的界限将会越发模糊，直至消失。未来制造业就是要依靠互联网平台，为客户提供个性化的定制产品及服务，从而解决顾客所需。因此，工业4.0的商业模式=高性能的硬件制造+高附加值的软性创造+完备的互联网生态建造。“互联网+制造业服务化”是时代的产物，也是大势所趋。

（4）战略与战略管理

通常认为，战略是一种计划或规划，是关于企业长期发展方向以及范围的规范，力求企业资源与市场相匹配，最终达到组织目标（H. Mintzberg，2005）。安索夫（2013）认为：“战略管理是保证企业持续的发展，通过将企业外部环境与内部资源的整合，对企业全部经营活动所进行的根本性和长远性的规划与指导。”徐飞（2009）则将企业战略分为总体战略、竞争战略以及职能战略，其中总体战略又可分为一体化、多元化等战略，竞争战略可分为低成本战略、差异化战略等。

3.2.2 文献综述

张新民、粟立钟（2015）认为关于财务报表分析领域的研究多数是关于某个企业盈利能力、偿债能力等方面财务比率的研究，这在夯实财务报表分析理论基础的同时也限制了财务报表有用性的发挥。所以财务报表分析方法、视角存在不足，需要适应时代发展，不断进行改进。徐建雯（2012）认为通过财务报表的数据分析能够发现企业管理的信息，透视企业的管理理念。王冬梅（2013）指出可根据企业的财务报表特征设计一套指标体系来判定企业所实施的战略类型及效果。张新民（2014）认为如果对资产负债表的分析局限在确认、计量和报告的层次上则制约了资产负债表有用性的进一步提高，需要构建从会计要素到企业战略分析体系的资产负债表。

3.3 乐视网简介

乐视网（300104）于2004年在北京中关村科技园成立，2010年在深圳创业板上市，是一家集合了互联网视频、影视剧制作与发行、智能终端设备等为一体的互联网企业。在国内互联网视频行业持续低迷的大背景下，乐视网却实现了营业收入和资产总额的高速增长。乐视网将其归功于战略和盈利模式的创新，即“平台+内容+终端+应用”生态系统的构建。

3.3.1 乐视生态系统简介

乐视网是除暴风集团外中国A股唯一上市的视频公司，主要从事基于网络视频的广告业务、终端业务、会员及发行业务以及其他业务。乐视以为用户提供服务为中心，建立了“平台+内容+终端+应用”这一开放式的生态闭环系统。除了乐视影业、乐视自制等内容生态，乐视将手机、电视、电商、体育、汽车、版权采购运营、云计算等多个产业通过互联网这个平台实现了跨界融合。伴随着智能终端产品的推出，乐视目前已成为唯

——一家基于“一云七屏”构架，实现全终端、全视频领域融合的网络视频服务商。“一云七屏”即用一片云覆盖到电视、手机、PC、Pad、汽车、影院、VR等7个渠道。乐视利用“互联网+”，不断打破产业限制，进行融合，实现了产业链垂直整合和跨产业链价值重构，打造了一个开放闭环式的大屏互联网生态系统。基于生态运营，通过跨界创新、渗透、融合，以用户为中心，不断创造全新的产品体验和更高的用户价值。

3.3.2　乐视生态系统中硬件制造的作用

乐视传统的收入来源是影视版权分销和广告，经过近六年的发展，收入结构重心已逐渐向终端和会员收入转换。乐视网主要收入增长点为超级电视与会员捆绑销售，作为非传统电视制造商，乐视并未将制造、销售智能终端作为其利润的主要增长点。而低于量产成本的定价策略，使得乐视超级电视销量在报告期内实现大规模增长，同时致使其控股子公司乐视致新仅2016年就亏损73 052万元。互联网使硬件制造从厚利时代进入微利时代，乐视超级电视则直接跨入负利时代，未来有可能再进一步迈入硬件免费时代。在乐视“硬件负利”的时代背景下，虽然乐视生态对硬件进行了反哺，但乐视致新仍会持续亏损。为了最大限度地满足用户需求及反馈意见，乐视采用了互联网公司的“快速迭代”策略从而不断完善硬件产品。因此，在乐视生态中，电视、手机、汽车等硬件产品，已不再只是单纯销售一件产品，而是服务的载体，是垂直商业模式的连接点，是用户与乐视相互促进、沟通的桥梁。

3.3.3　乐视的软性创造

2016年乐视会员付费业务收入已超过56亿元。乐视网通过“内容+体验+服务”的组合，创造新价值，为用户提供更加体贴入微的超预期服务。作为视频网站，内容是吸引用户、留住用户的关键和基础，为了夯实内容生态，乐视对内容产业链不断进行整合，生产内容、扩展内容、发行内容，巩固版权优势，为用户提供极致的内容服务。为了提高服务质量，乐视在基础平台研发、新产品与技术的研发以及现有平台的升级改造等方面持续加大了投入力度，仅2016财年乐视研发支出为18.6亿元，占同期营业收入的8.47%，对外极大地改善了用户体验，对内提升了运转效率。

3.3.4 乐视的互联网生态建造

乐视是典型的互联网公司，互联网贯穿于乐视生态的各个方面，为用户提供了全生命周期的优质服务。乐视大力搭建云平台，建立大数据的应用体系。为了提升营销效率，降低销售成本，乐视开放性地提出了CP2C+O2O的众筹营销模式。“CP2C”即Customer Planning to Customer，是一种由用户驱动生产的柔性生产模式，由顾客发起产品的个性化订购邀约，主张让用户全面、深度参与到产品研发、生产、定价、销售、售后等每一环节，为客户打造真正为其所需要的产品。乐视CP2C+O2O的营销模式是提供个性化服务的一种手段，其首先被应用于电视领域，而后，也将被运用到整个终端、应用、内容生态来提高其核心竞争力。

3.4 乐视网2014—2016年财务报表分析

乐视网2014—2016年财务报表

3.4.1 盈利的可持续性

表3-1中所指的广告业务即视频平台广告发布业务；终端业务即公司销售的终端产品的收入，不包含缴纳的服务费；其他业务指的是目前收入相对较小、尚未形成规模的业务，如云视频平台业务、技术开发服务等。从表3-1可以看出，乐视网终端业务收入增长很快，2016年比2014年增长269.22%，且占比从40.18%上升至46.09%。可见乐视网在互联网视频行业盈利瓶颈期积极转向了终端设备的生产销售。正当业界对于乐视超级手机、超级电视盈利能力翘首以盼之时，乐视网又采取了竞争战略中的低成本战略，对外宣布其“双倍性能、一半价格”定价标准，对外公开其生产

成本，相比较iphone6和三星note4每台售价加价成本的150%以上来说，乐视手机是唯一生产成本高于售价的手机。乐视网之所以积极进行战略转型开拓终端设备手机、电视领域，并且宣称“不靠硬件赚钱”使得净利润率骤降主要有两方面的考虑：第一，占领市场积极“卡位”，互联网视频用户具有粘性低的特点，很难形成忠诚的客户群体。通过乐视手机、电视、机顶盒等终端产品的低于成本价的销售，在迅速扩大销售收入的同时更重要的是积累了用户，拓展了用户群体，培养了用户的忠诚度。第二，乐视网2004年成立时国内视频行业盗版横行，借此机会乐视网低价囤积了大量的影视版权，然而其影视版权的分销大部分是版权的置换，并不能为乐视带来可观的收入，版权的利用效率低。通过超级电视的销售在拓展用户的同时还捆绑了乐视所拥有的版权，采取付费观看+免费观看相结合，并且在版权的内容中插入贴片广告。这一方面可以提高版权的利用效率，另一方面又提高了乐视的广告收入。从表3-1还可以看出，终端业务毛利率低，盈利薄。其广告业务收入、会员及发行业务收入虽然大幅增长，但占比在下降。其他业务收入占比在上升，但体量很小。

表3-1　**乐视网2014—2016年营业收入构成**　金额单位：万元

明细	2016年		2015年		2014年	
	金额	占比(%)	金额	占比(%)	金额	占比(%)
广告业务收入	397 992	18.13	263 368	20.23	157 206	23.05
终端业务收入	1 011 683	46.09	608 883	46.78	274 005	40.18
会员及发行业务收入	678 317	30.90	378 236	29.06	242 192	35.52
其他业务收入	107 076	4.88	51 185	3.93	8 491	1.25
合计	2 195 068	100.00	1 301 672	100.00	681 894	100.00

从表3-2可以看出，2014—2016年乐视网毛利率略有上升，但净利率降为负。主要原因是经营利润率小幅下滑、财务费用和资产减值损失大幅上升。其中财务费用主要为利息费用，资产减值损失主要为坏账损失及存货跌价损失，其中前者影响要大得多。2016年财务费用大增主要系公司2015年下半年发行的19.3亿元非公开债券，本报告期内全年计提利息，相比上年计提期间长，导致本期利息支出的增加；同时为满足业务快速发展的资金需求和储备资金资源的战略考虑，增加的借款带来利息支出的增

加综合影响所致。其实投资收益、营业外收入（主要为政府补助）和所得税费用反而对净利润有所贡献。由上可见，乐视网盈利的可持续性令人担忧。实体企业所存在的共同问题都在乐视网的终端制造业务中充分地表现了出来。

表3-2 **乐视网2014—2016年盈利指标** 金额单位：万元

年度	2016年	2015年	2014年
营业收入	2 195 068	1 301 672	681 894
营业成本	1 822 922	1 111 201	582 813
经营利润	60 673	45 980	26 946
财务费用	64 803	34 898	16 792
资产减值损失	35 197	12 015	5 369
投资收益	3 664	7 895	—
营业外收入	4 660	4 499	2 756
所得税费用	−10 682	−14 295	−5 590
净利润	−22 189	21 712	12 824
毛利率(%)	16.95	14.63	14.53
经营利润率	2.76	3.53	3.95
净利润率(%)	−1.01	1.67	1.88

注：经营利润=营业收入−营业成本−税金及附加−销售费用−管理费用。

3.4.2 偿债能力和资产运营效率

从表3-3可以看出，乐视网2014—2016年间短期偿债能力较差，虽然有所提升，资产负债率先升后降，总体偏高，长期偿债能力较弱。总资产周转率有所下降，资产的流动性变差。应收账款周转期先缩短后延长，延长了24天，对乐视网不利；存货周转期先延长，后缩短，缩短了6天。应付账款周转期一直在延长，延长了12天，有利于乐视网。合并起来，现金周期先缩短后延长，延长了6天，与应收账款周转期的变动趋势一致。所以总括起来，乐视网的资产运营效率在降低，尤其是应收账款的收账期为2~3个月，对资金的占用和坏账损失的发生是引起乐视网资金链紧张的重要原因之一，而应付账款的付账期也在2~3月之间，很容易引起供应商的集体挤兑风潮，给乐视网带来诸如“欠款门”之类的危机。

表3-3　　乐视网2014—2016年偿债能力和资产运营效率指标

指标	2016年	2015年	2014年
流动比率(倍)	1.27	1.22	0.81
速动比率(倍)	1.20	1.07	0.65
资产负债率(%)	67.48	77.53	62.23
总资产周转率(次)	0.68	0.77	0.77
应收账款周转期(天)	99	73	75
存货周转期(天)	21	30	27
应付账款周转期(天)	86	78	74
现金周期(天)	34	25	28

3.4.3　现金流的可持续性

表3-4　　乐视网2014—2016年现金流量指标　　金额单位：万元

项目	2016年	2015年	2014年
销售收现比（%）	66.67	77.17	85.48
付现成本比（%）	69.79	68.06	82.60
净利润现金保障倍数（倍）	（分子分母均为负数） 4.81	4.03	1.82
现金流动负债比率（%）	−8.56	11.75	5.32
经营活动产生的现金流量净额	−106 806	87 570	23 418
投资活动产生的现金流量净额	−967 538	−298 475	−152 568
筹资活动产生的现金流量净额	947 750	436 535	115 327
现金及现金等价物净增加额	−124 557	226 743	−10 837

从表3-4可以看出，乐视网2014—2016年销售收现比与付现成本比均呈下降趋势，但前者下降的幅度更大些，所以其经营活动产生的现金流量净额先上升后剧降，呈明显恶化的态势。2016年度经营活动产生的现金流量净额较2015年度变动−222%，主要是乐视致新本年部分对外销售硬件由先款后货改为有销售账期，采购账期未发生变化，导致整体经营现金流为负数。净利润现金保障倍数虽然很大且超出正常范围，但并不表示

其经营活动现金流日益充裕，而是反映其净利润逐年下滑最终亏损的事实。现金流动负债比率远低于40%，表示乐视网短期偿债能力较差，该指标2014—2015年有所回升，但2016年变成负值。乐视网投资活动的现金缺口逐年扩大，从15.3亿元扩大到96.8亿元，虽然其筹资活动产生的现金流量净额逐年增加，从11.5亿元增加到94.8亿元，但由于经营活动的净现金流量不稳定且呈恶化趋势，最终造成不能完全弥补投资现金流净缺口。乐视网三年中有两年现金及现金等价物净增加额为负值，尤其是2016年为-12.5亿元，这是乐视网资金链紧张的又一证明。

表3-5　**2014—2016年乐视网的融资渠道和规模**　单位：万元

项目	2016年	2015年	2014年
可供出售金融资产	169 053	15 953	2 000
长期股权投资	207 030	1 005	0
固定资产	114 032	62 935	34 302
无形资产	688 202	487 983	333 854
开发支出	69 658	42 416	38 806
商誉	74 759	74 759	74 759
其他非流动资产(主要是预付版权款)	165 830	51 153	23 080
短期借款	260 036	173 500	138 800
一年内到期的非流动负债(主要为一年内到期的长期借款和应付债券等)	264 640	9 898	40 115
长期借款	302 445	30 000	0
应付债券	0	190 056	0
其他非流动负债	561 528	347 234	101 557
股本	198 168	185 602	84 119
资本公积	619 724	54 915	136 602
吸收投资收到的现金	1 114 451	4 791	42 040
取得借款收到的现金	628 956	904 657	266 060
发行债券收到的现金	0	189 526	0
偿还债务支付的现金	494 710	674 693	173 841
购建固定资产、无形资产和其他长期资产支付的现金	546 995	280 935	127 387
投资支付的现金	365 878	14 223	8 951

从表3-5可以看出，乐视网2015年发行非公开公司债券融资19亿元。2016年非公开发行股票募集资金净额为人民币47亿元，还有新设基金公司吸收投资64亿元。除此之外，2014—2016年乐视网还通过长、短期借款分别筹资27亿元、90亿元和63亿元。通过向公司实际控制人贾跃亭、贾跃芳股票质押借款2015年度达34.7亿元，2016年度这类借款还扩展到其他四家公司，合计总额达56亿元，见表3-6所示。由此可以看出，乐视网的筹资渠道多样，几乎所有的筹资方式都使用过。另一方面，乐视网所筹集的资金除用于偿还债务外，主要用于购建固定资产、购买版权和研发支出、购买理财产品及新增投入多家公司使对外投资支付增加，如2016年新增对TCL多媒体投资20.24亿元就是通过认购TCL多媒体发行的新股H股。2016年年末可供出售金融资产余额较2015年年末增长959.69%，主要是因为：新参股投资了喜悦动漫（杭州）股份有限公司、乐视创景科技（北京）有限公司、深圳超多维科技有限公司等多家公司。乐视网2014年并购东阳市花儿影视文化有限公司形成合并商誉7.5亿元，此后再无并购事件发生。从以上叙述可以看出，乐视网资金需求量大，生态架构涉及多个行业，虽然筹资额增加很快，但投资额增长更快，出现资金入不敷出的情形已成常态。所以乐视网需要十分警惕资金链断裂的风险。

表3-6　**乐视网2015—2016年其他非流动负债的构成**　单位：万元

明细	2016年	2015年
贾跃亭借款	260	207 060
贾跃芳借款	43 374	140 174
华夏人寿保险股份有限公司	40 000	0
宁波杭州湾新区乐然投资管理合伙企业(有限合伙)	143 000	0
芜湖歌斐资产管理有限公司	274 894	0
深圳市引导基金投资有限公司	60 000	0
合计	561 528	347 234

3.5 乐视网的盈利模式、战略的判定及转型效果的考量

财务报表分析应用于战略决策效果的检验，是一种新的拓展。轻资产企业资产重化本来是为了降低财务风险，但到底结果如何需要进一步验证。

表3-7 乐视网2014—2016年资产结构分析（以占总资产的百分比表示）

年份	货币资金	应收账款	无形资产+开发支出+商誉	可供出售金融资产+长期股权投资	存货+固定资产+在建工程+工程物资
2014	5.65	21.38	50.55	0.23	12.16
2015	16.07	19.78	35.64	0.10	10.41
2016	11.38	26.95	25.83	11.67	6.47

表3-8 乐视网2014—2016年无形资产结构 金额单位：万元

年份	非专利技术	系统软件	影视版权	合计	影视版权占比(%)
2014	29 113	27 393	436 494	493 000	88.54
2015	63 810	41 144	383 029	487 983	78.49
2016	101 994	78 751	507 456	688 201	73.74

表3-9 乐视网2014—2016年负债构成（以占总负债的百分比表示）

年份	短期借款	应付账款	一年内到期的非流动负债	长期借款+应付债券	其他非流动负债
2014	25.20	29.15	7.28	0	18.44
2015	13.18	24.54	0.75	16.71	26.37
2016	11.96	24.92	12.17	13.90	25.82

通过表3-7可知，乐视网属于轻资产公司，其重资产占比（（存货+固定资产+在建工程+工程物资）/总资产）呈下降趋势，其资产结构逐渐轻化。但2010—2014年间，乐视网的“互联网+制造业服务化”曾导致其资产结构由轻变重，证明了在资产结构上“服务型的制造业化”就是轻资

产企业逐渐重化的过程。除此之外，其资产结构主要由货币资金、应收账款、无形资产、开发支出及商誉构成。其中货币资金、开发支出与无形资产总和2014—2015年占总资产的比例达50%以上，2016年因为有11.67%的对外股权性质的投资使得这一比率只达到了37.21%。可见乐视网的核心资产是无形资产，其无形资产主要包括非专利技术、系统软件和影视版权，而影视版权占比达70%以上，见表3-8。这得益于乐视网成立之初就注重版权的购买。企业战略的制定是与企业自身的资产结构相呼应的，乐视网近三年无形资产与开发支出快速增长（见表3-5），说明乐视网的战略出发点与落脚点仍然是其以影视版权为核心的无形资产。乐视网资产规模扩张迅速，截至2016年12月31日，资产总额较2014年增长了264.18%，透过财务报告可发现乐视网通过发行新股等手段投资建立了十几家全资及控股子公司。主要的子公司有2012年投资建立的控股子公司乐视致新（天津）电子科技有限公司（以下简称乐视致新）及2014年并购的全资子公司花儿影视等。通过对乐视致新的并购也使得乐视网经营活动扩展到了手机、电视等终端设备领域，成就了乐视网成为国内涉足最广的“互联网视频企业”。可见乐视网通过子公司的并购使生产经营活动多元化，即总体战略中的多元化战略，涉足智能终端领域。表3-9同样验证了乐视网近三年来一直采用外源融资方式来支撑其快速扩张的多元化战略。然而乐视网急速扩张的同时也带来了隐患，乐视网资产负债率持续上升，由2014年的62.23%快速增长到2015年的77.53%，2016年仍达67.48%。与此同时乐视网的负债结构主要是短期负债，乐视网每年进行大量短期借款来弥补流动性资金的不足，见表3-9。这表明该公司有较大的流动性风险和不能及时偿债的风险。

至此乐视网的战略已经非常清晰：以本企业的影视版权为核心的无形资产为基础，多元化的总体战略为主导，以子公司（乐视致新）采用竞争战略中的低成本战略，通过快速扩张达到企业的利益最大化，做大做强乐视网，增强乐视网的市场竞争力。乐视网不靠硬件赚钱而靠捆绑销售，通过付费收看形式获得持续性的收入能否实现，而这部分的销售利润能否弥补乐视超级电视的总成本，则是其战略转型成功与否的关键。我国互联网视频付费业务近年来刚刚起步，并且一直处于低迷状态。据有关研究机构数据显示，截至2016年年底，中国有效视频付费用户规模已突破7 500万，增速达241%，是美国市场的9倍，中国视频付费正在发生“聚变”。尽管如此，我国视频网民用户付费比约为11.7%，远低于美国35%的视频付费用户比。在这些付费用户中偶尔点播付费的用户达到了70.9%，相比之下包年、包月的视频付费用户占比不足三分之一。对于大多数网络视频用户来说，一直采取免费视频收看方式，突然改为视频付费还没有形成习惯，这种免费意识还需要时间来改变。

乐视网智能终端业务乐视超级电视由富士康代工，由其控股子公司乐视致新公司生产销售，通过对乐视致新公司的利润表分析能够说明这种不靠硬件盈利，单纯靠版权绑定付费的模式对于我国现阶段国情并不适用，乐视致新陷入了“增收不增利”的困局，其2016年较2014年营业收入增长了291.55%，高达161亿元，净利润为-6.4亿元，如表3-10所示。然而对于集团公司总体来说也没有带来明显的收益，2016年乐视网合并利润表的净利润为-22 189万元。

表3-10 **乐视致新电子科技（天津）有限公司报表片断** 单位：万元

年份	营业收入	净利润	经营活动现金流量
2014	410 720	-38 634	-43 788
2015	869 283	-73 052	115 963
2016	1 608 157	-63 567	-250 241

重新审视乐视网的战略调整，我们发现其实乐视网依然是围绕其影视版权在做文章，无论是做超级手机或者超级电视，都是在为影视版权占领市场，最终目的也是通过影视版权获得利润。然而新的战略并没有有效地解决互联网视频行业的发展瓶颈，大量的投资反而增加了本身的流动性风险及偿债风险。就目前互联网行业的发展形势来看，视频内容、特色依然是互联网视频企业的核心竞争力，优质的视频版权资源所能带来的用户流量优势依然明显，在不能有效降低影视版权成本的前提下，互联网视频企业可通过与影视公司进一步加强合作，获取影视版权确保影视资源的唯一性及质量，同时加强自身的品牌建设，如此才是长远之计。

3.6 乐视网的会计处理方法的合理性判断

优酷土豆公布的2014财年业绩显示，非美国通用会计准则净亏损为人民币5.557亿元（美元8 960万元），而2013年净亏损为人民币3.421亿元（美元5 510万元）。同期对比，乐视网2014财年利润总额为人民币7 290万元，实现净利润约1.288亿元，2013财年利润总额为人民币2.46亿元，净利润达2.324亿元。尽管两家适用的财年并不是同一时间段，但完整财年内财务数据的对比仍对乐视网财务状况分析具有参考价值。对比两家公司，为何同是视频运营类公司利润却相差悬殊？笔者以2014年报数据为例从以下两个方面进行进一步分析。

3.6.1 利润最大化的版权摊销方法

作为视频内容运营商，乐视网和优酷土豆最大的无形资产均为影视版权。乐视网在中国大陆创业板上市，根据其发布的2014年财务报告，其无形资产摊销所使用的年限如表3-11所示。

表3-11　**乐视网各无形资产明细摊销年限**

项目	预计使用寿命
影视版权	授权期限或10年
系统软件	合同受益年限或10年
非专利技术	合同受益年限或10年

资料来源：乐视网信息技术（股份）有限公司2014年年报的会计报表附注。

众所周知，新的影视剧在上映后，流量会随时间的延长呈递减趋势，即第一年的流量是最大的。此外，版权分销业务作为重要的收入组成部分，其来源主要集中在影视剧播出后的一年内。根据配比原则，影视版权应在短期内集中进行摊销。根据视频行业的特殊性，想要真实反映公司运营的实际情况，应对摊销法进行变更。优酷土豆根据流量监测结果所做出的评估制定了相应的版权摊销原则，如表3-12所示。

表3-12　　**优酷土豆电影和电视剧的摊销方法**

项目	第一年摊销	第二年摊销	第三年摊销
电影	85%	7.5%	7.5%
电视剧	80%	10%	10%

资料来源：优酷土豆股份有限公司2014年年报。

为了能更直观地比较两种摊销方法的不同，笔者将乐视网无形资产的直线摊销方法转化为优酷土豆的短期加速摊销法。遵循优酷土豆电视剧的摊销原则进行重新计算，结果如表3-13所示。

表3-13　**乐视网影视版权摊销的调整对其2014年利润总额的影响**　单位：万元

项目	2014年
直线摊销法	61 639
短期加速摊销法	102 879
差额(直线-加速)	-41 240
利润总额	7 290
调整后的利润总额	-33 950

资料来源：根据乐视网信息技术（股份）有限公司2014年年报数据重新计算而得。

由计算结果可知，两种不同的摊销方法的差额巨大，2014年乐视网调整后的利润总额为负，可见，乐视网所采用的直线摊销法的确对财务报表具有很好的粉饰作用。同时笔者发现，乐视网影视版权的净增加额逐年上升，但直线摊销法与短期加速摊销法之间的差额却呈现出“倒U形”的变化轨迹，这种现象说明，乐视网直线摊销法的优势正在逐步减弱。对比两家公司所使用的会计处理方式，短期加速摊销法会计入更多的成本，但从长期来看，直线摊销法会在后期愈发显现其副作用。这也是目前乐视网与优酷土豆盈利差别的重要原因。未来乐视网将面临巨大的版权摊销压力（黄庆平，2010）。

3.6.2　收入确认原则分析

乐视网除了广告业务及版权分销业务带来的持续性的收入增长外，终端业务收入与付费业务收入也呈现出了爆发性增长，而且取代广告业务成为乐视网主营业务收入的第一大贡献源。这主要得益于乐视超级电视“硬件+服务”捆绑的销售模式，帮助乐视网快速扩大了用户规模，抢占市场份额。由于这种销售模式的会员服务年限为2年，根据收入的确认原则，这2年期的会费收入应在两年内分别计入主营业务收入。优酷土豆对于此类会费收入实行的也是按收益期进行分摊，而乐视超级电视捆绑的所有会员付费业务收入（2年期）全额进入当年收入。所以被认为这一收入确认原则违背了谨慎性原则。但本章对乐视所采用的收入确认原则持赞同态度[①]。

乐视网2014财年年报显示，乐视致新2014年营业收入高达41.07亿元，但毛利率仅有0.36%，营业利润亏损达5.03亿元，净利润亏损3.86亿元。为了补贴乐视致新硬件的亏损，乐视网与乐视致新就超级电视捆绑销售的会员收入进行了拆分，捆绑销售会员收入的80%归乐视致新所有，剩余的20%由母公司乐视网确认收入。对于此类营销手段，乐视致新只涉及超级电视的销售，并不提供任何后续的服务，因此，乐视致新可将“硬件+服务的80%”直接于2014年当年确认为收入。从合并报表角度看，同一份销售合同，“硬件+会员服务的80%”已确认为收入，为了保证销售收入的完整性，剩余的20%的会员费理应一同确认为收入。

3.6.3　合并范围的改变

2015年乐视网持有乐视电子商务（北京）有限公司（以下简称“电子商务”）30%股权，持有67%表决权，将电子商务纳入合并报表范围。2016年10月，乐视网将持有的电子商务15%的股权转让给乐荣控股（北京）有限公司，转让后持有电子商务15%股权。2016年合并报表将电子商务利润表及现金流量表纳入合并范围，资产负债表期末不再纳入合并范围，期末将该股权转让对合并报表产生的影响确认为资本公积。这一合并范围的改变，似有“甩包袱”的嫌疑，因为乐视电子商务2016年已陷于亏损状态，亏损额达7.37亿元。乐视网这样做的结果似为以后年度扭亏为盈做准备。

总之，乐视网收入确认原则及版权摊销原则一直备受争议，而合并范

① 乐视网下属子公司乐视影业的财务总监蔡文星曾到中国科学院大学经济与管理学院作过一次专题报告。他对此也表示认同，认为没有违反审慎原则。

围的改变并未引起异议。通过以上财务分析可以看出，乐视网的收入确认原则符合公司实际情况。按照优酷土豆的版权摊销原则调整后的2014财年利润总额为-3.395亿元，远远低于优酷土豆亏损的5.557亿元人民币。由此可以看出，乐视网能够迅猛发展的根本性原因是其独特的盈利模式创新与生态布局。

3.7 案例分析结论与建议

服务和整体解决方案并重转变而形成的一种新型商业形式，是打破产业间界限，重构价值链，实现二、三产业融合的过程。“互联网+”是以互联网平台为基础，以信息通信技术（ICT）为纽带，各行业间进行跨界融合，从而推动产业创新、优化升级和催生新的产业的过程，其主要方式就是开放协作，跨界融合。制造业服务化和互联网+的最终目的都是实现价值链跨界融合，制造业服务化是内容和方法，互联网+为其提供了平台、技术和手段，二者相辅相成。互联网+制造业服务化是时代的产物，是实现中国制造业战略转型、产业结构全面升级的有效途径。

随着我国对影视版权的保护力度加大，影视版权成本居高不下，互联网视频行业面临严重的盈利困境。本章以乐视网为例，通过对其2014—2016年财务报表的分析来探究其发展战略、盈利模式是如何转型的，财务效果如何。通过本章的研究发现：乐视网的盈利模式不是靠财务手段或是终端、应用、内容、平台中某个单一的环节来实现的，而是依靠乐视网生态体系中各个产业链的无缝衔接、相互配合而实现的全生态盈利。因此未来制造业及服务业在互联网的大背景下，也不再只是依赖提供商品或服务而实现单一环节的盈利，而“互联网+制造业服务化”最终也将落地到为客户提供个性化服务上，硬件设备和服务体验都只是满足用户个性化需求的载体，服务于更高用户价值的实现，从而实现良性循环。制造业和服务业向“互联网+制造业服务化”转换主要依托产业链融合，将公司内部资源、外部环境、经营机制等进行有机整合，且转型成功的企业大多为名企，有充足的资金、高素质的人员配备、注重品牌建设、有自己固定的渠道及客户群，这些都是中小企业无法比拟的。因此在产业转型升级的过程中，企业不能简单地复制或拷贝已有的商业模式，应结合自身实际情况不断进行修正，才能保持持续、稳健的发展。乐视网现在存在的问题是：盈利下降，财务风险凸现，资金链格外紧张，战略规划需要聚焦。故此，本章提出如下建议：

（1）强化企业核心竞争优势

术业有专攻，企业也是一样。首先，企业要集中优势力量研发核心业务，然后再打通整个产业链，提高上下游议价能力，最后再进行产业融合。切勿好高骛远，盲目扩大业务范畴。无论是为硬件设备提供服务，还是为服务提供硬件载体，互联网+制造业服务化都是为企业的核心业务服务的，因此一定要不断巩固、提升企业的核心竞争力，不可本末倒置。

（2）加强互联网生态建设

互联网现已贯穿于价值链的各个环节。随着信息化、云计算、大数据、网络社交营销等的迅速发展，企业与客户之间的距离越来越近，服务的方式与形态也得到不断地丰富和创新。构建开放、协作、共享、互利的互联网生态系统，不仅有利于共享经济的发展，更是推动产品服务专业化、个性化发展，实现产品、服务交易便捷化的基础，从而满足客户的多样化价值需求。

（3）提供专业、个性化服务，建立完善的服务体系

一是以客户为中心进行产品、服务的定制，让客户参与到产品生命周期中的各个环节。二是要重视客户对产品及服务的体验，积极培养客户的品牌忠诚度。三是建立强大、完善的服务体系，细分目标市场，不断挖掘客户的潜在价值需求，实现服务与产品解绑，由以产品为导向的服务结构向以价值需求为导向的服务结构转换。

（4）警惕过度制造业服务化

轻资产企业实行资产重化与重资产企业实现资产轻化都是因为轻资产和重资产这两种商业模式自身所固有的发展局限性和风险性决定的。将两者融合可以有效突破局限、规避潜在风险。但凡事都有个度，制造业一味追求轻资产化就会忽略硬件设备的质量等问题，服务业一味追求重资产化就会导致企业资产的获利能力降低等风险。

（5）正视目前存在的财务问题

"平台+内容+硬件+软件+应用"的"乐视生态"以内容为基础，加强相关增值服务的开发及应用，在多屏领先技术优势与"乐视生态"的垂直产业链的整合布局支持下，通过电视、PC、手机、平板等多屏终端为用户带来极致体验。目的是提升上市公司的变现能力、改善公司现金流、实现全面盈利，然而这一目标并未达到。进入2016年下半年以来，乐视网的高管层也意识到这一问题，并做出收缩战线突出主业和上市公司、裁员和积极应对"资金门、欠款门"的重要决策，本章作者认为这是比较明智的选择。

本章主要参考文献

［1］明茨伯格，等.战略过程：概念、情境、案例［M］.影印版.北京：中国人民大学出版社，2005.

［2］徐飞.战略管理［M］.北京：人民大学出版社，2009.

［3］黄庆平.乐视网年报分析：关注无形资产核算［J］.财会月刊，2010（10）：51-52.

［4］简兆权、伍卓深.制造业服务化的路径选择研究——基于微笑曲线理论的观点［J］.科学学与科学技术管理，2011（12）：137-143.

［5］戴天婧、张茹、汤谷良.财务战略驱动企业盈利模式——美国苹果公司轻资产模式案例研究［J］.会计研究，2012（11）：23-32.

［6］王冬梅.财务报表分析［M］.大连：东北财经大学出版社，2013.

［7］安索夫.战略管理［M］.影印版.北京：机械工业出版社，2013.

［8］姚小远.论制造业服务化——制造业与服务业融合发展的新型模式［J］.上海师范大学学报：哲学社会科学版，2014（6）：60-71.

［9］张新民.资产负债表：从要素到战略［J］.会计研究，2014（5）：19-28.

［10］杜海霞.谈轻资产运营模式——基于华谊兄弟案例研究［J］.财会月刊，2015（27）：112-113.

［11］童有好."互联网+制造业服务化"融合发展研究［J］.经济纵横，2015（10）：62-67.

［12］张新民、粟立钟.财务报表分析：理论内涵与学科定位［J］.财务研究，2015（1）：25-33.

第 4 章

经营与金融混业经营企业雅戈尔管理用财务报表的编制与分析

4.1 引言

随着实体经营企业盈利日益艰难，相当多的企业开始寻求跨界转型，其中一部分转向金融业务，演变成一家经营与金融混业经营的企业，本章研究的雅戈尔就是这类混业经营企业的一个典型。问题是这类企业是否还能继续沿用传统的财务分析指标和模型呢？答案显然是否定的。传统的财务报表最大的局限性就是没有区分企业各类业务活动的性质，而管理用财务报表的编制能很好地解决这一问题，它按照企业日常活动的性质将其划分为经营活动和金融活动。相对于通用报表，管理用财务报表准确地反映了企业用于经营活动和金融活动不同的资金来源，很好地说明了不同经营活动对净利润产生的不同影响。因其具有更强的逻辑性和合理性使得其所提供的会计信息更加明确，能更好地为管理者决策服务，同时还能提供许多新的财务分析视角。并且管理用财务报表对传统的杜邦模型进行了改进，使得目标企业在分析其盈利能力时引用的数据更加合理，从而得到的结论也更加准确，更加切合实际。所以，在我国企业经营管理中引入管理用财务报表是非常必要的，对提高管理层的整体管理水平也有极大的推动作用。故本章拟以雅戈尔为例来具体说明如何编制管理用财务报表以及如何就这类报表进行分析。

4.2 概念界定与文献综述

2008年国际会计准则理事会（IASB）和美国财务会计准则委员会联合发布了《关于财务报表列报的初步观点（讨论稿）》，其中建议一个会计主体应该把持续性业务和金融活动信息分开列报。意思是建议企业可以把自己的各类活动按照经营活动和金融活动划分开来，按照这种思想在传统的财务报表基础上编制管理用财务报表，包括管理用资产负债表、管理用利润表、管理用现金流量表（刘玉廷，2009）。2010年我国注册会计师考试（CPA）财务成本管理教材中开始引入管理用财务报表体系，这一创新引发了国内会计学者们的广泛关注。根据这本教材，管理用财务报表的特征就是根据企业日常经营活动的性质进行区分，而不像传统报表那样依据会计要素进行区分。经营活动涉及产品和要素市场，内容包括销售商品或提供劳务等营业活动，以及生产性资产的投资活动。金融活动涉及资本市场，第一类是筹资活动，形成金融负债和股东权益，目的是为经营活动提供资金；另一类是投资活动，利用多余资金形成金融资产。

我国会计学术界也一直在研究和探讨对传统财务报表的改进和创新。徐露（2012）提出现行的财报列表分类方法有许多优点，包括按照流动性对资产和负债进行划分，可以计算不同资产的变现能力以及债务的偿还期限，对预测未来的现金流有帮助。但同时表内信息的分类存在一定的问题，即三张报表的内在联系不紧密，口径不一致等问题。张新民（2014）提出从要素到战略的创新财务报表思路，从会计要素资产负债表仅从会计视角来研究资产负债表的局限性，引出企业战略管理理论，即“企业管理的全过程就是企业战略制定与实施的过程”；通过探讨资产负债表揭示的战略信息及其理论与实践价值，从战略这个全新的视角构建了三张资产负债表：战略结构、战略关系和战略方向资产负债表，提高了财务报表的使用价值。黄世忠（2015）认为在移动互联网时代新技术、新科技不断涌现，商业模式的创新颠覆了我们传统的观念，在这种背景下传统的财务管理、财务会计就会严重的滞后于时代的发展。作者从资源整合理念、商业模式创新以及智能制造模式等移动互联网下的新思维入手，总结了传统报表中核算方法的落伍，对于资产类型确认的模糊性，以及没有差异化企业来计量的局限性，提出应该结合时代和商业环境的变迁，对财务会计进行适当的创新和变革。

张新民、黄世忠虽力倡对传统财务报表进行改进和创新以满足变化了的形势和需求，但终究只提出了设想和框架，实务界很难真正理解和把握，也就很难付诸实践。所以按照财务报表分类列报改革的要求直接编制管理用财务报表并对之进行分析就是比较可行的选择。金永、玄立平（2011）、李丽霞和李宁（2015）分别就如何编制整套的管理用财务报表并在此基础上进行有针对性的分析进行了示范。下面作者就以雅戈尔为例尝试进行管理用财务报表的编制。

4.3 雅戈尔简介

在经济新常态下，上市公司的经营活动和金融市场的发展有着千丝万缕的联系，多元化经营已是大势所趋。我国上市公司跨界转型也正在如火如荼地进行中，如恒大集团，从最初 的地产业扩张到现在的足球、音乐、粮油、矿泉水、金融等领域。本章研究的案例企业——雅戈尔也正在跨界经营。

雅戈尔集团股份有限公司的前身为宁波青春发展公司，是一家由宁波青春服装厂和鄞州区石矸镇工业总公司共同投资的联营企业，注册资本1 000万元。其中宁波青春服装厂拥有其75%的权益，鄞州区石矸镇工业总公司拥有其25%的权益。公司专门生产衬衫、西服等系列服装。1993年3月18日，经宁波市体改委甬体改（1993）28号文批准，由宁波青春服装厂、鄞州区石矸镇工业总公司、宁波盛达发展公司共同发起，以原宁波青春发展公司为基础，采用定向募集的方式，改制设立为雅戈尔集团股份有限公司（以下简称雅戈尔）。1998年11月19日，雅戈尔在上海证券交易所上市。经过30多年的发展，雅戈尔逐步确立了以品牌服装、地产开发、金融投资三大产业为主体，多元并进、专业化发展的经营格局，成为拥有员工5万余人的大型跨国集团公司。品牌服饰是雅戈尔的基础产业，经过30多年的发展，形成了以品牌服饰为龙头的纺织服装垂直产业链。2008年集团并购了美国KELLWOOD公司旗下的知名男装品牌——新马集团，雅戈尔锦上添花，一度成为全球最大的男装企业之一。雅戈尔进入地产行业较早，自1992年以来开发了东湖馨园、苏州未来城、钱湖比华利等高质量楼盘，其优质的服务和专业化的物业管理，在客户群体中树立了良好的形象和口碑，赢得了市场上的一致好评。雅戈尔置业的经营理念是：为社会创造文明、和谐、温馨、优雅的居住环境，成为“品质地产的先行者”。1993年雅戈尔开始进入金融投资领域，针对一些有发展潜力的公司进行战略性的投资。随着近年来对金融产业、资源性企业、行业龙头企业等投资业务的进一步深化，金融投资成为集团的探索性产业。2008年，雅戈尔成立凯石投资管理公司，集聚了诸多资深投资管理专家，主要从事投资管理及咨询，投资产业逐渐向专业化、纵深化方面发展。

针对雅戈尔这种跨界经营的情况，通过分析传统的财务报表已经不能满足管理者以及学界研究的需要，所以本章从编制雅戈尔的管理用财务报表入手，完成对该企业的财务分析，有助于发现企业真实的价值所在。

4.4　雅戈尔2014—2016年管理用财务报表的编制

本章根据雅戈尔2014—2016年年度报告编制其管理用财务报表。

雅戈尔2014—2016年财务报表

4.4.1　管理用资产负债表的编制

管理用资产负债表的编制核心就是区分金融资产与金融负债。流动资产中的金融资产有“交易性金融资产”、其他流动资产中一年期以内的“可供出售金融资产”和“委托贷款”。非流动资产中的金融资产有“可供出售金融资产”、“持有至到期投资”以及其他非流动资产中的“委托贷款”。流动负债中的金融项目有“短期借款”、“以公允价值计量的金融负债”和“应付利息”，无非流动金融负债。在区分出金融性质的项目后，剩余的项目均为经营性质，此处我们假设货币资金全部为经营性资产。

按照以上的分类原则，运用恒等式：净经营资产=经营性资产-经营性负债，净负债=金融负债-金融资产，净经营资产=净负债+所有者权益。编制后的管理用资产负债表见表4-1。

表4-1　**雅戈尔2014—2016年管理用资产负债表**　单位：元

项目	2016年	2015年	2014年
经营性流动资产	26 613 357 854.79	27 117 089 372.94	26 017 840 894.07
减:经营性流动负债	8 136 457 876.86	12 952 843 546.78	16 008 297 609.42
净经营性营运资本	18 476 899 977.93	14 164 245 826.16	10 009 543 284.65
经营性长期资产	13 223 637 918.86	13 079 914 397.44	11 513 101 037.85
减:经营性长期负债	974 955 882.58	1 499 733 102.89	922 099 193.90
净经营长期资产	12 248 682 036.28	11 580 181 294.55	10 591 001 843.95
净经营资产	30 725 582 014.21	25 744 427 120.71	20 600 545 128.60
金融负债	31 908 860 780.34	31 455 955 739.56	13 949 421 639.73
减:金融资产	24 074 835 729.41	26 080 279 284.47	10 092 780 181.62
净负债	7 834 025 050.93	5 375 676 455.09	3 856 641 458.11
所有者权益	22 891 556 963.28	20 368 750 665.62	16 744 103 670.49
净负债及所有者权益合计	30 725 582 014.21	25 744 427 120.71	20 600 745 128.60

4.4.2　管理用利润表的编制

管理用利润表的编制相对简单，只需关注以下项目：投资收益、资产减值损失、公允价值变动收益和财务费用。为了简便起见，将财务费用全部划分为金融性损益。所得税费用按照所得税费用/利润总额的比例进行分摊。利息费用金额为财务费用与公允价值变动收益以及投资收益抵销后的结果。编制后的管理用利润表如表4-2所示。

表4-2　　雅戈尔2014—2016年管理用利润表　　单位：元

经营性损益：	2016年	2015年	2014年
一、营业收入	14 894 999 392.47	14 527 392 635.30	15 903 215 969.08
减：营业成本	8 679 507 165.99	9 028 878 163.51	9 647 110 086.03
二、毛利	6 215 492 226.48	5 498 514 471.79	6 256 105 883.05
减：营业税金及附加*	1 242 464 402.89	1 059 636 818.65	1 261 935 908.11
销售费用	1 787 215 627.24	1 683 634 769.33	1 761 660 554.31
管理费用	820 829 810.59	760 102 496.52	772 178 403.73
资产减值损失（经营）	255 300 720.00	139 668 231.11	1 177 140 286.71
投资收益（经营）	1 065 659 836.25	886 864 547.54	562 102 640.27
三、税前营业利润	3 175 341 502.01	2 742 336 703.72	1 845 293 370.46
加：营业外收入	231 917 272.09	863 646 026.40	149 843 535.68
减：营业外支出	78 580 862.14	14 584 098.65	42 280 970.13
四、税前经营利润	3 328 677 911.96	3 591 398 631.47	1 952 855 936.01
减：经营利润所得税	641 686 148.84	661 457 038.46	342 806 048.56
五、税后经营净利润	2 686 991 763.12	2 929 941 593.01	1 610 049 887.45
金融损益：	2016年	2015年	2014年
六、利息费用（金融）	−1 239 248 293.12	−1 772 535 319.84	−1 946 450 461.66
减：利息费用抵税	−238 896 188.13	−326 462 218.08	−341 681 625.95
七、税后利息费用	−1 000 352 104.99	−1 446 073 101.76	−1 604 768 835.71
八、净利润	3 687 343 868.11	4 376 014 694.77	3 214 818 723.16

注：该项目现为“税金及附加”。

4.4.3　管理用现金流量表的编制

在三张管理用财务报表中，变化最大的就是管理用现金流量表，它是在以上两个报表的基础上编制出来的。一是修改了传统报表流水式的列报，二是采用了恒等关系列报，看起来更为清晰、简洁。它把实体现金流量和融资现金流量两部分分开来，融资现金流量又分为债务现金流量和股权现金流量。现金流量恒等式为：实体流量=经营流量=股权流量+债权流量。从表中可以清楚地看到企业现金流向情况。雅戈尔编制后的管理用现金流量表如表4-3所示。

表 4-3　**雅戈尔 2014—2016 管理用现金流量表**　单位：元

经营活动现金流量:	2016年	2015年	2014年
税后经营净利润	2 686 991 763.12	2 929 941 593.01	1 610 049 063.00
加:折旧与摊销	357 199 704.07	354 429 983.21	373 696 071.25
营业现金毛流量	3 044 191 467.19	3 284 371 576.22	1 983 745 134.25
减:经营营运资本增加	4 312 654 151.77	4 154 702 541.51	-1 797 445 254.61
营业现金净流量	-1 268 462 684.58	-870 330 965.29	3 781 190 388.86
减:净经营性长期资产增加	668 500 741.73	989 179 450.60	3 618 430 791.60
折旧与摊销	357 199 704.07	354 429 983.21	373 696 071.25
实体现金流量	-2 294 163 130.38	-2 213 940 399.10	-210 936 473.99
金融活动现金流量:	2016年	2015年	2014年
税后利息费用	-1 000 352 104.99	-1 446 073 101.76	-1 604 769 660.16
减:净负债增加	2 458 348 595.84	1 519 034 996.98	-702 521 528.70
债务现金流量	-3 458 700 700.83	-2 965 108 098.74	-902 248 131.46
股利分配	1 279 088 340.50	2 046 541 344.80	1 113 305 847.50
减:股权资本净增加	114 550 770.05	1 295 373 645.16	421 994 190.03
股权现金流量	1 164 537 570.45	751 167 699.64	691 311 657.47
融资现金流量	-2 294 163 130.38	-2 213 940 399.10	-210 936 473.99

4.5 管理用财务报表的分析

由于传统的杜邦模型分析体系存在“总资产”与“净利润”不匹配、未区分经营性损益和金融损益、未区分有息负债和无息负债等诸多局限，故应基于改进的管理用财务报表重新设计财务分析体系。

4.5.1 改进的杜邦模型

该体系的核心公式如下：

权益净利率=税后经营净利润/股东权益-税后利息费用/股东权益

$$=\frac{税后经营净利润}{净经营资产}\times\frac{净经营资产}{所有者权益}-\frac{税后利息费用}{净负债}\times\frac{净负债}{所有者权益}$$

$$=\frac{税后经营净利润}{净经营资产}\times\left(1+\frac{净负债}{所有者权益}\right)-\frac{税后利息费用}{净负债}\times\frac{净负债}{所有者权益}$$

$$=\underset{净利率}{净经营资产}+\left(\underset{净利率}{净经营资产}-\underset{利息率}{税后}\right)\times\underset{杠杆}{净财务}\tag{4.1}$$

根据以上的公式可以看出，决定权益净利率的高低有三个因素：净经营资产净利率 、税后利息率和净财务杠杆，根据表4-4的管理用财务报表的数据计算有关财务比率如表4-5所示。将表4-5 2016年的财务指标套进改进的杜邦模型中形成图4-1。

表4-4　**雅戈尔2014—2016年管理用财务报表分析相关财务数据**　单位：元

项目	2016年	2015年	2014年
净经营资产	30 725 582 014.21	25 744 427 120.71	20 600 545 128.60
净负债	7 834 025 050.93	5 375 676 455.09	3 856 641 458.11
所有者权益	22 891 556 963.28	20 368 750 665.62	16 744 103 670.49
税后经营净利润	2 686 991 763.12	2 929 941 593.01	1 610 049 063.00
税后利息费用	−1 000 352 104.99	−1 446 073 101.76	−1 604 769 660.16

表4-5　**雅戈尔2014—2016年相关财务比率**

主要财务比率	2016年	2015年	2014年
1.税后经营净利率(%)	18.04	20.17	10.12
2.净经营资产周转次数(次)	0.48	0.56	0.77
3.净经营资产净利率=(1×2)(%)	8.75	11.38	7.82
4.税后利息率(%)	−12.77	−26.90	−41.61
5.经营差异率=(3−4)(%)	21.51	38.28	49.43
6.净财务杠杆(%)	34.22	26.39	23.03
7.杠杆贡献率=(5×6)(%)	7.36	10.10	11.38
8.权益净利率=(3+7)(%)	16.11	21.48	19.20

注：表中数字有尾差。

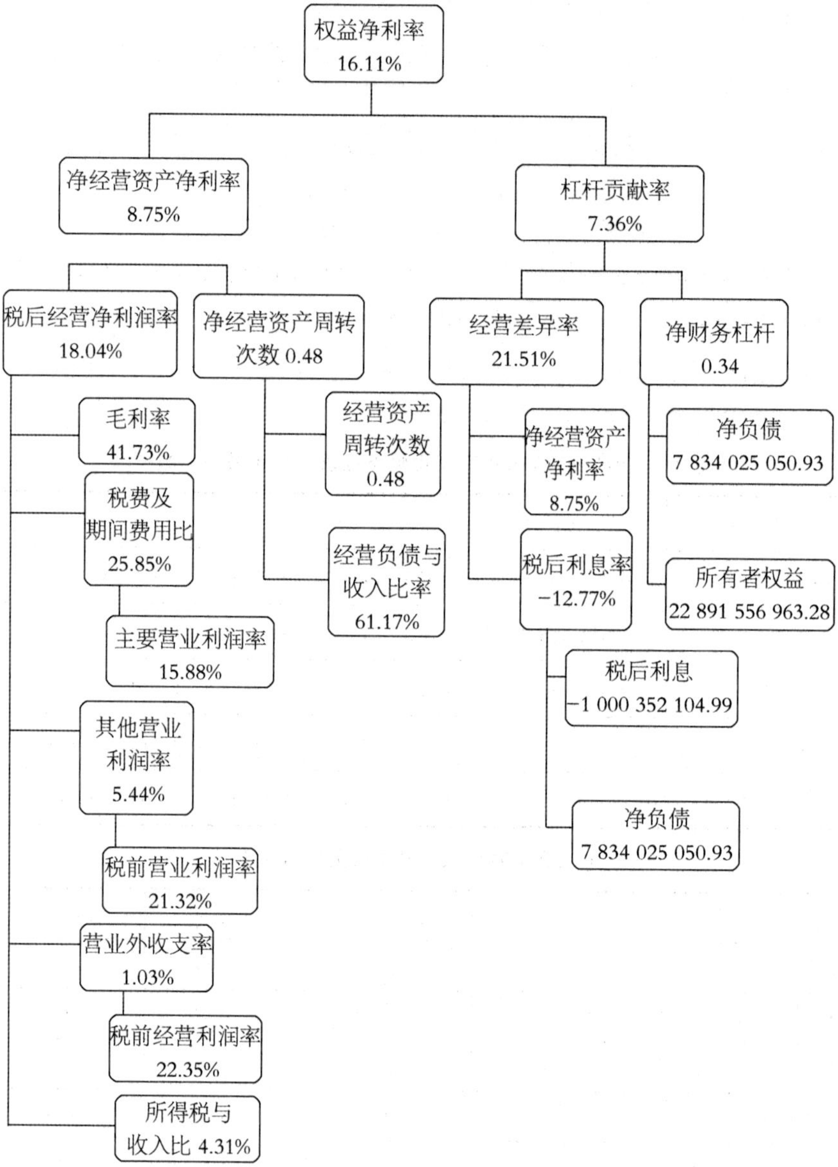

图 4-1　改进后的杜邦模型

4.5.2　权益净利率的驱动因素分解

分析各因素对权益净利率变动的影响程度，使用连环替代法将2016年与2014年相比：

①2014年权益净利率=7.82%+（7.82%+41.61%）×23.03%=19.20%

②替代“净经营资产净利率”：8.75%+（8.75%+41.61%）×23.03%=20.35%

③替代“税后利息率”：8.75%+（8.75%+12.77%）×23.03%=13.71%

④替代“净财务杠杆”：8.75%+（8.75%+12.77%）×34.22%=16.11%

②-①是“净经营资产净利率”变动对“权益净利率”的影响：20.35%-19.20%=1.15%

③-②是“税后利息率”变动对“权益净利率”的影响：13.71%-20.35%=-6.64%

④-③是“净财务杠杆”变动对“权益净利率”的影响：16.11%-13.71%=2.40%

根据上述结果可以看出2016年的权益净利率比2014年的权益净利率下降了3.09%。其中主要因素影响如下：净经营资产净利率上升，使得权益净利率增加1.15%；净财务杠杆上升，使得权益净利率增加2.4%；税后利息率上升，使得权益净利率下降6.64%，从报表的附注可知，主要是财务费用的增加导致了税后利息率的上升，报告期内财务费用较上两年增长的主要原因为：公司本期持有中信股份 145 451.30万股，资金来源主要为境外借款，产生相应利息支出。将净经营资产净利率分解为税后经营净利率和净经营资产周转次数的分析，与传统的杜邦分析法相似，但是数据更合理，结论更准确。

4.5.3　杠杆贡献率分析

权益净利率被分解为净经营资产净利率和杠杆贡献率两大部分，为分析杠杆贡献率提供了方便。影响杠杆贡献率的因素是净经营资产净利率、税后利息率和净财务杠杆。其计算的公式为：

杠杆贡献率=（净经营资产净利率-税后利息率）×净财务杠杆　　(4.2)

（1）税后利息率分析

税后利息率分析需要参照公司年报。2016年的税后利息率为-12.77%。相比前两年都有较大的增加。增加的原因前已述及。所以，解决财务费用增加这一问题对雅戈尔比较紧迫。

（2）经营差异率分析

经营差异率是净经营资产净利率和税后利息率的差额，它表示每借入

1元债务资本投资于净经营资产所产生的净收益偿还税后利息后的剩余部分。该剩余归股东享有。净经营资产净利率越高，税后利息率越低，剩余的部分越多。

经营差异率是衡量借款是否合理的重要依据之一。如果经营差异率为正，借款可以增加股东报酬；如果为负，借款会减少股东报酬。从增加股东报酬来看，净经营资产净利率是企业可以承担的借款税后利息率的上限。

2016年的经营差异率是21.51%，比上年少了16.77%。原因是税后利息率增加和净经营资产净利率的减少。由于税后利息率的高低不可控制，主要是由资本市场决定，所以提高经营差异率的根本方法就是提高净经营资产净利率。

（3）杠杆贡献率分析

杠杆贡献率是经营差异率和净财务杠杆的乘积。如果经营差异率不能提高，是否可以提高净财务杠杆呢？

以“净负债/所有者权益”衡量的净财务杠杆，表示每1元权益资本配置的净负债。雅戈尔本年度的净财务杠杆为34.22%，说明每1元权益资本配置0.3422元净负债。在同行业里这已经是比较高的财务杠杆比率了，而且从2014年到2016年每一年的财务杠杆率都在大幅度提升，如果公司进一步增加借款，会增加财务风险，推动利息率上升，使经营差异率进一步缩小。所以进一步提高净财务杠杆率是不可取的。

4.5.4 与传统杜邦模型分析结果的对比

从表4-6和表4-7可以看出，公司的总资产净利率和权益资产净利率均有大幅度下降，权益净利率下降更为明显，说明了企业运用自有资本的效率明显下降，资产净利率是企业盈利能力的关键，虽然所有者报酬由总资产净利率和财务杠杆共同决定，但提高财务杠杆的同时会增加企业的风险。所以提高权益净利率的基本动力是总资产净利率。另外，从表4-6和表4-7还可以看出，最终结果权益净利率用两种杜邦模型分析的结果是一致的。但根据管理用财务报表改进后的杜邦模型分析能够解释企业盈利能力变化的更深层次原因，且能准确地寻找出到底是哪一类活动的影响造成的。

表4-6　**雅戈尔2014—2016年盈利能力分析相关财务数据**　单位：元

项目	2016年	2015年	2014年
销售收入	14 894 999 392.47	14 527 392 635.30	15 903 215 969.08
资产总额	63 911 831 503.06	66 277 283 054.85	47 623 722 113.54
所有者权益	22 891 556 963.28	20 368 750 665.62	16 744 103 670.49
净利润	3 687 343 868.11	4 376 014 694.77	3 214 818 723.16

表4-7　**雅戈尔2014—2016年盈利能力指标分析表**

比率	2016年	2015年	2014年
销售净利率(%)	24.76	30.12	20.21
总资产净利率ROA(%)	5.77	6.60	6.75
权益净利率(%)	16.11	21.48	19.20

4.6　案例分析结论与建议

以上通过编制雅戈尔管理用财务报表并围绕杜邦模型对其进行分析，本章得出的结论是：雅戈尔应同步优化成本费用，加强对经营营运资本的管理。同时，雅戈尔应把税后利息率降到最低，保证经营差异率的平衡。上文已经提到经营差异率是衡量企业借款是否合理的重要因素，同时也是影响企业财务杠杆率的因素。

综上所述，我们可以看出，管理用财务报表的列报体系对于财务分析工作来说，有很强的逻辑性和清晰度，可以更加直观地理解和分析报表，同时对于企业战略决策起到了良好的辅助作用。但实际情况是：我国管理用财务报表的理论和应用都处于初级阶段，企业对于管理用财务报表的认可度还不是很高，在很长一段时间里管理用财务报表还是仅仅对传统财务报表起到补充和辅助管理的作用。背后的原因到底是什么呢？首先是管理用财务报表的编制是一项具有挑战性的工作，其次是需要提供额外的信息，需要转换或更新企业会计信息系统，而信息系统的转换成本太高（王冬梅、韩成，2016）。基于此，本章特提出如下建议：

第一，不转换会计信息系统或者随着管理会计改革的逐步深入一起转换会计信息系统。

第二，设定判定标准。若企业的利润、资产等以经营活动为主，金融活动可以忽略不计的，还沿用原来的通用报表，不做调整，也不必编制管理用财务报表。

第三，改进附注披露。将模棱两可的项目明确划分成经营类和金融类。

第四，单设管理分析岗。这一岗位上的人员专门从事管理用财务报表的编制与分析工作以为企业管理决策服务。当然，对这类岗位人员的要求是会计专业水平较高并且熟悉业务。

本章主要参考文献

［1］刘玉廷.中国企业会计准则与国际财务报告准则持续全面趋同［J］.会计研究，2009（9）：6 -9.

［2］中国注册会计师协会.财务成本管理［M］.北京：中国财政经济出版社，2010.

［3］金永、玄立平.管理用财务报表编制解析［J］.财会月刊，2011（11）：62-64.

［4］徐露萍.企业财务报表列报改革研究——基于IASB与FASB联合项目［D］.上海：上海大学管理学院，2011.

［5］王晓茹、陈兰花.试论管理用财务报表在企业中的应用［J］.财会研究，2011（7）：41-43.

［6］张新民.资产负债表：从要素到战略［J］.会计研究，2014（5）：19-28.

［7］李丽霞、李宁.管理用财务报表应用实例——以陕鼓动力为例［J］.财会月刊，2015（28）：76-78.

［8］黄世忠.移动互联网时代财务与会计的变革与创新［J］.财务与

会计，2015（21）：6-9.

［9］王冬梅、韩成、孙明明.中国管理会计体系建设：热潮中的冷思考［J］.财会月刊，2016（27）：36-39.

［10］中国注册会计师协会.财务成本管理［M］.北京：中国财政经济出版社，2016.

第 5 章

乐凯胶片转型的财务诊断与分析

5.1 问题的提出

在经济新常态下，原有产业成长乏力，经济持续下行压力较大，市场总体需求依然不足，制造业面临调结构、去产能、去库存等多重压力。虽然国家着力推进供给侧结构性改革，企业负担和成本有望进一步降低，可为企业经营效益的提升形成有力支撑，但行业内激烈竞争的态势仍将延续，国内竞争国际化趋势更加明显，各制造企业在保市场、降成本、控风险方面将面临更大的挑战。在如此严峻的形势下，许多制造企业积极谋求产业转型，伴随产业转型，必然要进行战略转型甚至组织结构的转型。在转型的过程中可能还会面临许多问题甚至是阵痛，如此就催生了对转型期企业进行财务诊断的强烈需求。

企业诊断就是针对企业的财务、经营等进行全面的调查分析，通过一系列的方法，找出企业在经营战略和财务管理等方面的问题，并提出相应的改进措施，指导企业改善财务和经营管理的过程。而财务诊断指的是依靠专业财务人员根据企业的财务状况，通过一系列的财务分析方法进行全面的数据分析，从而找出企业在财务管理方面的问题，并结合企业经营的实际情况提出相应的改进措施，指导改善财务管理的过程。陈金金

（2016）认为企业财务诊断是针对财务管理衍生的诊断咨询和管理方法，可以有效评估企业财务管理的合理化，保证企业经济效益良性发展。司林、向俊、李卓如（2009）认为财务诊断基本内容主要包括：企业财务基础性诊断、筹资管理诊断、投资管理诊断、运营能力诊断、利润及分配管理诊断等几个方面，基本包括对财务管理的几大决策的诊断过程。仝铁汉（2009）提出了他对于财务诊断的认识，认为财务诊断是需要由专业人士通过科学、有效的方法针对财务原始资料进行分析并发现问题并提出解决方法进而促使企业财务水平得到明显改善和提高的相关活动的统称。肖志军（2010）认为财务诊断主要指对遇到财务困境的相关企业的全面调查分析，将该企业遇到的财务和其他管理方面的问题深层次地挖掘出来，找到问题的本源并提供有价值的能够改善企业现状的可行性建议。

昔日的“中国胶卷之王”乐凯胶片股份有限公司，简称“乐凯胶片”，当面对21世纪初数码成像技术导致传统影像特别是彩色胶卷市场跳水式下滑的剧变时，依托自身的优势，在产品和产业结构方面对战略发展做出了重新规划，并在一系列的探索中取得了企业转型的阶段性成功。2011年9月，国务院国资委印发《关于中国航天科技集团公司与中国乐凯集团有限公司重组的通知》（国资改革〔2011〕1035号），根据文件精神，中国乐凯集团有限公司整体并入中国航天科技集团公司成为其全资子公司。由此，乐凯胶片的转型进一步升级。作为乐凯集团的全资子公司，乐凯胶片也随之将战略发展转向了新材料、新能源领域。然而，问题也随之而来。怎样使资金管理跟得上企业转型的节奏？如何提高资金运用效果，实现资本保值增值呢？又怎样使战略转型落地呢？是否需要同时进行组织结构的调整呢？这对期望通过转型升级而摆脱困境的乐凯胶片而言，显得尤为重要。本章接下来将对乐凯胶片的营运资金管理和战略决策进行诊断分析，以便发现问题并找到解决问题的方法和途径。

5.2 乐凯胶片简介

乐凯胶片股份有限公司于1996年1月16日通过募集资金的方式，由乐凯集团独家发起成立的。1998年1月22日公司股票在上海证券交易所正式挂牌交易，发行后公司总股本19 000万股，公司股票简称“乐凯胶片”，股票代码“600135”。乐凯胶片作为我国感光材料行业里唯一的一家上市公司，曾拥有与柯达、富士抗衡的实力，也是国人引以为骄傲的彩色胶卷品牌。乐凯胶片现有三大主业：影像材料板块、光伏材料板块和锂电材料板块。到目前为止，乐凯胶片的业务已经发展到感光材料、彩色胶卷与相纸、彩扩设备、用于加工信息影像的化学材料、无危险化学物的数码影像材料（银盐产品相关类）、导电膜、保护膜、屏蔽膜、功能膜、离型纸等膜类加工商品。总之，乐凯胶片可在营业范围内对这些产品从研发到生产再到销售进行全产业链经营。

2011年经国务院同意，乐凯集团与中国航天科技集团进行重组，成为航天科技集团旗下的一个全资子公司。乐凯集团在重组前，拥有35.61%的上市公司股权，为该公司的控股股东之一，而实际控制人为国务院国资委。在完成重组后，仍保留乐凯集团35.61%的上市公司股权，中国航天科技集团则拥有百分之百的乐凯集团股权，中国航天科技集团的身份为上市公司的间接控股股东，但实际控制人为国务院国资委。中国航天科技集团与乐凯集团的企业重组，大大影响了乐凯品牌，导致其内涵也发生了变化。如今的乐凯胶片紧紧依靠着50年来积累的“涂层、成膜、微粒”三大核心技术，加快影像记录材料向数字化转型，推动传统的照相材料向数码耗材、数码相纸等新型图像输出材料过渡，大力拓展光学薄膜及其带涂层深加工产品的研发、生产。全力将自身打造推广成为“国际一流的军民融合的新材料及系统服务商”。

科研力量是企业可持续发展的有力保障。乐凯胶片拥有独立的技术研发中心；拥有核心技术和先进的研发、检测设备；曾承担国家863计划、重点新产品计划等重点技术研发项目，自主研发的各类产品均曾荣获多项国家、省、市科技进步奖等，乐凯胶片目前拥有65项自主知识产权，公司专利获得中国专利优秀奖、中国专利金奖等奖项。乐凯胶片经过近二十年的发展，一直致力于涂覆工艺技术的研究和应用，在彩色相纸、太阳能电池背板等产品的生产加工过程中，从原材料到产成品均形成完善的质量和成本管控体系。乐凯胶片在国内设有完善的营销与服务体系，在全国建立销售子公司19家。覆盖面广、技术服务全，并且与客户建立了良好的关系，完善的营销与服务体系是乐凯胶片销售工作的有力保障。乐凯胶片通过 ISO 9001 质量管理体系认证和 ISO 14001 环境管理体系认证，拥有比较完善的企业运行体制，管理模式较成熟，是乐凯胶片稳定运营的有力保障。乐凯胶片根据公司发展战略要求，有计划地对人力资源进行合理配置，具有完善、先进的招聘、培训、考核、评价、激励等人力资源体系，最大程度地调动员工的积极性、发挥员工的潜能，满足了公司产业转型的需要。

5.3 乐凯胶片的营运资金管理诊断

乐凯胶片2012—2016年财务报表

5.3.1 营运资金构成要素及政策

在企业的资金结构中，营运资金是最具活力的部分，企业的生存与发展在很大程度上是由营运资金的运转效率所决定的。从财务角度讲，营运资金可以理解为某时点企业的流动资产与流动负债的差额，其中流动资产主要由货币资金、有价证券、应收账款、存货等要素构成。流动负债主要由应付票据、应付账款和预收款项等构成。这些要素的周转速度及资金占有余额直接影响着企业的经营效益，又制约着企业的生产经营规模的扩张。

表5-1上半部列示了乐凯胶片2012—2016年营运资金各构成要素，下半部是据此计算的相关比例和比率。从中可以看出：流动资产中存货和应收账款逐年增加，这两项极有可能演变成不良资产，该项目占流动资产的比例在41%至56%之间，占比偏高。事实上从表5-2中可以看出乐凯胶片由坏账损失和存货跌价损失造成的资产减值损失已不可忽略，因为乐凯

胶片属于微利企业，其2015年和2016年的净利润分别为4 011万元和4 537万元，而高达940万元和1 164万元的资产减值损失对利润的侵蚀已属严重。然而在赊销的两种结算方式中，乐凯胶片的应收账款一直大于应收票据，显然对其资金回笼不利。货币资金虽然在流动资产中的占比也较高，但乐凯胶片流动资产的质量不高依旧是值得重点关注的。从表5-1还可以看出应付账款是乐凯胶片流动负债的主要来源之一。在赊购的结算方式中，应付账款总体大于应付票据，这对乐凯胶片来说本来有利的。但从表5-3也可以看出：以2015—2016年为例，乐凯胶片应收票据主要接受的是商业承兑汇票，而应付票据则只能提供银行承兑汇票。其在供应链上的被动地位由此可见一斑。再看表5-1中的净商业债权一项。乐凯胶片2012—2016年的净商业债权逐年扩大，从8 659万元增加到34 404万元。也就是说在资金供应链上，乐凯胶片长期处于不利地位，一直是人占己之资金大于己占人之资金，而且这种差距有迅速拉大的趋势。这也间接说明乐凯胶片的主打产品竞争力不强。乐凯胶片的流动比率和速动比率总体呈下降趋势，二者之差有逐年缩小的倾向。一方面说明乐凯胶片存货的管理有所改善；另一方面，无论是流动比率还是速动比率均大于化学原料及化学制品制造业之子行业精细化工的行业均值，说明乐凯胶片的营运资本管理政策还是趋于保守，营运资金的使用效率有待提高，如图5-1所示。

表5-1　**乐凯胶片2012—2016年营运资金构成要素及分析**　金额单位：万元

构成要素	2016年	2015年	2014年	2013年	2012年
货币资金	46 579	59 209	19 237	26 951	12 651
存货	28 524	27 370	27 197	21 159	23 415
应收票据	17 555	7 467	8 073	3 726	700
应收账款	30 665	27 831	16 906	13 077	12 336
预付款项	4 813	4 805	2 198	2 602	3 501
流动资产	144 993	130 886	78 804	72 987	67 138
应付账款	12 194	11 586	3 478	5 372	4 177
应付票据	2 161	5 941	4 633	630	2 040
预收款项	4 274	2 490	1 141	1 491	1 661
流动负债	39 298	28 411	18 128	10 046	10 561

续表

构成要素	2016年	2015年	2014年	2013年	2012年
净商业债权	34 404	20 086	17 925	11 912	8 659
货币资金占流动资产比(%)	32.12	45.24	24.41	36.93	18.84
存货占比(%)	19.67	20.91	34.51	28.99	34.88
应收账款占比(%)	21.15	21.26	21.45	17.92	18.37
(存货+应收账款)占比(%)	40.82	42.17	55.97	46.91	53.25
应付账款占流动负债比(%)	31.03	40.78	19.19	53.47	39.55
流动比率(倍)	3.69	4.61	4.35	7.27	6.36
流动比率行业均值(倍)	2.35	1.88	1.84	1.94	2.52
速动比率(倍)	2.96	3.64	2.85	5.16	4.14
速动比率行业均值(倍)	1.97	1.51	1.44	1.54	2.01
流动比率-速动比率	0.73	0.96	1.50	2.11	2.22

表5-2　**乐凯胶片2015—2016年资产减值损失明细**　单位：万元

明细项目	2016年	2015年
坏账损失	819	165
存货跌价损失（主要由在产品和库存商品的跌价损失构成）	345	775
合计	1 164	940

表5-3　**乐凯胶片2015—2016年票据承兑方式**　单位：万元

项目	汇票种类	2016年	2015年
应付票据	商业承兑汇票	0	0
	银行承兑汇票	2 161	5 941
	合计	2 161	5 941
应收票据	商业承兑汇票	11 162	6 964
	银行承兑汇票	6 393	503
	合计	17 555	7 467

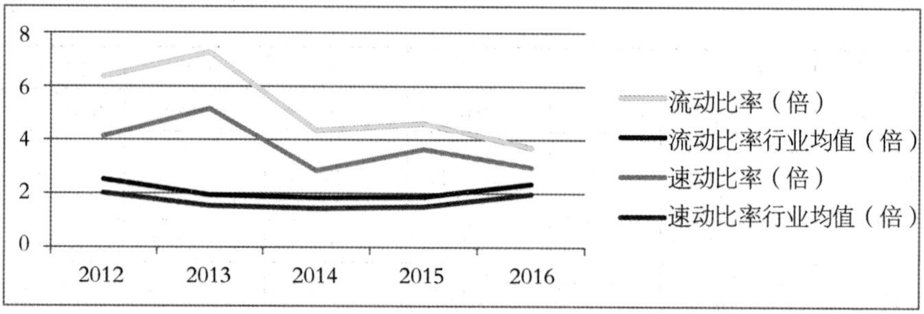

图5-1　乐凯胶片2012—2016年流动比率和速动比率相对于行业的变化趋势

5.3.2　营运资金管理效率

从表5-4和图5-2可以看出：乐凯胶片2013—2016年应收账款周转期与应付账款周转期均在延长，且二者之间的差距在拉大，这一点对企业营运资金的周转不利。存货周转期呈先延长后缩短的趋势，四年间缩短了22天。所以导致现金周期出现与存货周转期同样的变化趋势，即先延长后缩短，四年间缩短了10天。现金周期虽然从总体来看是朝着有利的方向变化，但改善的幅度太小了，对促进企业全部资金的周转来说，几乎看不到什么积极的影响，以致总资产周转期出现与应收账款周转期同样的变化，即单调延长，四年间延长了86天。可以推定是由两个原因造成的：其一是应收账款周转过慢。所以如何加速应收账款的周转就成为乐凯胶片进一步提高其营运资金管理效率的关键。其二是非流动资产的周转期延长。后面将会就这一问题展开分析。

表5-4　**乐凯胶片2013—2016年营运资本管理效率指标**

指标	2016年	2015年	2014年	2013年
存货周转率(次)	4.21	3.53	3.15	3.35
应收账款周转率(次)	4.86	5.29	6.31	7.36
应付账款周转率(次)	9.89	12.78	17.21	15.64
总资产周转率(次)	0.72	0.76	0.83	0.86
存货周转期(天)	85.55	102.02	114.27	107.42
应收账款周转期(天)	74.07	68.06	57.04	48.93
应付账款周转期(天)	36.40	28.16	20.91	23.01
总资产周转期(天)	503.01	471.87	433.09	416.82
现金周期(天)	123.23	141.92	150.39	133.34

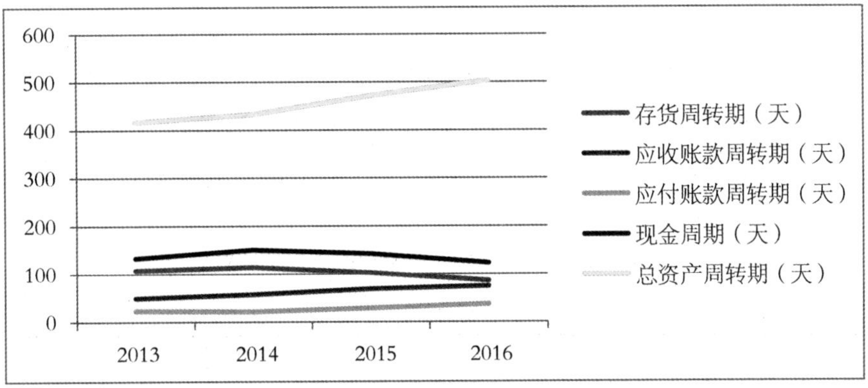

图5-2　乐凯胶片营运资金周转期的变化趋势

在国家政策的推动下，乐凯胶片抓住新能源、新材料的发展契机，在光伏、锂电领域深耕细作，逐步使光伏背板和隔膜产能得到释放，公司将进入快速增长期。同时这也预示着乐凯胶片通过改变经营策略达到了预期的转型效果。但是，转型的加速，新业务的拓展带来了营运资本效率的减缓，虽说收入有所增加，但应收账款增加，现金周转期延长，对经营性现金流量产生了一些负面影响。保守型的筹资政策使得筹集到的资金并没有迅速地投放出去，而是采取了稳健的短期理财方式进行现金管理，资金的使用效率不高。

5.4　乐凯胶片的战略决策诊断

5.4.1　乐凯胶片的业务层战略诊断

由表5-5可以看出，乐凯胶片在2015—2016年的市场经营中，传统业务感光产品收入增加3.37%，毛利率较上年同比有所下降，但只下降了0.81个百分点。这主要得益于乐凯胶片利用自身的研发优势，通过对彩色相纸配方的持续优化，实现了技术进步，从而避免了在激烈的同行竞争中毛利率的大幅下滑。

近年来，在新能源用膜材料领域，乐凯胶片通过推广太阳能电池背板产品，将其作为重点转型产品推向市场，使其得到了快速增长。从表5-5

可以看到，乐凯胶片营业收入中有超过三分之一的收入比重来自于太阳能电池背板。2016年占比显示，乐凯胶片光伏行业太阳能背板产品的销售收入较2015年增长了49.91%，然而收入的高速增长态势并没有带来光伏产品利润的大幅增长，2016年乐凯胶片光伏产品毛利率较2015年只稍微上升了0.75个百分点。

表5-5　　乐凯胶片2015—2016年分产品营业收入和营业成本的构成

金额单位：万元

产品名称	营业收入	占营业收入比(%)	营业成本	占营业成本比(%)	毛利率(%)	年份
彩色感光材料	68 859	58.20	53 411	55.48	22.43	2015
照相化学材料	4 094	3.46	2 133	2.22	47.90	
太阳能电池背板	40 662	34.37	36 902	38.32	9.25	
其他(投资性房地产出租和材料销售等)	4 702	3.97	3 830	3.98	18.86	
合计	118 317	100.00	96 276	100.00	18.63	
彩色感光材料	71 177	50.07	55 789	47.44	21.62	2016
照相化学材料	4 304	3.03	2 090	1.78	51.44	
太阳能电池背板	60 955	42.88	54 865	46.65	10.00	
其他(投资性房地产出租和材料销售等)	5 710	4.02	4 856	4.13	14.96	
合计	142 146	100.00	117 600	100.00	17.27	

从表5-6可以看出，乐凯胶片2015年的成本构成中，感光行业产品成本依然占据总成本较大比重，但到2016年，感光行业和光伏行业的成本占比就很接近了，各占50%左右。两类产品的成本构成中直接材料占比最高，达79%~89%。但感光行业直接材料成本占比只有些微增加，光伏行业直接材料成本占比上升了2.8个百分点。这主要是由于直接原材料价格上涨所致。从表5-6还可以看出，其他成本项占比均在下降。由此可见，对于乐凯胶片而言，降低成本提高毛利率的关键在于控制原材料成本。

表5-6　　乐凯胶片2015—2016年分行业成本构成分析　　金额单位：万元

行业	构成项目	2016年	占总成本比例（%）	2015年	占总成本比例（%）	变动幅度（百分点）
光伏行业	直接材料	47 511	89.29	27 786	86.49	2.8
	直接人工	2 140	4.02	1 665	5.18	−1.16
	能源动力	981	1.84	750	2.33	−0.49
	制造费用	2 576	4.84	1 926	6.00	−1.16
	合计	53 209	100.00	32 127	100.00	0
感光行业	直接材料	47 506	79.73	42 479	79.31	0.42
	直接人工	3 832	6.43	3 369	6.29	0.14
	能源动力	3 844	6.45	3 536	6.60	−0.15
	制造费用	4 398	7.38	4 176	7.80	−0.42
	合计	59 580	100.00	53 559	100.00	0

资料来源：根据乐凯胶片2015—2016年年报的“经营情况分析与讨论”部分整理而成。

由表5-7和图5-3可以看出，乐凯胶片2012—2016年销售费用逐年小幅增长，据查会计报表附注得知，其中人工成本的增加和运费的增长是促使销售费用增加的主要因素。财务费用一直为负，主要是因为非公开发行募集的资金到位后，乐凯胶片针对阶段性闲置资金进行了结构性存款，由此带来利息收入的增加。三大费用中，管理费用发生额始终要高于销售费用，它占整个费用总额的比重也是最大的，这与企业所处制造业的行业属性有关。2015—2016年乐凯胶片管理费用增幅较大，主要是研究开发费用和职工薪酬增加所致。其中，职工薪酬的增加主要是由于2015—2016年乐凯胶片对销售业务部门设立了增量奖励。此外，为进一步完善经营管理者的激励与约束机制，乐凯胶片对下属重要部门的管理者制定了年薪制考核办法，为公司经营目标的实现发挥了有效的保证和激励作用。

表5-7　　乐凯胶片2012—2016年三项费用对比　　单位：万元

项目	2016年	2015年	2014年	2013年	2012年
管理费用	11 378	9 982	8 301	8 766	9 697
销售费用	8 065	6 878	6 497	5 916	5 802
财务费用	−767	−823	−101	−24	−314

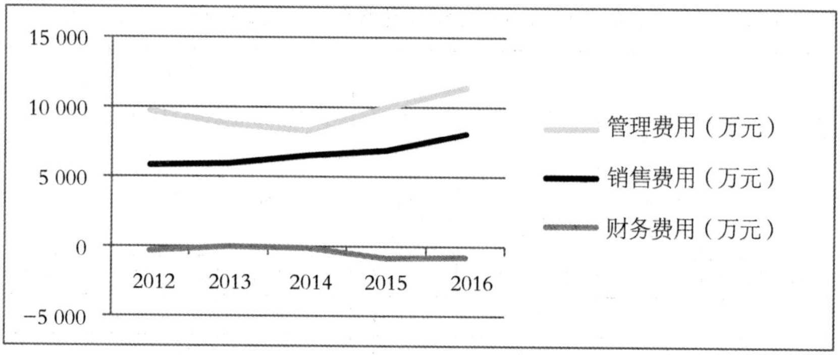

图 5-3　乐凯胶片 2012—2016 年三项期间费用对比

5.4.2　乐凯胶片的筹资战略诊断

从表 5-8 可以看出，乐凯胶片的筹资来源较为单一。除了 2016 年有较大金额的短期借款外，就是 2015 年定向增发新股募集资金 59 145 万元。其经营活动除 2012—2013 年还算正常外，2014—2016 年现金净流量均为负。其筹资活动 2013 年非但没有投资支出反而有收回投资收到的现金 9 233 万元，2015 年因有大额定增筹资弥补投资活动的现金缺口，所以除 2013 年和 2015 年外，乐凯胶片的筹资现金净流量均难以弥补投资活动的现金缺口，导致现金及现金等价物净增加额除这两年外均为负值，显示乐凯胶片资金供应不够稳定，资金链较为紧张，值得引起注意。

表 5-8　**乐凯胶片 2012—2016 年资产负债表和现金流量表片断数据**　单位：万元

项目	2016 年	2015 年	2014 年	2013 年	2012 年
短期借款	16 534	5 000	6 122	0	0
长期借款	0	0	0	0	0
应付债券	0	0	0	0	0
股本	37 299	37 299	34 200	34 200	34 200
资本公积	89 991	89 991	34 023	34 162	34 029
经营活动现金净流量	−3 896	−3 580	−6 918	7 676	5 980
收回投资收到的现金	20 000	2 542	1 419	9 233	6 235
投资支付的现金	33 000	0	63	0	8 286
投资活动产生的现金流量净额	−18 663	−19 294	−5 660	7 981	−13 888
吸收投资收到的现金	0	59 145	0	0	0
取得借款收到的现金	27 780	5 400	6 007	0	0
偿还债务支付的现金	16 254	400	0	0	157
筹资活动产生的现金流量净额	11 873	60 759	3 151	−228	913
现金及现金等价物净增加额	−10 593	37 650	−9 365	15 265	−7012

5.4.3　乐凯胶片的投资战略诊断

表5-9显示，2016年乐凯胶片的流动资产大幅增加为1.39亿元，募集资金理财产品归集至此列报。由此可见，乐凯胶片存在募集资金不能及时投放到位的问题，资金的利用效率不高。

表5-9　**乐凯胶片2015—2016其他流动资产的变动情况**　单位：万元

项目名称	2016年	占总资产比(%)	2015年	占总资产比(%)	同比增长(%)
其他流动资产	13 886	6.75	1 398	0.73	893.51

从表5-10看出，2013年相比2012年，在建工程减少，固定资产增加，说明有在建工程转为固定资产，且这部分不是乐凯胶片计划拓展的光伏和锂电板块，属于传统影像业务的升级。2014年相比2013年，在建工程增加，说明有新的在建工程投资或是原有在建工程持续投资。2014年研发支出从无到有，达3 916万元，说明该年有新的投资项目，应该是锂电板块。所以，2014年乐凯胶片应有两项新的业务处于在建阶段。2015年相比2014年，在建工程投资大幅增加，且有开发支出转入固定资产，说明其中的一项新产品已开始投产了。2016年相比2015年，在建工程投资持续增加。表5-10中的“购建固定资产、无形资产和其他长期资产支付的现金”一项2012—2016年间一直有大额支出也可证实以上的推断。

表5-10　**乐凯胶片2012—2016年长期投资项目**　单位：万元

项目	2016年	2015年	2014年	2013年	2012年
固定资产	24 484	24 854	24 142	25 793	21 242
在建工程	18 454	17 172	3 860	1 692	9 671
开发支出	0	0	3 916	0	0
无形资产	13 671	14 301	3 918	4 177	5 036
购建固定资产、无形资产和其他长期资产支付的现金	5 967	22 253	7 400	1 173	12 433

再从表5-11看出，2015—2016年乐凯胶片的高性能锂离子电池PE隔膜产业化建设项目、锂电隔膜涂布生产线一期项目一直在建，据其经营情

况讨论与分析部分介绍，在2016年实现了小批量生产。光伏背板2010年第一批200万平方米设计产能达产；2011年12月，第二批250万平方米设计产能达产；2012年9月，第三批500万平方米设计产能达产；2015年8月，第四批500万平方米设计产能达产。从表5-11也可以看出，太阳能电池背板三期在2015年已建成投产。太阳能电池背板四期扩产项目-8号生产线2015年开始投产，2016年建设完成，2017年3月发布竣工验收公告。太阳能电池背板四期扩产项目-14、15号生产线2015年开始建设，2016年持续进行，还未投产。概括起来就是：2014年没有建成投产的新项目。2015年太阳能电池背板已开始生产，2016年继续扩大生产。锂离子电池PE隔膜要到2017年才开始大批量生产。

表5-11　**乐凯胶片2015—2016年重要在建工程项目变动情况** 金额单位：万元

项目名称	本期增加金额		本期转入固定资产金额		期末余额		工程进度(%)		资金来源	
	2016年	2015年	2016年	2015年	2016年	2015年	2016年	2015年	2016年	2015年
高性能锂离子电池PE隔膜产业化建设项目	1 166	12 324	0	0	14 703	13 538	80	70	自筹、募集	自筹、募集
锂电隔膜涂布生产线一期	383	1 542	0	0	2 059	1 676	80	80	自筹、募集	自筹、募集
太阳能电池背板四期扩产项目-8号生产线	655	1 850	1 403	1 300	0	748	100	70	自筹、募集	自筹、募集
太阳能电池背板三期				1 499				90	—	自筹
太阳能电池背板四期扩产项目-14、15号生产线	50	15	0	0	65	15	5	5	自筹、募集	自筹、募集

综上可以看出，乐凯胶片在公司层面实施的是相关多元化扩张型战略，意在进行产品和产业结构的调整，如图5-4所示。

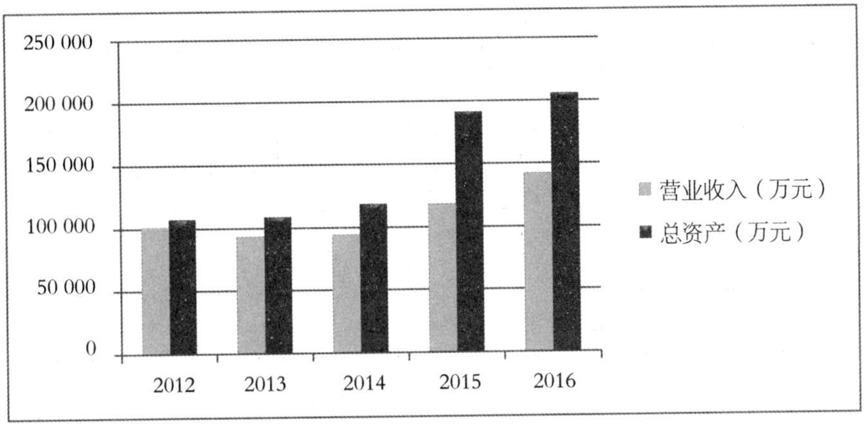

图5-4　乐凯胶片2012—2016年规模对比

5.5　乐凯胶片精简组织结构的合理性诊断

从表5-12看出，乐凯胶片的长期股权投资主要为对其子公司的投资，因为合并之后被抵销了很多。无论是在母公司利润表还是合并利润表上，都没有对联营企业和合营企业的投资收益。取得投资收益收到的现金与投资收益无论是合并报表还是母公司报表的数值均很接近，这就说明投资收益要么来自子公司的现金分红，要么来自金融资产的投资收益，包括以公允价值计量且其变动计入当期损益的金融资产和可供出售金融资产持有期间的现金分红或处置时的投资收益。这从表5-13可以得到印证。表5-12显示，合并报表的投资收益对其营业利润的贡献虽不可忽略，但远没有母公司报表的投资收益对其营业利润的贡献之大。所以可以说，母公司的盈利主要依赖子公司的现金分红，此点可从表5-13清晰地看到。

表5-12　**乐凯胶片长期股权投资及其收益对营业利润的贡献**　金额单位：万元

项目	2016年	2015年	2014年	2013年	2012年
长期股权投资(合/母)	186/10 626	0/11 045	2 957/11 045	3 103/10 973	1 100/12 073
投资收益(合/母)	426/2 709	251/1 394	387/2 982	250/2 392	579/1 594
对联营企业和合营企业的投资收益(合/母)	0/0	0/0	0/0	0/0	0/0

续表

项目	2016年	2015年	2014年	2013年	2012年
取得投资收益收到的现金	426/2 709	252/1 394	358/2 952	265/2 407	463/1 663
营业利润(合/母)	4 445/3 225	4 361/1 962	3 237/2 248	3 341/−126	2 242/−1 343
投资收益对营业利润的贡献(%)(合/母)	5.58/84.00	5.76/71.05	11.96/132.65	7.48/无法计算	25.83/无法计算

表5-13　**乐凯胶片合并和母公司报表投资收益的构成**　单位：万元

明细	2016年		2015年		2014年		2013年		2012年	
	合并	母	合并	母	合并	母	合并	母	合并	母
以公允价值计量且其变动计入当期损益的金融资产在持有期间的投资收益	38	38	196	196	148	148				
处置以公允价值计量且其变动计入当期损益的金融资产取得的投资收益			−69	−69	204	204	250		527	527
可供出售金融资产等取得的投资收益	387	387	125	125	35	35				
成本法核算的长期股权投资收益		2 283		1 142		2 595		2142	10	1 210
处置长期股权投资产生的投资收益										−143
其他									42	
合计	426	2 709	252	1 394	387	2 982	250	2392	579	1 594

既然乐凯胶片母公司的营业利润严重依赖于子公司的现金分红，那么它的子公司又都是从事什么业务的呢？其经营效益又如何？乐凯胶片2016年共有子公司16家，比2015年少了6家，因为2016年清算了6家子公司。整合销售组织体系等工作，优化了组织结构，为提升管理效率提供了组织保障。保定乐凯照相化学有限公司之所以纳入合并范围，是因为乐凯胶片的母公司乐凯集团持有其40.71%的股份，个人持有14.01%的股份，乐凯胶片本身持有其45.28%的股份。根据实质大于形式的原则，乐

凯胶片实际上能控制保定乐凯照相化学有限公司的财务与经营决策。从表5-14可以看出，乐凯胶片的子公司经营业绩颇为惨淡，其中长沙乐凯胶片有限公司等12家销售子公司2015年和2016年共计实现营业收入35 516万元和38 859万元，实现净利润61万元和66万元，且不分红。子公司保定乐凯照相化学有限公司2015年和2016年分别实现营业收入3 812万元和3 956万元，实现净利润574万元和715万元，向母公司分红142万元和261万元。北京乐凯胶片销售有限公司和保定乐凯进出口贸易有限公司虽然有一定的营业收入，但盈利太差，要么不分红，要么分红可以忽略不计。所以母公司的盈利就只能依靠汕头乐凯胶片有限公司了。但该子公司的分红信息没有披露，但可以推断出2015年和2016年的分红数应该是1 000万元和1 999万元。

表5-14　**乐凯胶片子公司经营及分红情况**　单位：万元

子公司名称	业务性质	直接持股比例（%）	营业收入		净利润		向母公司分红	
			2016年	2015年	2016年	2015年	2016年	2015年
汕头乐凯胶片有限公司	彩色相纸的研制、生产和销售	100	34 685	34 232	2 033	2 742	1 999	1 000
保定乐凯照相化学有限公司	信息影像材料冲洗套药的研制、生产和销售	45.28	3 956	3 812	715	574	261	142
北京乐凯胶片销售有限公司	销售	80	2 905	3 064	31	2	0	0
长沙乐凯胶片有限公司等12家合计	销售	90	38 859	35 516	66	61	0	0
保定乐凯进出口贸易有限公司	销售	55	4 204	6 280	46	54	23	0

以上的推断分析说明，新产品的生产和销售均由母公司完成，但母公司盈利业绩不佳。子公司主要从事的是传统影像业务产品的生产和销售，虽然盈利微薄，但却是维持上市公司盈利的关键。而这其中主要依靠2家子公司的贡献：汕头乐凯胶片有限公司的贡献最大，是母公司红利的最主要来源；其次是保定乐凯照相化学有限公司。乐凯胶片2016年在2015年的基础上清算了6家业绩差的销售子公司改为分公司建制的举措是合理的，因为这样能节约运营管理成本。对微利企业而言，通过精打细算降本增效是正确的举措。

5.6 案例分析结论与建议

从以上的财务诊断与分析可以看出乐凯胶片确实存在如下问题：第一，传统影像材料业务板块的毛利率反而高于新兴业务的毛利率，转型的潜力还未得到充分发挥；第二，光伏材料业务板块的产品竞争更加激烈，受行业资金链问题的影响，由光伏产品产生的应收账款和存货期末余额随市场的扩大而逐年增加，使得资金占用严重；第三，太阳能、锂电行业受国内外政府政策影响较大，对乐凯胶片新产品的市场和销售均造成一定的影响；第四，主要原材料的供应及价格的变动，产品市场需求状况的变化，竞争对手采取的市场措施都会对乐凯胶片的成本降低构成阻力；第五，融资渠道单一，现有资金不能有效利用。

针对以上问题，本章提出如下建议：

（1）强化“两金”管控，减少资金占用

①加强应收账款管理，适度开展买方信贷业务

随着光伏行业的竞争日趋激烈，账期延长、利润空间压缩、资金匮乏成为光伏组件企业面临的严重问题。从乐凯胶片2012—2016年的年报数据来看，应收账款指标逐年上涨，影响了公司的资金周转。乐凯胶片作为新能源光伏材料行业中的知名企业，在业内有很高的知名度。其新能源材料中的主导产品市场份额大、竞争力强、科技含量高、有发展前途，符合银行信贷投向的政策要求。鉴于此，公司可以考虑与金融机构合作，开展

供应链融资，也就是买方信贷业务。即在公司提供担保的前提下，合作金融机构向客户发放专项贷款以用于货款的支付。该项业务可以帮助公司扩大销售，提高市场份额，并加快资金回笼速度。但是，这种方式虽然刺激了客户的需求，提高客户购买其产品的意愿，从而增加销售额，可是一旦客户在经营上出现困境，无法偿还贷款，或者客户因其他原因违约，则合作金融机构有权要求公司履行连带担保责任，风险将会明显增大。所以，此方法应审慎采用。

②加强存货管理，提升信息化程度，做好库存计划

在乐凯胶片2012—2016年的流动资产中，存货一直占有较大的比重，因此，它和应收账款一起被公司列为“两金”管理的重要内容。在存货的管理上，企业可以完善ERP等先进的管理模式，发展存货资金信息化管理，加大库存利用率，减少积压的发生。

（2）关于锂电材料板块

由于受到国家政策的支持，锂电新能源产业被视作市场的新兴战略性产品，具有良好的市场前景，但根据行业的具体发展速度来看，由于市场竞争格局与发展速度之间一直存在着不确定性。在当前的市场环境下，倘若宏观经济增速开始趋于下滑状态，则与锂电新能源产业相关的新能源汽车行业、电子消费行业以及储能领域很可能无法达到预期的发展速度，由此将直接影响公司的整体盈利能力。对此建议公司提高政策研究和形势分析能力，加强对国家和地方政策的研究和利用，加大政策、资金争取力度，支持主业发展，提高业务指导和服务水平，加强行业发展趋向研究和市场形势分析，提高行业市场信息综合研判水平，为科学决策和经营管理提供有力支持。

（3）总体方针

目前，隔膜市场呈现结构性发展新趋势，锂电隔膜市场将持续快速发展，主要增长将来自于新能源汽车动力电池用膜和新能源储能电池用膜，消费电子类锂电池用膜增速开始放缓。

综上所述：乐凯胶片应稳健发展影像材料业务，实现光伏材料跨越式发展，快速推进锂电材料规模化，加强精益化管理，逐步提升新兴业务板块的利润率。

本章主要参考文献

[1] 司林，向俊，李卓如.企业财务诊断理论的运用分析 [J] .湖北广播电视大学学报，2009 (3)：89-90.

[2] 仝铁汉.企业财务诊断分析 [J] .中国集体经济，2009 (24)：163-164.

[3] 肖志军.谈财务诊断 [J] .中国证券期货，2010 (5)：71-73.

[4] 王冬梅.财务报表分析 [M] .大连：东北财经大学出版社，2013.

第 6 章

管理会计改革背景下企业财务报表分析的新视角

本部分以一家在中国大陆从事汽车零部件生产的美资子公司为例，重点介绍了其“管理型会计”的实施过程，包括日常会计核算、报表编制、自由现金流和营运资本的全面预算管理和管理会计概念在财务分析中的具体应用等环节，以期为中国企业推广应用“管理型会计”提供借鉴和启示。

6.1 引言

王冬梅、韩成和孙明明（2016）曾把财务会计和管理会计共同服务于企业管理决策的融合部分称为“管理型会计”，而非单纯的“管理会计”。自 2014 年 10 月财政部发布《关于全面推进管理会计体系建设的指导意见》后，无论是理论界还是实务界都十分重视研究管理会计的成功应用案例，目的是为中国企业推广管理会计概念和工具的应用提供借鉴和参考。管理会计发源于美国，在美国企业和中国境内的美资企业应用得比较成功。据笔者观察，美资企业所应用的管理会计实质上就是“管理型会计”，因为总是与财务会计紧密结合。所以本章就沿用这一定义。

HD 公司是一家生产汽车密封件的美资企业。公司的 CEO 曾是 CFO 出身，精通会计和财务，所以十分重视公司的会计工作，希望充分发挥会计的职能为企业管理决策服务，不断地改进企业管理。在HD公司，日常会计核算绝非简单的、重复性的工作，会计人员被要求深谙会计原则，基于会计业务的实际形成自主的职业判断。该公司还十分重视息税折摊前利润、自由现金流和营运资本增量这三个关键绩效指标，全面预算管理得到严格的执行，成本性态分析在财务分析中得到了充分的运用。所以本章后续部分就对HD公司的日常会计核算、报表编制、自由现金流和营运资本的全面预算管理和管理会计概念在财务分析中的应用展开具体的叙述。同时基于保密的需要，本章对所有财务数据均做了掩饰处理。

6.2 强调基于原则导向而形成的职业判断而非简单的会计核算

HD公司在招聘会计岗位人员时，必考的题目就有会计核算的一般原则有几个？请一一列出。结果发现很少有人全部答对，一般只能答对6个，最好者也就答对10个。会计核算的一般原则分别是：客观性原则、实质重于形式原则、一贯性原则、可比性原则、相关性原则、及时性原则、明晰性原则、权责发生制原则、配比原则、历史成本原则、划分收益性支出与资本性支出原则、谨慎性原则和重要性原则。之所以考察新入职人员对会计原则的理解和把握，主要是为了满足对会计事项进行合理的确认和计量的需要以及保证会计信息质量。如果新入职会计人员不能熟练掌握这些原则，就不能形成良好的职业判断，也就不知道怎样进行会计核算了。

比如对以下三个问题的会计处理，就需要对一些会计原则的深入理解和良好的职业判断。(1) 费用发生就要一次性计入当期吗？(2) 差旅费都要计入费用吗？(3) 没有发票就不能计入费用吗？

对于第一个问题，很明显只要掌握了划分收益性支出与资本性支出的原则和配比原则就会进行会计核算了。对于第二个问题，企业会计人员一般按出差目的和人员所属部门将差旅费分别计入生产成本、管理费用和销售费用。但如果是为某个在建项目出差而发生的差旅费就要计入在建工程的购建成本，将其资本化而非费用化。对这一问题的处理，涉及两个重要原则的运用：实质重于形式原则和划分收益性支出与资本性支出原则。对于第三个问题，按照权责发生制的要求，费用只要实际上已经发生了，就算没有发票也同样可以计入费用。但为什么企业会计总要求提供发票呢？那是因为在我国，税务会计与财务会计相分离。税法规定没有发票的费用不能在税前抵扣。

再比如对招待费的会计处理，也需要企业会计人员既坚守原则、法规，又要有良好的职业判断。我国税法规定招待费的具体范围如下：①企业生产经营需要宴请或者工作餐的开支；②企业生产经营需要赠送纪念品的开支；③企业生产经营需要发生的旅游景点参观费和交通费的开支；④企业生产经营需要发生的业务关系人员的差旅费开支。

相应地，对于招待费的会计核算作如下处理比较合理：

（1）不是所有的餐费都是业务招待费

①员工年终聚餐，午餐费，加班餐费，计入福利费，作为应付职工薪酬；

②出差途中符合标准的餐费计入差旅费；

③员工培训时合规的餐费计入职工教育经费，计入应付职工薪酬；

④企业管理人员开会时发生的餐费计入会议费；

⑤企业召开董事会发生的费用，计入董事会会费。

2）业务招待费不仅仅是餐费

税务机关将餐饮、住宿费、香烟、食品、礼品、正常的娱乐活动、安排客户旅游项目的住宿费、景点门票费等都作为业务招待费核算。

6.3　要求会计人员深谙会计规范体系及其相互之间的细微差异

HD公司的母公司在美国，其股东又为一家德国公司。所以，作为一家在中国的子公司，其日常账务处理和报表的编制要遵从中国企业会计准则（CAS，Chinese Accounting Standards）。编制合并报表时又要与美国母公司的报表进行抵销、汇总，所以又需要按美国的通用会计原则（GAAP，Generally Accepted Accounting Principles）调账。再由于其股东为德国公司，又要按国际财务报告准则（IFRS，International Financial Reporting Standards）调整报表。因此要求其高级会计人员不但要熟悉三大会计规范体系，更要洞悉相互之间的细微差异。只有这样，所提供的会计信息才是可靠的、可比的（克里斯托弗·诺比斯，2010），才能更好地为股东、母公司和子公司的管理决策服务。如表6-1关于收入准则的中美差异就达5点之多。该公司的会计人员在核算收入时就必须遵从这些规定。

表6-1　**企业会计准则第14号——收入的中美差异比较**

<table>
<tr><th>项目</th><th>中国企业会计准则(CAS)</th><th>美国通用会计准则(US GAAP)</th></tr>
<tr><td>收入确认的基本原则</td><td>基本原则和US GAAP一致,但很少详细指导和行业专门指导</td><td>更多专门指导,尤其是关于专门问题和行业的特别应用(如软件业收入确认,应收账款不确定的收入确认,有退回权的收入确认,不动产问题,特许权销售等)。此外,上市公司必须遵循由SEC提供的更为详尽的规定和指南</td></tr>
<tr><td>商业折扣</td><td>销售商品涉及商业折扣的,应当按照扣除商业折扣后的金额确定销售商品收入金额</td><td rowspan="4">1. 商业折扣、现金折扣、销售折让和销售退回均作为毛收入的减项,在计算净收入时扣除
2. 财务报表列示:采用总收入到净收入法(Gross to Net Method)
3. 销售退回采用资产负债表法</td></tr>
<tr><td>现金折扣</td><td>销售商品涉及现金折扣的,应当按照扣除现金折扣前的金额确定销售商品收入金额。现金折扣在实际发生时计入当期损益中的财务费用</td></tr>
<tr><td>销售折让</td><td>企业已经确认销售商品收入的售出商品发生销售折让的,应当在发生时冲减当期销售商品收入</td></tr>
<tr><td>销售退回</td><td>企业已经确认销售商品收入的售出商品发生销售退回的,应当在发生时冲减当期销售商品收入</td></tr>
</table>

资料来源：泡杯茶看金融.美国会计和中国会计有哪些不同的细则？[EB/OL].[2014-02-23].http：//blog.sina.com.cn/s/blog_538421350101jepo.html.

6.4 全面预算管理的有力推行

HD公司实行全面预算管理，其预算编制过程是十分严肃的，预算的执行率要求达到90%及以上，70%～80%的预算执行率是不能接受的。HD公司通过推行全面预算管理，严格控制事前、事中资金支出，保证资金的有序流动，保证公司有足够的支付能力和偿债能力。下面就以HD公司的自由现金流和营运资本的有效控制为例来具体说明，具体见表6-2。

表6-2　**HD公司自由现金流预算与实际执行之间的差异**　单位：千元

英文表述	Item	Budget	Actual	Variance to Budget	Variance to Budget (%)	Favorable/ Unfavorable
中文表述	项目	预算水平	实际值	与预算的偏差	偏差百分比	有利偏差还是不利偏差
息税折摊前利润	EBITDA	70 449	66 927	−3 522	5	不利偏差
资本性支出	Capital Expenditures	(139 820)	(125 838)	−13 982	10	有利偏差
…	…	…	…	…	…	…
应收账款	Accounts Receivable	(4 464)	(4 107)	−357	8	有利偏差
存货	Inventory	(14 555)	(13 973)	−582	4	有利偏差
应付账款	Accounts Payable	96 951	92 103	−4 848	5	不利偏差
营运资本	Working Capital	77 932	74 023	−3 909	5	不利偏差
…	…	…	…	…	…	…
经营活动现金净流量	Operating Cash Flow	8 345	9 112	767	9	有利偏差
…	…	…	…	…	…	…

续表

英文表述	Item	Budget	Actual	Variance to Budget	Variance to Budget (%)	Favorable/ Unfavorable
自由现金流	Free Cash Flow	8 561	8 8 21	260	3	有利偏差
应收账款周转期(天)	DSO	82	113	31	38	不利偏差
存货周转期(天)	DIO	14.8	13.5	-1.3	9	有利偏差
应付账款周转期(天)	DPO	65	83	18	28	有利偏差
现金周期(天)	CCC	31.8	43.5	11.7	37	不利偏差

从表6-2可以看出，就自由现金流的预算执行情况而言，除资本性支出的有利偏差在10%之外，其他各明细项目的预算执行偏差基本落在-5%至+5%以内，预算的执行力是很强的。同时可看出外资企业对自由现金流很看重。从表6-2下半部看，应收账款周转期、存货周转期和应付账款周转期的预算执行似乎很松弛，存货周转期的执行偏差最小，为9%，但属于有利偏差，处于10%的可接受范围内。应收账款周转期属不利偏差，达38%。这是因为在制定预算时，HD公司只考虑应收账款，但在执行后，却包括了应收票据。因为该公司管理层认为无论是商业承兑汇票还是银行承兑汇票，在中国到期违约的可能性均很大，所以应该一并计算在内。至于应付账款周转期，虽然偏差达28%，但属于有利偏差。原因在于美联行在对该公司的信用进行详尽的考察后同意对其赊购的进口原材料及零部件进行押汇，即美联行在赊购期满时为该公司先行垫付资金结清其对上游供应商的欠款，而后再向该企业收款。这样就等于延长了该公司的商业信用期。可见积极利用产融合作对企业资金周转的好处。从表6-2还可以看出：虽然最终现金周期还是出现了37%的不利偏差，但剔除应收票据后，

总体上该公司在营运资本的控制上还是相当有力、有效的。外资企业对于预算执行偏差一般都要求财务人员给予合理的解释，这一点在HD公司已形成惯例。

6.5 报表分析侧重于管理会计视角

HD公司在进行财务分析时很注重对管理会计概念和工具的应用。以下以利润表的分析为例来进行具体说明，如表6-3所示。从表6-3可以看出，HD公司用于管理决策的利润表是按成本性态列示各项目的，这与中国企业报出的利润表的格式有很大差异（孙茂竹、文光伟、杨万贵，2015）。从这张利润表上可以清楚地看出该企业产品成本的构成主要为变动成本，占到预算水平的88.27%，实际水平的84.93%。所以成本控制的着力点应放在变动成本上。事实上，该企业预算执行的偏差主要发生在变动成本上，除维修费的细微不利偏差外，其他如材料费、人工费和动力费皆为有利偏差，最终导致变动成本的有利偏差高达5.72%。其成本控制是十分有效的。虽然固定成本的不利偏差达2.53%，两相 抵销，最终息税折摊前利润有利偏差达3.21%。另外，从表6-3还可以看出，外资企业很注重报表的结构分析，并将比较的基准设定为预算水平。对发生的任何差异，都要进行详细的解释和说明，以此作为改进管理决策的基础。

表6-3 HD公司利润表的结构、比率和差异分析

项目	预算水平（千元）	占比(%)	实际执行（千元）	占比(%)	差异(%)
营业收入	172 605	100.00	162 821	100.00	—
材料费	94 892	54.98	86 091	52.87	2.11(有利)
直接人工费	16 799	9.73	12 406	7.62	2.11(有利)
间接人工费	3 312	1.92	2 199	1.35	0.57(有利)
人工费合计	20 111	11.65	14 605	8.97	2.68(有利)
动力费	6 149	3.56	4 778	2.93	0.63(有利)
维修费	2 385	1.38	2 426	1.49	0.11(不利)
…	…	…	…	…	
变动成本	137 061	79.41	119 984	73.69	5.72(有利)
…	…	…	…	…	
固定成本	18 210	10.55	21 290	13.08	2.53(不利)
…	…	…	…	…	
息税折摊前利润	17 654	10.23	21 878	13.44	3.21(有利)

6.6 对中国企业的启示

从以上对HD公司“管理型会计”实施过程的全面介绍中，中国企业可以得到如下启示：

（1）制定科学、合理的预算，绩效考核时应将比较的基准设为预算水平而非历史水平

中国企业由于预算编制的不严肃和执行不力（贾卒，2015），偏爱与历史水平比、与行业平均值比和与标杆企业比。实际上，有的企业就算每次都好于历史水平也不能说明什么，因为对于一个朝阳产业而言，整个行业都是向好的，自然处于这一行业的企业也是一路向好的。这样做不仅麻痹了企业自身，也忽悠了广大利益相关者（李克亮，2016）。至于与行业均值比就更不合适了，因为没有任何企业是按行业平均水平去做的，再说行业均值的计算也受一些极端值的影响（张新民、钱爱民，2014）。至于与标杆企业比，只能说明企业有远大的志向，未必就能付诸实施。比如空调制造企业没有第二家能成为格力电器，白色家电制造企业也没有第二家能成为青岛海尔。功夫应下在制定科学、合理的预算上，在预算的制定过程中要反复考量各种可能的变化。只有这样，制定出来的预算才能得到不折不扣地执行，而不是作为一件摆设。

（2）财务会计要与管理会计融合而不是相互分离

中国会计改革的历史不长。在会计规范不停更新的过程中，广大会计人员终日忙于学习和熟悉新的会计准则和不断更新的会计信息系统，导致没有足够的时间和精力思考更深层次的问题，满足于按期编制和报出符合要求的财务会计报表。由于管理会计工作长期以来在企业又是自选动作，这样就导致了财务会计和管理会计的长期分离。从上述美资企业HD公司的会计实践来看，几乎每一个环节都很难明确界定到底是应用了财务会计还是管理会计的概念和工具，二者总是紧密地结合在一起。

（3）培养具有国际视野的高素质会计人才

从HD公司的案例分析可以看出：该公司十分重视对新入职会计人员

的胜任能力和素质进行考察。该公司之所以能把会计核算、全面预算管理、自由现金流和营运资本的控制和财务分析等工作都做得十分到位，就在于它拥有一批高素质的会计人员。这些专业人员不但专业水平过硬，如拥有美国注册会计师资格，还具有国际化视野，英语水平也很好，而且在高管中还有一位曾经是CFO。中国企业如想成功地应用“管理型会计”，就需要大力培养和造就一批这样的人才。

本章主要参考文献

［1］诺比斯，帕克.比较国际会计［M］.10版.大连：东北财经大学出版社，2010.

［2］张新民，钱爱民.财务报表分析［M］.3版.北京：中国人民大学出版社，2014.

［3］贾卒.全面预算管理实践［M］.北京：机械工业出版社，2015.

［4］孙茂竹，文光伟，杨万贵.管理会计学［M］.7版.北京：中国人民大学出版社，2015.

［5］李克亮.企业财务分析的误区及反思［J］.财会月刊，2016（19）：38-40.

［6］王冬梅，韩成，孙明明.中国管理会计体系建设：热潮中的冷思考［J］.财会月刊，2016（27）：32-35.

第 7 章

资产结构与利润结构匹配关系研究

7.1 问题的提出

“中国制造2025”倡导产业结构的全面优化与深度推进产业融合，中国制造业的战略转型迫在眉睫。在过去几十年中，中国制造企业大部分仍专注于生产、加工等附加值较低的环节，结果造成产能过剩、库存积压、盈利艰难，甚至大面积长期亏损的现象，且这一现象有愈演愈烈之势，甚至出现了所谓的“僵尸企业”。针对这一难题，政府层面大力提倡加大研发投入、人才输入、去产能、去库存、去杠杆、降成本、补短板等，而这些都涉及盈利模式的创新，即轻资产盈利模式的运用。但目前无论学术界还是实务界，对“轻资产盈利模式”均存在许多误解，均很关注企业资产结构的轻化，认为资产结构轻的企业就是轻资产企业，并与企业的盈利模式即企业主要是依靠什么性质的资产而实现盈利的混为一谈。因此本章将从资产结构、主要盈利性资产两个维度对盈利模式进行研究，从利润结构与资产结构的匹配关系出发提炼出轻资产盈利模式的演化路径，为实务界合理规划企业的战略转型提供参考，同时也为学术界考察轻资产盈利模式的财务绩效、企业资产结构轻化的财务后果及其风险等提供新的启示。

本章拟通过分析4家具有不同资产结构的典型企业的财务指标，比较其盈利性资产、所采用的战略和盈利模式的差异，构建了盈利模式坐标图。本章试图阐明“资产结构轻”与“轻资产盈利模式”不是同一概念。本章后续内容为文献综述、案例企业基本情况介绍、案例分析、结论与建议。

7.2 文献综述

7.2.1 相关概念辨析

提到“盈利模式”，就让人想起了与之密切相关的“商业模式”。商业模式一词最早是由Bellman于1957年在一篇关于商业博弈的论文中首次提出的，但直到20世纪90年代末才受到理论界与实务界的广泛关注。商业模式在被概念化的过程中，曾出现过多种定义。国外学者Morris（2005）对其中的主要观点进行了归纳，并按视角划分为经济类、运营类和战略类。经济类视角将商业模式定义为盈利模式，解释企业如何赚钱的问题。运营类视角则将商业模式视为连接公司内外要素的运作系统。战略类视角将商业模式描述为组织通过价值创造与价值获取以获得可持续竞争优势的方式（Teece D. J., 2010）。魏炜等人（2012）指出：盈利模式就是企业依靠什么获取利润，是商业模式在财务方面的表现形式。所以，本章采用盈利模式的说法。

而提到轻资产的盈利模式，则有几个成对出现的概念，如轻资产、重资产；轻资产企业、重资产企业；轻资产盈利模式和重资产盈利模式。袁媛（2013）指出：“企业资产重化指的是在同一行业内某企业在固定资产、在建工程、土地等项目上投资过大，在资产总额中占比较高”。由此可见，该文所指的重资产相当于国外公司的固定资产，我国企业的固定资产和在建工程、工程物资等项。因为在我国，土地的所有权属于国家，企业拥有的只是土地的使用权，在我国企业的资产负债表上，土地使用权等效于特许经营权，计入无形资产。需要说明的是，固定资产被视为重资产毫无异议，但是，存货的影响也不容忽视。企业由于库存积压，导致资金无法正常运转而最终破产的例子也时有发生。所以在本章中，将存货、固定资产、在建工程和工程物资一并视为企业的重资产。相应地，应收项目、交易性金融资产、可供出售金融资产、无形资产等就属于企业的轻资产。汪寿阳等（2015）从知识管理的角度出发，将冰山理论与商业模式相结合，提出商业模式是一个同时具有显性知识和隐性知识的复杂系统。由此可推断出：企业资产中包含能够在资产负债表中计量的显性资产和大多数无法在资产负债表中计量的隐性资产，如经验、制度、品牌、关系资源、客户关系、人力资源等。相对于显性资产，企业的隐性资产具有高附加值、排他性、不确定性等特点，而恰恰是这些隐性资产形成了企业的独占性资源，帮助企业建立起自身的竞争优势和进入壁垒（Henry Chesbrough，2010）。由此可见，所谓隐性资产，就是通常所提及的表外无形资产。与会计中对资产的传统定义不同，应付账款、应付票据和预收款项虽然是负债，企业却能利用它来获取更多的利润，因此也算是一种轻资产。杜海霞（2015）也指出："所谓轻资产，应是指具有杠杆效应的经济资源，企业可凭借该资源调动更多的资源，并借此获得超额收益"。袁媛（2013）还提出以固定资产占总资产的比重来衡量企业重资产化的程度，IT行业以40%作为界限，而石油天然气开采行业可能要以70%为界。由于企业资产结构的轻重由行业特点、所采用的商业模式和所处的发展阶段来决定，所以无法制定统一的标准。根据作者的观察，一般来讲，从资产结构角度将（存货+固定资产+在建工程+工程物资）/ 总资产 < 30%的企业定义为轻资产结构的企业；反之则为重资产结构的企业比较合理。实务界通常所提及的轻资产公司和重资产公司就是从资产结构的轻重上来定义的。由此可知，轻资产盈利模式实际主要关注的就是企业投资的方向：是投资在能够给企业带来产值的机器设备、生产线及厂房上，还是投资在开发研制专利技术上，亦或投资在建立子公司上等。一般来说，将公司资产重点投资在"较重的"固定资产上，并且主要依靠固定资产获得收益的盈利模式就是重资产盈利模式；而主要投资在研究开发等"较轻的"资产上，并主要依靠这些轻资产获利的盈利模式就是轻资产盈利模式。而后者的盈利能力远远超过前者。也就是说，拥有不可复制的、独占性的资源、具有高杠杆性、超额盈利能力的企业的盈利方式，就是轻资产的盈利模式。从这个角度来讲，类金融模式就是企业通过占用上下游企业的资金，为企业带来更大利益的一种轻资产盈利模式。运用轻资产盈利模式的企

业就是轻资产企业，运用重资产盈利模式的企业就是重资产企业。至此，资产结构的轻重与盈利模式的轻重又混为一谈。因为表外无形资产的存在，资产结构重的企业，可能本质上还是靠轻资产获取超额利润；而资产结构轻的企业，可能并无能为其带来超额收益的轻资产。所以，可以这样下定义：企业之间只靠产品和服务竞争，就是重资产的盈利模式；企业之间主要靠盈利模式竞争，就是轻资产的盈利模式。前者实行的是低成本战略，后者实行的是差异化战略。至于“轻资产企业”“重资产企业”到底指的是资产结构还是主要的盈利性资产和盈利模式，则视具体的情境而定。如果没有表外无形资产的存在，资产结构的轻重与盈利模式的轻重就是一回事。

7.2.2 研究现状述评

关于商业模式的范畴界定，Osterwalder和Pigneur（2010）提出的商业模式画布具有里程碑式的意义。其涵盖面极广，同时概括了显性和隐性知识所创造的价值。只是这个模型未使用定量分析方法而已。这与汪寿阳等（2015）认为“商业模式画布等传统分析方法只能用于分析显性知识”的见解有所不同。关于商业模式的分类，学术界并没有统一、科学、合理的方法。Andy Wang被称为给轻资产公司分类的第一人（见百度百科“轻资产”条目），按其标准，轻资产公司分为类金融企业如格力电器、研发型企业如微软、品牌型企业如苹果和青岛啤酒及互联网公司等。张新民（2014）认为投资型企业就是将投资性资产作为企业的主要盈利性资产，其利润来源也主要是投资回报的企业。他通过研究发现，在大中型企业中，投资型企业主要为集团公司的母公司，它们对子公司拥有大量的长期股权投资，并从中获取投资收益。因此，评价此类企业，其主要的财务指标为投资性资产占总资产比和投资收益占利润总额比。综合以上两种分类，作者在此将轻资产企业分为：类金融企业、研发型企业、投资型企业和品牌型企业。为什么不将互联网公司也列入其中呢？因为互联网公司可以分别归入类金融、研发型和品牌型这三种企业中。

关于轻资产企业的财务特征研究，戴天婧、张茹、汤谷良（2012）的案例分析总结最具典型性，引用也最多。该研究以苹果公司为例指出轻资产企业具有高现金储备、低有息负债、存货和固定资产占比低等财务特征，但此结论被认为不具有普遍适用性（杜海霞，2015）。Zott C.和Amit R.（2008）研究表明：以忠诚度为中心的商业模式搭配强调差异性的产品市场策略能够提高公司的绩效。这是考证商业模式对企业绩效影响的一篇重要文献。Zott C.，Amit R.和Massa L.（2011）系统介绍了商业模式的研究进展和进一步的研究方向。李雪蓉、张晓旭、李政阳等（2016）的一篇综述性文献也指出国外商业模式研究的最新热点集中在商业模式的分析诊断和创新设计上。魏炜、胡勇、朱武祥（2015）就此也展开过系列案例研究。

7.3 案例企业基本情况介绍

本章所采用的案例均为大中型企业，总资产均在500 000万元以上，销售额在300 000万元以上，符合国家统计局于2011年9月印发的《统计上大中小微型企业划分办法》中对大中型企业的定义。案例企业的基本情况见表7-1。从表7-1可以看出：依规模排序的前3家企业格力电器、贵州茅台和世纪华通都属于制造业企业，属于需要大量固定资产投资的重资产行业。只有华谊兄弟属于信息服务业中的影视传媒子行业，属于典型的轻资产行业。除世纪华通外，重资产行业的格力电器和贵州茅台的资产总额、营业收入大于轻资产行业的华谊兄弟，就业人数均比华谊兄弟要多。

表7-1　**案例企业2016年基本情况**

简称	企业属性	资产总额（万元）	营业收入（万元）	员工人数	2014—2016年财务报表	所属行业
格力电器	地方国有企业	18 236 971	10 830 257	71 610	格力电器2014—2016年财务报表	制造业

续表

简称	企业属性	资产总额（万元）	营业收入（万元）	员工人数	2014-2016年财务报表	所属行业
贵州茅台	地方国有企业	11 293 454	3 886 219	21 237	贵州茅台2014—2016年财务报表	制造业
世纪华通	民营企业	550 392	345 590	3 549	世纪华通2014—2016年财务报表	制造业
华谊兄弟	民营企业	1 985 263	350 346	2 456	华谊兄弟2014—2016年财务报表	信息服务—传媒

资料来源：Wind数据库。

7.4 案例分析

7.4.1 考察指标选取

（1）资产结构之轻重

依前面文献综述，本章采用重资产占比，即（存货+固定资产+在建工程+工程物资）/总资产来表征企业资产结构之轻重，并以此来初步判定一家企业是属于重资产企业还是轻资产企业。由于戴天婧、张茹、汤谷良（2012）指出轻资产企业具有货币资金充足、资产周转率较高等特点，因此货币资金占比（货币资金/总资产）、资产周转率等也会被纳入考察的范围。

（2）盈利性资产

企业对盈利性资产的选择依据是企业的市场定位。加工制造业企业的附加值较低，利润率较低；研发型企业依靠高新技术的开发，成本较低，能够获得高额的利润率；投资型企业主要依靠投资性资产而实现盈利。因此，在盈利性资产这个维度，本章选取毛利率、投资性收益占比（投资性收益/利润总额）等指标进行评价。注意是投资性收益而非投资收益，因为投资性收益=投资收益+公允价值变动收益-财务费用（当财务费用为负时）。

（3）盈利模式的判定

Michael Rappa（2000）认为盈利模式是指为企业带来收益的方式和方法。杜邦财务分析体系表明：衡量企业综合盈利能力的指标是净资产收益率，它由销售净利润率、资产周转率和权益乘数三个驱动因素决定。从这个角度来看，企业应当遵循的盈利路径，就是盈利模式。彭彦敏、张雪云（2014）通过实证研究将企业基本的盈利模式分为三种：销售获利型、作业效率型和财务杠杆型。其实只是同一意思的不同表达。该文证实：我国上市公司没有找到有效的盈利模式而走上破产道路的高达49%。大部分企业选择的是第一类盈利模式，占到2/3左右，其次为第二类和第三类盈利模式。只有1/3的企业通过建立有效的盈利模式来获取超额利润。因此要判断一家公司的盈利模式是否有效，实际上是要找到对该公司净资产收益率持续产生正向影响的因子及其组合。所以本章沿用该文的思路来判定企业盈利模式的类型。

7.4.2 财务指标分析

（1）资产结构分析

表7-2为案例企业的主要财务指标。从表7-2可以看出：从重资产占比来看，贵州茅台和世纪华通都属于重资产企业，但世纪华通要显得稍轻

一些，那是因为后者还并购了部分游戏业务。华谊兄弟属于典型的轻资产企业。格力电器初看起来应该是重资产公司，但重资产占比在2014—2016年一直徘徊在15%～17%，真算不上是重资产公司。原因是什么呢？因为格力电器的资产构成中有大额商业债权，同时又拥有更大金额的商业债务和其他流动负债。二者相抵，格力电器已占人之资金仍大于人占己之资金。这就是格力电器著名的“类金融模式”。这一模式导致格力电器的资产结构变轻了。所以从本质上讲，格力电器已演变成一家轻资产公司。

表7-2　　**案例企业2014—2016年的主要财务指标**

公司简称	格力电器①			贵州茅台②			世纪华通③			华谊兄弟④		
年度	2016	2015	2014	2016	2015	2014	2016	2015	2014	2016	2015	2014
重资产占比(%)	15.28	16.67	15.87	33.53	39.75	43.70	27.84	29.09	34.03	7.91	7.97	11.92
货币资金占比(%)	52.41	52.92	34.96	59.26	42.64	42.03	10.30	10.51	6.88	27.51	20.46	18.63
无形类资产占比(%)	1.84	1.65	1.59	3.13	4.15	5.43	36.96	39.26	40.87	18.35	20.33	15.89
投资性资产占比(%)	3.41	7.22	5.56	0.08	0.06	0.14	5.27	0.26	0.16	30.53	32.98	25.25
投资性收益占利润总额比(%)	20.08	6.81	1.69	0.14	0.32	0.59	−0.91	0.02	0.28	86.88	41.91	33.31
毛利率(%)	32.69	32.45	36.14	91.26	92.36	92.72	33.80	31.00	29.41	51.20	50.28	60.90
营业利润率(%)	16.16	13.82	11.68	62.47	67.89	69.94	17.04	14.94	13.90	33.59	35.83	49.35
销售净利率(%)	14.31	12.90	10.38	46.02	50.46	51.58	14.67	13.55	12.32	28.37	31.44	43.28
总资产周转率(次)	0.59	0.60	0.88	0.35	0.38	0.48	0.63	0.60	0.41	0.18	0.22	0.24
总资产收益率(%)	8.50	7.79	9.16	15.86	19.12	24.74	9.21	8.09	5.03	5.01	6.81	10.53
资产负债率(%)	69.90	69.94	71.13	32.77	23.29	16.09	20.08	21.24	13.41	50.38	40.02	42.15
净资产收益率(%)	28.23	25.93	31.71	23.58	24.93	29.48	11.53	10.27	5.80	10.09	11.35	18.20
投入资本回报率(%)	27.95	26.90	27.82	31.62	33.23	39.54	13.04	11.05	6.36	10.46	11.85	16.62

资料来源：基于格力电器、贵州茅台、世纪华通、华谊兄弟2014—2016年的合并财务报表计算而得。

注：①重资产=存货+固定资产+在建工程+工程物资；无形类资产占比=（无形资产+研发支出+商誉）/总资产；

②投资性资产=以公允价值计量且其变动计入当期损益的金融资产+买入返售金融资产+发放贷款及垫款+可供出售金融资产+持有至到期投资+长期股权投资；

③投资性收益=投资收益+公允价值变动收益-财务费用（当财务费用为负时）；

④投入资本回报率=（利润总额+利息费用）/（短期借款+非流动负债+所有者权益）（当财务费用为正时可近似代替利息费用）。

从表7-2还可以看出，格力电器和贵州茅台期末均有大额货币资金存量。世纪华通和华谊兄弟均有较高比例的无形类资产，这是因为这两家公司均确认了大额并购商誉。格力电器和贵州茅台的无形类资产占比均很小，这是由于无法用会计方法计量的知识资产、品牌、人力资源等无形资产均存在于表外，而我国上市公司表内无形资产主要为土地使用权和待摊销的软件等。因为使用的是合并报表，只有华谊兄弟具有较高比例的投资类资产，这是因为自2014年起，持股比例低于20%的长期股权投资划归为可供出售金融资产，而华谊兄弟又持有掌趣科技部分股权。贵州茅台和世纪华通的投资性资产占比和投资性收益占利润总额比均很小，因为在合并过程中母公司对子公司的长期股权投资、投资收益两项均已被抵销，而集团对外的长期股权投资很小，几乎可以忽略不计。华谊兄弟的投资性收益占利润总额比较高，2014—2016年间从33.31%上升到86.88%。那是因为华谊兄弟的投资对象掌趣科技主要从事手机游戏的研发、运营和销售，2014—2016年业绩优良。格力电器的投资性收益占利润总额比在2015年也达到了6.81%，2016年上升到20.08%，这是因为格力电器因财务费用为负值却纳入了计算的缘故，其影响已不可忽略。通常认为，格力电器自2013年起，其类金融模式的特点已不再显著。但张新民（2015）指出：格力电器2014年合并资产负债表中商业债务约400亿元。该公司的财务报表附注（见表7-3）显示，其他流动负债的主体是空调销售返利约468亿元以及安装维修费约18亿元，合计486亿元。其他流动负债与商业债务两者相加约886亿元，属于经营性负债，减去其当年度的商业债权547亿元，净额为339亿元。所以格力电器在2014年依旧属于“两头吃”的类金融企业。按此算法，2014—2016年格力电器的类金融模式的规模和效果可总结如表7-3所示。虽然财务费用中还包括汇兑损益，如2015年和2016年汇兑损益又贡献利润12.69亿元和30.02亿元，但上游供应商和下游经销商提供的无息资金对格力电器财务业绩的贡献依旧不小。

表7-3　**格力电器“类金融模式”的相关数据**　单位：亿元

年份	净商业债务	其他流动负债	二者合计	财务费用
2014	−147	486	339	−9.42
2015	212	550	762	−19.29
2016	140	598	738	−48.46

（2）盈利能力分析

从表7-2可以看出：毛利率的排名顺序为贵州茅台、华谊兄弟、格力电器和世纪华通。营业利润率和销售净利润率的排序为贵州茅台、华谊兄弟、世纪华通和格力电器。白酒企业的高毛利率主要来源于品牌的强大影响力，进而传导到营业利润率和销售净利润率。华谊兄弟的毛利率较高的原因在于其影视剧的制作、发行和放映等环节均掌握在自己手中，对产业链的把控较好。格力电器的毛利率高于世纪华通，但营业利润率和销售净利润率却低于世纪华通。这两个企业都在逐步地进行资产的轻化，格力电器是通过“类金融模式”积累高额的货币资金达到的，而世纪华通则是通过并购手游企业达到的，由于手游行业的毛利率很高，所以世纪华通的营业利润率和销售净利润率自2014年起反而得以提升。

（3）盈利路径分析

如表7-2所示：总资产周转最快的是格力电器，其次是世纪华通和贵州茅台，周转最慢的当属华谊兄弟，因为影视剧的制作和销售需要很长的周期，而且不确定因素很多。总资产收益率最高的是贵州茅台，其次是格力电器；世纪华通和华谊兄弟差不多，但前者呈上升趋势，后者呈下降趋势。资产负债率的排序为格力电器、华谊兄弟、贵州茅台和世纪华通，从而导致净资产收益率的排序为格力电器、贵州茅台、华谊兄弟和世纪华通。投入资本回报率的排序为：贵州茅台、格力电器、华谊兄弟和世纪华通，后二者变化的方向相反。所有案例企业中，只有格力电器有很明显的财务杠杆效应，资产负债率高达70%～71%。如此一举扭转了案例企业净资产收益率和投入资本回报率的排序，除贵州茅台外，格力电器居第一或第二，华谊兄弟跌至第三。总括起来，贵州茅台和华谊兄弟属于销售盈利型企业，格力电器属于作业效率型和财务杠杆型企业，而世纪华通则在2014年通过兼并收购实现盈利模式转型成为销售盈利型企业。

（4）财务指标的可视化分析

为了更直观地观察，特将表7-2中的表征企业资产结构、盈利能力和盈利影响路径的指标绘成图7-1至图7-8。从这些图中可以看出：贵州茅台无论是重资产占比、毛利率、销售净利润率、总资产收益率还是投入资本回报率均稳居第一，亦即资产结构越重的企业，盈利能力越强。世纪华通则随着资产结构的轻化，其毛利率、销售净利润率、总资产周转率、总资产收益率和投入资本回报率均逐渐提升，加之资产负债率的逐步提高，其净资产收益率也随之提升。从世纪华通的案例中可明显地看到资产结构轻化的好处。华谊兄弟的资产结构最轻，但随着资产结构的轻化，其毛利率、销售净利润率、总资产周转率、总资产收益率、净资产收益率和投入资本回报率均呈下降的趋势，尽管资产负债率有所上升，所以从这家轻资产企业的案例中没有看到资产结构轻化的好处，也许需要将资产结构重化才能进一步提升业绩。格力电器资产结构的变化呈“倒V形”，毛利率呈下降趋势，销售净利润率呈上升趋势，因总资产周转率呈下降趋势，总资产收益率呈“正V形”。因资产负债率呈下降趋势，其净资产收益率和投入资本回报率均呈“正V形”变化。概括起来讲，就是格力电器的资产结构与大多数盈利能力指标呈相反的变化。即资产结构越轻，盈利能力越好；资产结构越重，盈利能力越差。这一结论提示从格力电器的案例中能够看到资产结构轻化的好处，这与世纪华通的结论一致。由此可见，传统的重资产企业应适度进行资产的轻化以改善业绩，而本来就属于轻资产行业的企业，应适度进行资产的重化以谋求业绩的进一步提升。另外，之所以能从世纪华通、华谊兄弟和格力电器三家企业的案例分析中观察到其资产结构和盈利能力之间存在的明显的规律，还在于这三家企业的盈利性资产大多已在资产负债表内体现出来了。世纪华通体现为商誉，华谊兄弟体现为无形资产和股权投资，格力电器体现为货币资金和净商业债务。至于品牌十分强大的企业如贵州茅台，资产结构重也无妨。因为这类企业的业绩主要由其品牌价值决定，若品牌价值得以量化进入资产负债表的话，这类企业其实也属于典型的轻资产企业，亦即重到极点即为轻。虽然贵州茅台也体现在持有大额货币资金的优势上，但仅货币资金一项还不能完全反映其拥有的品牌的真实价值。故在从事诸如资产结构轻重与企业财务绩效的关系研究之类的实证研究时，应充分考虑行业差异、企业类型差异等因素，绝不能简单、线性地下结论。

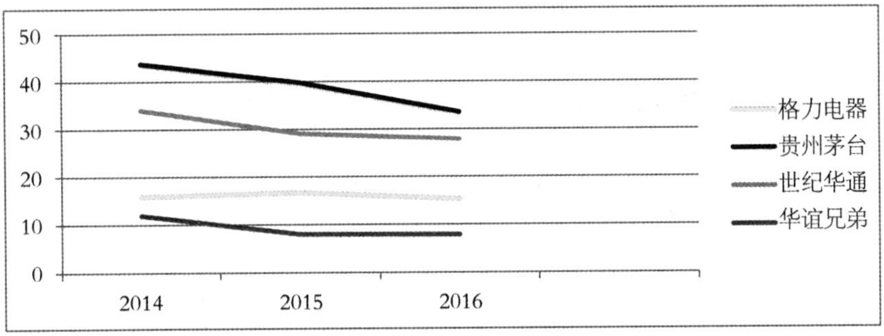

图7-1 案例企业重资产占比对比（%）

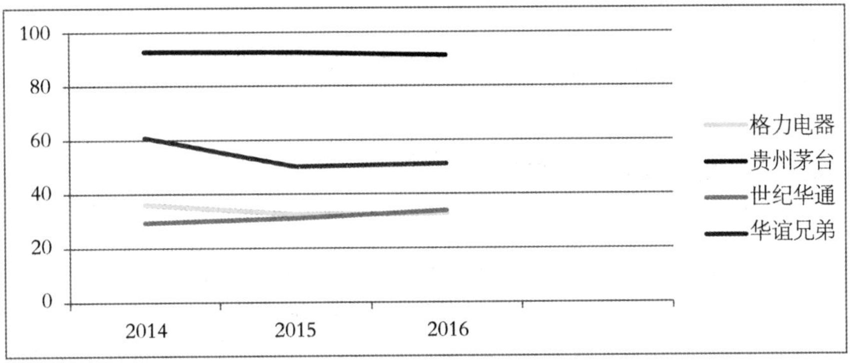

图7-2 案例企业毛利率对比（%）

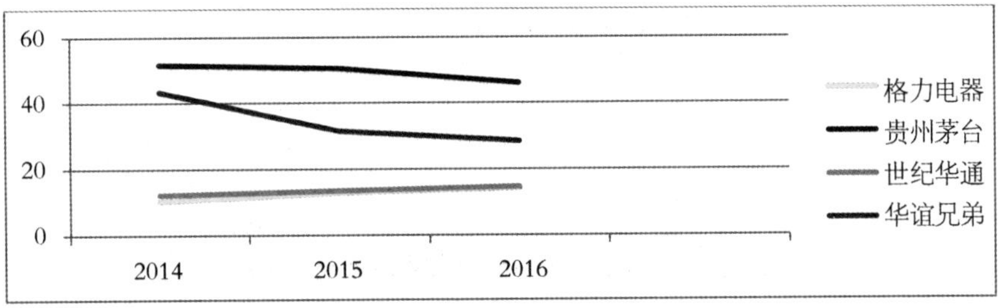

图7-3 案例企业销售净利率对比（%）

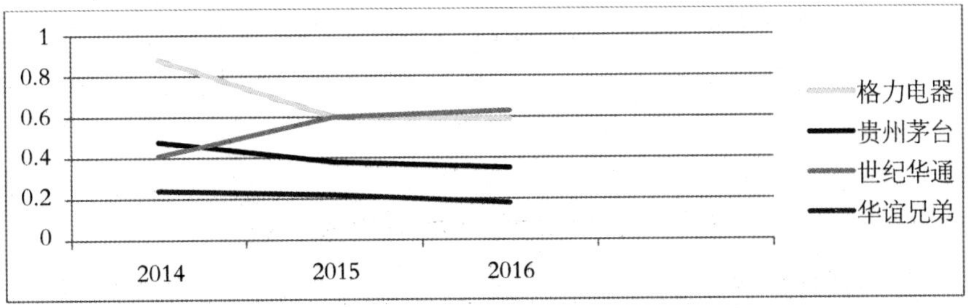

图7-4 案例企业总资产周转率对比（次）

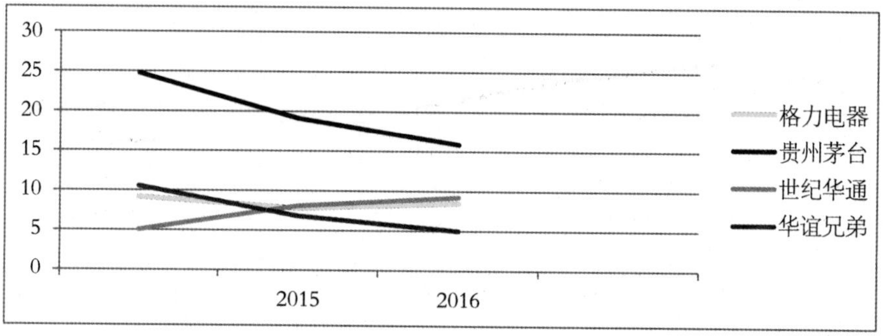

图 7-5　案例企业总资产收益率对比（%）

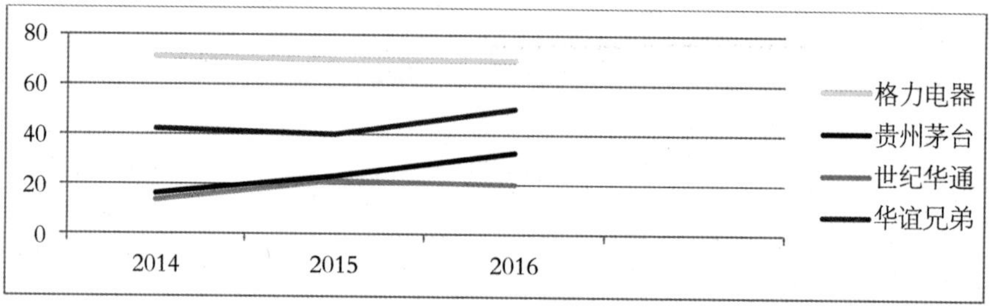

图 7-6　案例企业资产负债率对比（%）

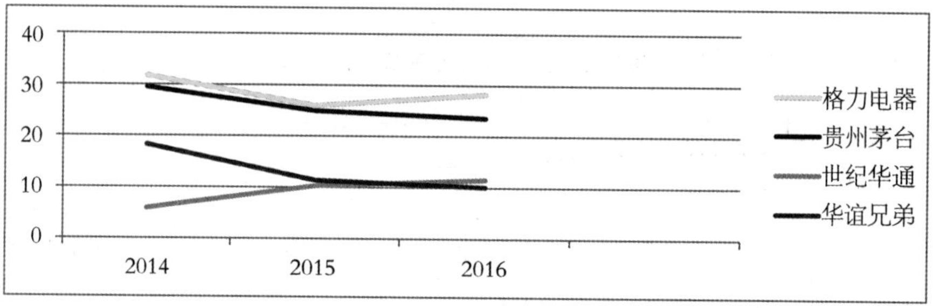

图 7-7　案例企业净资产收益率对比（%）

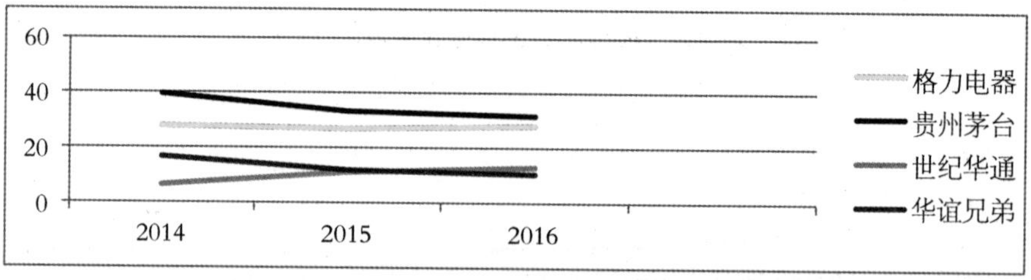

图 7-8　案例企业投入资本回报率对比（%）

（5）演化路径坐标图

综合考虑所属行业、资产结构、为企业带来盈利的主要资产的类别、战略类型和盈利路径或模式，可将案例企业汇总于表7–4。从表7–4可以看出：盈利能力最低的世纪华通原本属于重资产行业，其资产配置也很重，直至2013年尚无明确的战略定位，靠存货、固定资产等重资产盈利，2014年才决定实行资产结构的轻化。所以其按照行业+资产结构+盈利模式三维度的综合定位为：重、重、重。同样属于重资产行业的贵州茅台，其资产配置也较重，表面上看它也是靠存货及固定资产等重资产盈利，但其表外无形资产如基于特殊酿酒工艺等形成的品牌无法在表内体现，真正给其带来超额盈利的是后者，即企业的轻资产，所以其盈利能力最高，综合定位为重、重、轻。格力电器位于重资产行业，却能够将资产结构做得很轻，这是极其难能可贵的。表面上看它与贵州茅台一样，也是靠存货及固定资产等重资产盈利。但实际上，格力电器通过掌握核心科技缔造强大的品牌从而将其上下游紧密地捆绑在一起，其基于强大的资源整合能力而形成的“两头吃”的类金融模式不但成功地使其资产结构轻化，而且还通过巨额的经营性负债持有大额货币资金为其盈利，这也是一种隐性的轻资产。同时通过加强上下游关系管理加速存货、资产周转，而大额经营性负债又拉高了资产负债率。一般认为，格力电器与其竞争对手美的集团相比实行的是差异化战略，但相比其因为类金融模式而获得的财务杠杆效应来说，后者的影响是主要的，所以将格力电器定位为低成本战略，其三维度综合定位为：重、轻、轻。华谊兄弟属于轻资产行业的公司，其资产结构也是很轻的，要想获取超额盈利，只能依靠美好的创意、优质的内容、精良的制作和优秀的演艺人员等轻资产来维持高额盈利能力，即实行的是轻资产的盈利模式。所以，其三维度综合定位为：轻、轻、轻。

如果忽略行业维度，根据资产结构及主要盈利性资产的类型来划分，可以将表7–4各企业定位在A、B、C、D四个位置点上，依毛利率从低到高排列如图7–9所示。

处于A点的企业如世纪华通，为汽车塑料配件的生产商。在2014年以前资产结构较重，主要依靠重资产盈利，属于重资产企业，是中国传统制造企业的典型代表。此类企业更为重视对于集团内部固定资产的扩建、改造，对外投资性资产较少。因未能给企业开发出独占性的资源，从而未

表7-4 **案例企业盈利模式总结（行业+资产结构+盈利模式）**

企业名称	行业	资产结构	表内盈利性资产	战略类型	盈利路径	三维定位	盈利模式
格力电器	重资产行业	轻	货币资金+存货+固定资产+净商业债务	低成本	作业效率型+财务杠杆型	重、轻、轻	轻资产盈利模式
贵州茅台	重资产行业	重	货币资金+存货+固定资产等	差异化	销售获利型	重、重、轻	轻资产盈利模式
世纪华通	重资产行业	重	存货+固定资产+商誉	多元化	作业效率型	重、重、重	重资产盈利模式转轻资产盈利模式
华谊兄弟	轻资产行业	轻	货币资金+无形类资产+投资性资产	差异化	销售获利型	轻、轻、轻	轻资产盈利模式

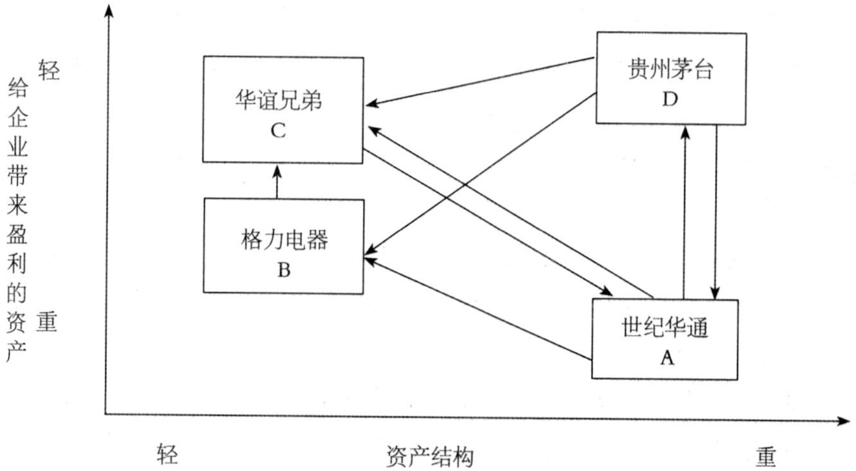

图7-9 盈利模式与企业资产结构的匹配关系图

能创造出独占性价值。通过分析世纪华通近三年主要财务指标发现，其重资产占比出现了明显的波动，资产收益率、利润率等盈利性指标也随之出现了反方向的变化，即重资产占比减少，盈利能力反而提升。当这类企业资产结构日益笨重，已严重影响其盈利能力时，急需向D点的企业如贵州茅台学习，通过沉淀多年的品牌维持其持续盈利能力。但D点的企业是最难模仿的，因为品牌的塑造非一朝一夕之功。所以比较可行的出路是向B点的企业如格力电器学习，轻化其资产结构或者通过兼并重组跨界到轻资产行业如C点的华谊兄弟以提升其盈利能力。世纪华通2014年就是这样选择的。2015年继续深化业务转型，收购了趣游（厦门）科技有限公司、哥们网科技有限公司和杭州盛锋网络科技有限公司。2016年公司全面进行业务转型，继续推进公司的重大资产重组，尽快完成收购中手游移动科技有限公司和点点公司的工作，使公司收入、净利润维持持续增长。

处于B点的企业如格力电器现在已经做得很成功了。将来可能的演化路径是向C点的企业跨界，以寻求更高的收益率和持续长远的发展。

处于C点的企业如华谊兄弟，属于纯粹的轻资产企业，主要依靠轻资产盈利，这类企业的独占性资产多为无形资产、投资性资产等。随着竞争的加剧和利润的摊薄，为了应对可能的财务风险，将来需要考虑返回到轻、重资产混合的行列，即A点企业如世纪华通，就像乐视网和暴风集团一样，华谊兄弟投资院线建设即是最好的证明。

处于D点的企业如贵州茅台，资产结构较重，但主要依靠轻资产获利，此类企业一般为制造业中的翘楚，业务囊括了整个产业链的所有环节与工序，除了强大的品牌优势外，它们在整个产业链的各个环节都拥有雄厚的隐性资产，通过运用这些绝对的技术支持与独占性资源，使得位于“微笑曲线”中谷底部分的制造环节都能成为企业的核心业务，形成相对竞争优势，创造出独占性价值，从而创造出超高的附加值。纵观贵州茅台近3年的财务指标，发现其资产配置相对稳定，各项资产占比未出现明显波动，均以货币资金与重资产为主。其重资产占比有所下降，利润率、资产收益率、净资产收益率、投入资本回报率等盈利性指标显示，随着重资产占比的逐步下降，企业的盈利水平有所下滑。D点企业将来的路径选择较多，可以是向B点企业靠拢，像格力电器那样实行资产轻化，也可以向C点企业跨界，最不济的是滑落到A点企业的位置上。

7.5 案例分析结论

根据图7-9的路径模型，可以得出如下结论：

第一，品牌影响力强大的企业有超高的盈利能力，且盈利模式的可持续性很强，如D点企业贵州茅台。

第二，轻资产盈利模式比重资产盈利模式的盈利能力更强。

第三，同种资产结构的企业，资产结构轻者比资产结构重者盈利能力更强。从图7-9来看，D点企业的盈利能力优于A点企业，而C点企业的盈利能力又高于B点企业。

本章的结论对位于不同位置点上的企业根据其特点合理规划其发展路径提供了有益的参考。需要说明的是：在比较资产结构和盈利模式的差异时，同行业企业间的比较更有意义。由于本章所选案例除华谊兄弟外，均集中在制造业，所以能在一定程度上避免行业间的不可比问题。最完美的资产配置是轻资产结构和重资产结构中间的一点，点的位置因行业、因企业而异。企业应该结合外部环境与自身的盈利模式找到这一点，并不断进行修正、贯彻，切忌盲目贪利。

本章主要参考文献

［1］BELLMAN，CLARK ，MALCOLM，et al.On the construction of a multi- stage， multi- person business game ［J］.Operations Research，1957，5（4）：469-503.

［2］RAPPA. Managing the digital enterprise-business models on the web ［J］. Harvard Business Review，2000.

［3］MORRIS， MINET. The entrepreneur' s business model： toward a unified perspective ［J］.Journal of Business Research， 2005，

(58)：726-735.

[4] ZOTT，AMIT .The fit between product market strategy and business model： implications for firm performance [J] .Strategic Management Journal，2008，29（1）：1-26.

[5] HENRY . Business model innovation： opportunities and barriers [J] . Long Range Planning，2010（43）： 354-363.

[6] OSTERWALDER， PIGNEUR. Business model generation： a handbook for visionaries， game changers and challengers [M] .Hoboken：John Wiley & Sons，2010.

[7] TEECE . Business models ， business strategy and innovation [J] . Long Range Planning，2010，43（2）：172-194.

[8] ZOTT，AMIT，MASSA .The business model： recent developments and future research [J] .Journal of Management，2011，37（4）：1019-1042.

[9] 戴天婧，张茹，汤谷良.财务战略驱动企业盈利模式——美国苹果公司轻资产模式案例研究 [J] .会计研究，2012（11）：23-32.

[10] 魏炜，朱武祥，林桂平.商业模式的经济解释 [M] .北京：机械工业出版社，2012.

[11] 袁媛.我国企业重资产化的态势分析及其财务风险管控 [J] .财会月刊，2013（2）：5-8.

[12] 彭彦敏，张雪云.财务视角下上市公司盈利模式的有效性研究 [J] .财会月刊，2014（6）：13-16.

[13] 张新民.资产负债表：从要素到战略 [J] . 会计研究，2014（5）：19-28.

[14] 杜海霞.谈轻资产运营模式——基于华谊兄弟案例研究.财会月刊，2015（27）：112-113.

[15] 汪寿阳，敖敬宁，乔晗等. 基于知识管理的商业模式冰山理论 [J]. 管理评论，2015，27（6）： 3-10.

[16] 魏炜，胡勇，朱武祥. 变革性高速成长公司的商业模式创新奇迹：一个多案例研究的发现 [J]. 管理评论，2015，27（7）： 218-231.

[17] 张新民.负债与股东权益：企业的资本引入战略 [J] .财务与会

计，2015（21）：24-27.

[18] 李雪蓉，张晓旭，李政阳，等. 商业模式的文献计量分析［J］. 系统工程理论与实践，2016，36（2）：273-287.

第 8 章

企业资产结构轻化对财务绩效的影响研究

8.1 研究背景与意义

改革开放以来，我国经济一直处于高速发展期，同时逐渐涌现出一批快速成长的企业，这些企业通过生产外包减少固定资产投资、减轻资产结构，增加研发支出、品牌建设及售后服务投入，抢占附加值大的价值链环节，并依靠这种轻资产经营模式迅速形成领先优势。这也使得轻资产经营模式受到了众多企业的追捧，截至2015年年末，我国A股主板上市公司2 939家，其中存货、固定资产、在建工程及工程物资之和占总资产的比重在30%以下的企业为1 921家，占企业总数的65.4%（在不考虑行业差异的情况下，本章所定义的轻资产企业即按这一标准）。据不完全统计，在纳斯达克和纽交所上市的中国概念股中，轻资产公司占比达到60%之多。毫无疑问，轻资产企业是我国经济的重要组成部分，随着我国市场经济的不断发展完善，轻资产企业在提升我国自主创新能力以及加快经济发展方式转变方面将发挥越来越重要的作用。近年来随着我国经济发展速度放缓，经营风险加大，轻资产运营模式的优势逐渐显现。

轻资产企业通过轻化资产结构配合优质的产品服务创造了巨大的商业价值，成功的例子不胜枚举。如苹果公司就是坚持新产品、新技术的研发与售后服务并重，增强核心竞争力，而将生产制造这样的低附加值的环节外包，通过其强大的品牌影响力以及多年积累的运营经验使公司长盛不衰。与苹果公司一样成功的企业还有戴尔、可口可乐，甚至我们传统上认为的重资产企业，如房地产企业的绿地控股、生产制造业的格力电器等。然而并不是所有实施轻资产经营模式的企业都取得了成功。光明乳业则在资产轻化战略中挫折不断，快速的并购使其资产结构由“重”变“轻”，但这种轻资产战略最终却导致了管理失控、品牌竞争力下降等。类似于光明乳业在资产轻化过程中失败的企业同样数不胜数。这就说明我们在选择与实践轻资产经营模式时要理性思考。但目前关于轻资产企业经营模式，并没有形成完整且相对成熟的财务管理理论，并以此来指导正在如火如荼展开的轻资产经营模式的实践（汤谷良，2016）。

决定一个公司绩效的因素有很多，如市场环境、股权结构、公司成长性、权益负债率、行业差异等都会对公司绩效产生影响。但是如果单从公司财务方面看，一个企业的投资对于经营绩效的影响起到了基础性的作用。伴随着投资中资金的运用，资金逐渐转化成企业的各项资产，并最终决定了企业的资产结构轻重。如果企业资金投放合理，各项资产都能够得到充分的利用，那么这样的资产结构对企业绩效的贡献也将达到最大化（王怀明，2007）。根据杜邦分析法，资产周转率影响总资产收益率。相同规模的企业，由于资产结构轻重的不同，资金配置的差异，导致企业资产周转率的不同。流动资产越多，资产结构越轻，则总资产周转速度越快，企业的总资产收益率也就越高；反之，流动资产越少，资产结构越重，总资产的周转速度也就越慢，总资产收益率也就越低。然而这并不是说企业的资产结构越轻越好，不同行业的企业资产结构差异较大，企业必须综合考虑自身所处的行业及发展战略来确定采用何种资产结构，合理地配置企业资产结构的轻重，使存货、应收账款、固定资产、在建工程等达到各项资产的最佳配置，促进企业绩效的提高。

学术界对企业资产结构轻化的相关问题研究已经取得了很多成果。但是这些研究主要集中在轻资产概念的界定，即什么是轻资产以及轻资产企业的特征，也有通过案例分析研究轻资产模式对企业业绩的影响的。这些研究主要是定性分析，深入、细致的实证研究则很少。由于轻资产本身是一个难以量化又很抽象的变量，在这些为数不多的实证研究中几乎没找到一个令人信服的代理变量，并且局限于单方程的回归分析，其研究结果更多的只能是阐明变量之间的相关关系，而因果关系则难以评判。企业是一个具有智力的复杂系统，其轻资产内部各因素之间的影响应该是复杂的、交互的，而部分已有研究由于采用简单且不规范的回归模型导致经常出现相互矛盾的结果。

另一方面，已有的文献基本是简单地以企业财务数据为解释变量，进而研究其对企业盈利能力的影响，少量研究虽然考虑了行业差异，却又陷入同义反复的陷阱，即绩效好的企业拥有超额收益。从资产结构轻重对企业绩效影响角度研究的文章则多数为各项资产的占比与企业绩效关系的多元线性回归分析，由于变量的选取、数据和方法等的差异，这一类研究并没有得到一致的结论。

基于上述原因，本章尝试在之前学者研究的基础上进行拓展。一方面，本章将采用多种模型对企业资产结构轻化的相关问题进行深入研究，理清轻资产内部结构要素之间的交互影响关系，并进一步验证不同行业之间轻资产运营战略的差异，以及绩效差的企业对轻资产战略是否更加敏感。本章期待丰富轻资产模式方面的理论。另一方面，通过对轻资产企业的研究使经营者、政策制定者认清轻资产是什么，对于形成企业竞争优势具有什么作用。在经济下行压力大，经营风险加剧的新常态下企业如何能够稳健发展，并在经济复苏中抓住机遇具有重要的借鉴意义。通过本章的研究，凸显轻资产企业盈利模式的独特之处，力图给企业在运营策略选择、提升竞争力和企业盈利能力的实践中以更多路径上的启示和参考；从政策制定者的角度看，使其认清轻资产企业的优势、劣势，就能够在经济改革中提出更加切合实际的政策，使企业在经济新常态中加速转型，实现又好又快的发展。

与已有的研究相比，本章旨在从不同行业企业资产轻重的角度探究企业资产轻化以及轻资产各要素之间的交互作用对于企业绩效的影响。将运用面板数据模型以及广义矩估计方法对这一问题进行研究，有效缓解变量遗漏及内生性问题的干扰。同时分类研究绩效不同的企业资产轻重调整对绩效的影响是否存在差异，以期从理论与实证方面对目前过度强调“资产轻化”的论调进行修正。本章的后续安排是：概念界定与文献综述、基于基础模型的实证研究和基于扩展模型的实证研究，最后是结论、贡献、局限性和政策建议。

8.2 相关概念界定

8.2.1 轻资产运营及轻资产战略的概念

关于轻资产运营，国内的研究最早来源于2003年孙黎、朱武祥的《轻资产运营》一书，书中对轻资产运营界定为：“轻资产运营是一种新的公司发展战略思维，依靠知识及管理核心竞争力，通过生产外包、自主研发设计的模式实现生产扩张。”持有相同观点的还有Barney，1986；Adner和Zemsky，2011；Adrian和Shin，2011；贺逸坤和肖康元，2015。轻资产运营定义从企业的经营效率、竞争方式转变、价值的核心驱动力及经营绩效需求等方面构筑理论基础。

轻资产战略是国际管理咨询顾问公司麦肯锡提出并推崇的战略，其特点为以轻资产模式扩张。与采用自有资本经营相比，轻资产战略能够发挥杠杆作用，由此来获得更快的发展速度、更强的盈利能力以及更持续的增长力。

8.2.2 轻资产及轻资产企业的概念

目前学术界对轻资产并没有统一的定义，但较多学者认同的一类概念是指那些并不在资产负债表上列示，但能够影响企业绩效的表外要素，如客户关系、企业文化、人力资源等与企业的无形资产及商誉共同构成企业的轻资产，即轻资产是由表内资产及表外要素共同构成的（Jelinek，2005；杨现锋和唐秋生，2007；吕民乐等，2008；吕爽，2010；杜海霞，2015）。与轻资产相对应的另一个概念为轻资产企业，这类企业的主要特点在于资产结构轻，即固定资产、在建工程等实物形态的有形资产占总资产比小于30%或者占营业收入比小于30%（林盛娜，2014）。轻资产是对企业资产分类的定义，而轻资产企业是对企业分类的定义，这两个概念的差异还是很明显的。轻资产概念是列举法，指出哪些属于轻资产，在研究轻资产盈利能力上侧重于研究企业超额收益的来源，这一类研究者认为客户关系、企业文化来源于企业的长时期积累，进而形成了企业独占的竞争优势，由此产生超额收益。轻资产企业概念则是描述法，指出企业在资产结构的形成过程中也同时产生了某种进入壁垒，认为企业资源存在异质性，资源在企业之间不可流动且难以复制，这些资源只能被某些特定的企业所拥有，而其创造的价值也只能为这些企业所享有。由此解释企业之间持续性竞争优势产生的源泉。

基于上述相关概念的梳理和本章研究的需要，本章使用轻资产企业的概念进行后续研究，这是由于一方面轻资产概念过于抽象，且所列举的轻资产在形成的过程中已经形成“成本”，即管理费用、销售费用等，只是并没有与企业所谓超额收益同时期计提，其超额收益也只不过是企业的“递延收益”，其成本为费用化的管理费用及销售费用（Jayoung et al.，2013；刘爽和王军辉，2014）；另一方面在轻资产企业的资产结构中往往存在大量的轻资产，例如品牌价值等。但需要指出的是，无论是轻资产还是轻资产企业，研究者都是在尝试解释企业超额收益的来源。

8.2.3　轻资产企业的分类

根据轻资产企业的盈利模式，Andy Wang将轻资产企业分为五类，分别是类金融企业（如格力电器）、知识产权型企业（如同仁堂、可口可乐）、基础网络型企业（如中国移动）、品牌型企业（如耐克、苹果公司）及互联网公司（如腾讯、Google）。通过对国内外轻资产企业的相关研究，并结合Andy Wang的分类方法，本章将轻资产企业分为以下三种。但需要指出的是本章的轻资产企业分类方法只是在已有的研究基础上尝试性地进行。关于轻资产企业的分类并非本章所要阐述的重点内容，且本章的轻资产企业分类方法并不排他，相互之间难免有所交叉。如外包型企业有可能就是因为研发做得好从而拥有核心竞争力和强大的品牌影响力才能将生产环节外包出去的。

（1）外包型企业

外包型企业即企业将附加值小的制造安装环节外包出去，只专注于研发环节或者销售及服务环节，建立自有品牌，增强品牌价值（魏祎和朱武祥，2010），通过品牌输出、订单及技术控制整个价值链的方式，典型企业如耐克公司及苹果公司（Christensen，2010），如图8-1所示。这种方式的优势在于利润率高，通过前期品牌积累后就可以迅速扩张。然而劣势也是显而易见的，外包式“轻资产战略”要求公司有强大的控制能力，一旦失去控制则会严重威胁企业品牌，损毁前期的品牌积累，对企业来说是致命的，例如光明乳业。

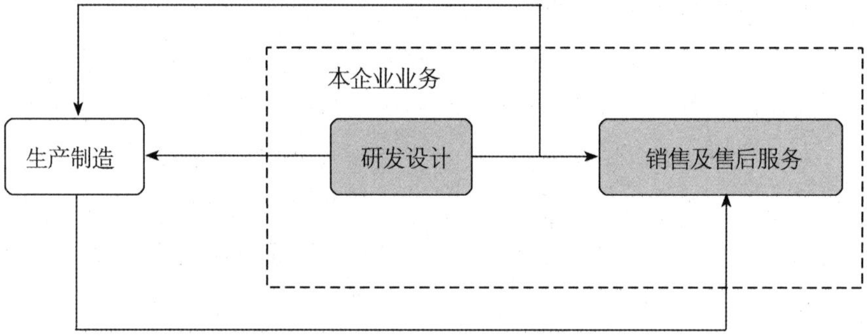

图8-1 外包型轻资产运营模式

（2）类金融型企业

类金融模式的企业特点在于，一方面它通过延期支付上游供应商的供货款，预收下游企业货款，使企业形成大量的浮存资金，以此来实现企业的扩张或转作他用；另一方面类金融企业一般并不进行直接的生产制造，或者生产制造只占其利润很少的一部分，它主要的利润来源于子公司或者孙公司的利润分配（姚宏，2012；杜媛，2013），其报表的资产构成包含大量的长期股权投资，合并报表的大多数项目合并倍数远远大于1（王冬梅，2013）。类金融模式企业通常具有较大的资产负债率，这主要是因为这类企业通过其在行业内的地位、品牌影响力牵制上下游企业为自身创造优渥的市场环境，利用大量的应付账款及预收账款等商业债务，为企业创造利息收入的同时也提高了资产负债率，如图8-2所示。这就与传统的财务报表分析模式相背离。类金融企业虽然资产负债率高，但其偿债能力并没有减弱，典型企业为珠海格力电器股份有限公司（谢冰和吴革，2016）。这种类金融模式由于供需双方共同承担商品价格风险，因此企业有较大的回旋余地，更能迅速地适应市场的变化（吕民乐，2004）。

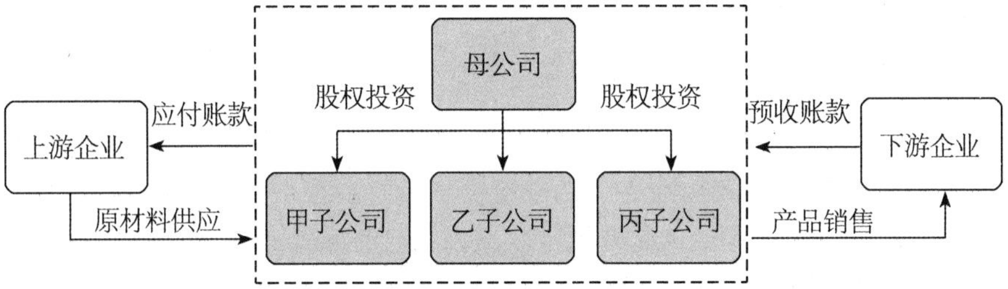

图8-2　类金融型轻资产运营模式

（3）研发型企业

研发型的轻资产企业不同于以上两类企业，以上两类企业都是后天形成的轻资产结构，即企业形成初期并不是轻资产企业，而是通过前期逐渐的积累，慢慢转型为轻资产企业。研发型企业则在其成立之初就是一个典型的轻资产企业（刘闲月，2012），其资产构成主要为人力资本、智力资本、无形资产及非专利技术。其利润来源于新技术、新产品的开发收入。这一类企业的特点是高风险、高收益、发展迅速，其收入的持续性要求企业拥有较大的规模优势及深厚的人力资源作为后盾。与其极快的发展速度相对应的是这类企业消亡的速度同样惊人。

轻资产企业的经营模式还有一些其他类的非典型模式，但仔细分析后都可以归类为以上三种模式之中，只是由于市场环境及行业的差异而表现出微弱的变型，但万变不离其宗。

8.3　文献综述

8.3.1　国外研究现状

国外对于轻资产企业的研究起步较早，舒马赫在19世纪70年代就已经指出，经济发展应以人为主要资源，更有效地运用工业资源，倡导发展人性化的中间技术，认为资源密集型生产是以资源的大量消耗、浪费和环境的破坏为代价的，会带来经济的无效率、环境的污染和非人性的工作环境，提倡“小的是美好的”。相较于国内对于轻资产企业的研究，国外则起步较早，研究成果也多于国内，同时兼有轻资产企业的案例分析及相关的实证研究。

8.3.1.1 轻资产企业特点研究

Arash和Najmaei（2011）通过建立模型对轻资产企业获得战略无形资源能力进行评价，他们认为企业的超常收益能力来源于企业的竞争能力，也就是说竞争能力就是企业的超常收益能力的体现。而这个竞争能力，能够通过企业未列示在资产负债表上的资产（即表外资产）进行解释，并通过实证模型分析得出资产越重的企业越倾向于重视轻资产，而更多的轻资产能够提升企业的盈利能力。文章最后通过案例分析认为轻资产运营所产生的超额收益能够反映企业资产结构的不均衡性，并解释了其中的原因。

Georgiana（2012）在The Internationlization Process and the Asset-Light Approach一文中阐述了轻资产企业的特点及其优势，并以Motorola与Dow Chemicals公司为例，叙述了这两家公司的资产轻化过程及其取得的成果。Georgiana强调由于文章都是以大型公司为案例进行分析，所以只能说轻资产战略能够应用于发展比较成熟的大型企业的国际化过程之中。Zott和Amit（2010）以及Giesen et al.（2010）认为要做“轻”企业就必须具备大量的现金资产、市场的敏锐性及沟通协商能力。

Sohn et al.（2013）在Does the Asset-Light and Fee-Oriented Strategy Create Value? 一文中以hotel和motel为例探讨了轻资产经营模式企业的优势及重资产经营企业的劣势。轻资产经营模式有利于企业在有限的资源投入下扩大企业的规模，同时提升企业的收益率及收益的稳定性。文章最后通过对企业的建模，分析轻资产战略对企业价值的提升也有积极的作用。

Rubner（2014）在When “Asset Light” is Right一文中列举了轻资产运营模式的类型，及轻资产企业相较于重资产企业所拥有的优势，同时作者也强调了轻资产运营模式适用于具有较强研发能力和良好的控制协调能力并能够积极与合作伙伴进行知识共享的企业。

8.3.1.2 轻资产的估值研究

学者们关于轻资产概念所列举的资产既包括表内资产也包括表外资产，而表外资产大多是抽象的资产，这就使得对轻资产难以有效计量。Liu和Tang（2005）在Asset-Light：A Resource-Based Analysis of Sustainable Competitive Advantage一文中对已有的轻资产研究成果进行了详细的归纳与总结。作者认为影响轻资产价值的因素主要有：品牌、知识资产、管理能力、所处价值链位置和组织文化等。文中同时也总结了轻资产的估值方法，如现金流折现法、总资产收益法等。其所介绍的总资产收益法是通过资本成本与公司成长性之差对税后利润进行折现，然后减去有形资产的价值计算出来的。这种轻资产价值的估计方法显然有其局限性，因为影响企业价值的因素有很多，例如根据MM定理，存在税收的条件下资产负债率能够影响企业价值，而忽视这些因素所得到的轻资产价值显然缺乏足够的说服力。

Fenmay Liou（2011）在The Effects of Asset - Light Strategy on Competitive Advantage in the Telephone Communications Industry一文中通过实证方法对轻资产进行计量并得出轻资产企业具有实现超额收益的能力。Fenmay Liou提出了又一种计量轻资产价值的方法。但是该方法同样存在不足，其对轻资产价值的计量思路为对超额收益的折现，然而所得出的轻资产价值反过来与企业经营绩效进行回归分析，得出轻资产企业具有超额收益能力的结论，这显然陷入了同义反复的陷阱。

8.3.1.3　资产结构研究

F. Demir（2005）以土耳其172家制造业企业1993—2003年的数据为样本，研究投资金融资产或固定资产对企业盈利能力的影响差异。研究结论为增加短期金融投资可以减小风险同时提高企业利润水平，而由于越来越多的不确定性及国家风险等因素使得固定资产投资对企业盈利能力有显著的负面影响。

Catherine（2012）以纽交所农业行业上市公司为样本对企业资产结构调整与企业绩效之间的关系进行实证研究，研究表明无形资产及货币资金对企业的盈利能力具有正向的影响，并且通过资产结构的调整可以降低企业的财务风险。

Iqbal和Mati（2012）通过多元线性回归验证了非流动资产对企业的经济效益有显著的正向影响，并解释了非流动资产能够使企业盈利能力提升的原因。

Kehinde et al.（2012）研究说明某类别资产的最佳比例取决于企业业

务量和不同类型风险大小等很多因素。但是不同企业的风险、业务量都有所不同，而每个企业的业务量和风险也都难以预先做出准确估计。从经验研究的角度来说，可以通过对某一变量按大小进行分组，把值较小的组作为小于拐点的企业，把值较大的组作为大于拐点的企业。为了防止拐点判断的主观性，在进行分析时首先根据不同资产比例大小把样本企业分成九组，分别回归后再进行分析，以确定判别标准的合理性。

O. I. Mary和Okelue（2012）以尼日利亚酒的生产和销售企业1999—2009年财务数据为样本，通过回归分析发现，资产结构对企业绩效有正向的影响，但是并不显著。

Kotšina和Hazak（2012）以欧盟8 000多家企业2001—2009年的数据分析得出了同样的结论。

Reyhani（2012）以德黑兰证券交易所的上市公司为样本，研究资产结构对公司业绩的影响。他将企业的资产分为固定资产和可变资产，并将固定资产与可变资产作为自变量与因变量EBIT（息税前利润）进行回归分析。研究结果表明：固定资产对EBIT有显著的正向影响。

Azadi（2013）同样以德黑兰证券交易所的上市公司为样本，采用最小二乘法研究固定资产与流动资产变动对企业营业收入的影响。研究结果表明：对于食品和金属行业来说，固定资产的变动对经营收入有显著的正向影响，而对于化学工业企业而言，流动资产的变动对经营收入并没有显著的影响。

Shaker（2014）以阿曼上市公司中28家制造业企业为样本，研究了总资产周转率、固定资产周转率以及流动资产周转率与企业效益的关系，实证结果表明这些变量与企业的经营效益关系都不显著。

8.3.2 国内研究现状

资产结构轻重对于一个企业来说至关重要，它是一个企业的发展方向。而盈利模式，更是一个企业发展战略的核心。轻资产战略作为企业商业模式之一，凭借其独特的优势，逐渐受到了更多的关注，尤其是对于一些研发型企业来说显得尤为重要。但遗憾的是国内关于轻资产经营模式的研究较少，且已有的研究主要集中在轻资产经营模式的特点及案例分析上，成果并不丰富。

8.3.2.1　轻资产模式的研究

戴天婧等（2012）在《财务战略驱动企业盈利模式——美国苹果公司轻资产模式案例研究》一文中提出了一个“企业价值→财务战略→轻资产模式→营运活动、资本运作→财务业绩”的创造价值及其管理体系。文章运用轻资产企业以现金流为核心的财务战略为主线，链接轻资产企业的企业价值、盈利模式，最后返回到财务业绩之上，并以苹果公司为案例来验证理论框架中的价值创造与管理体系，指出苹果公司的特点是：拥有大量的自由现金流、精简产品种类、缩短存货周转期、固定资产占比在10%以下、研发费用与销售终端投资巨大等。这些财务战略是苹果公司迅速发展并取得成功的关键。

茆薇（2013）在《轻资产运营模式撬动企业价值最大化——基于腾讯公司的财务案例研究》一文中以腾讯公司为案例系统地分析了腾讯公司作为轻资产企业，其商业模式成功的关键在于创建了一个巨大的客户体验平台，并对腾讯公司的财务绩效进行了比较分析。在庞大的产业价值链下，腾讯公司展现出强大的资源调配、整合能力，是大型轻资产企业成功的典型案例。

刘爽和王军辉（2014）在《轻资产企业价值评估的探讨》一文中阐述了对于轻资产企业的价值评估要更加关注它的价值驱动因素，关注价值驱动因素是否存在以及这个价值驱动因素是否具有可持续性。同时对于关键的费用化支出，例如研发费用支出、管理费用支出、销售费用支出，对轻资产企业的影响并不仅仅局限于一个会计年度之中，其对企业的影响具有持续性，所以不应当全部计入当期损益，而应将其部分调整到资本化支出之中。这样对于轻资产的价值评估将更加公允。

解宏、姜力玮（2015）以创业板2010—2013年企业数据为样本对轻资产运营模式进行实证分析，分析结果显示轻资产对企业的经营绩效具有显著的正向影响，而重资产则对企业经营绩效呈现出显著的负向影响；另外轻重资产比同样对企业经营绩效具有正向的影响，文章对轻资产的计量则采用了唐樱璋（2007）及Liou（2011）的计量方法，同样的原因由于该算法存在一定的不足，实证结果并不能令人信服。

汤谷良和高原（2016）认为轻资产企业的战略实施需要建立与之相匹配的财务管理理念，并且一改以往以股东利润最大化为利益相关者利润最大化的认知，加大直接融资力度，减少间接融资，并严格控制合作伙伴的筛选及提高生产销售环节的控制能力。

白仁春（2016）以净资产收益率为目标对轻资产企业进行分析，他通过将目标一层一层分解，直至企业生产的最基本要素为止，系统微观地分析企业的成本及费用构成，并将资产收益率分解为最基本要素，具体化这些要素，最后将提高企业绩效的手段，落实到员工工作之中。

谢冰和吴革（2016）通过分析格力电器的轻资产运营模式，得出格力电器通过树立品牌形象，拓展营销渠道，提升产品质量及增加科研投入等方式充分发挥企业资源的效用，增强企业的盈利水平，进一步通过对现金流的管理及资产管理提升企业的经营绩效，最大化企业价值。

谢蔚（2016）认为在经济新常态下，房地产行业进入了白银时代，为了减少资金占用成本，房地产行业纷纷进行资产结构的轻化，文章以碧桂园为例进行分析，碧桂园通过外部投资者的引入，并开展O2O模式及发行REITs、类REITs等产品方式轻化资产结构，这也给房地产行业提供了有效的发展战略指引。

8.3.2.2　轻资产模式的融资及风险评价

陈丽萍和王冠（2013）在《轻资产运营模式下企业风险防范策略研究》一文中主要研究了轻资产企业的风险问题，指出轻资产企业主要风险有融资风险、投资风险、经营风险。融资风险主要来源于轻资产企业拥有较少的可抵押物，很难通过银行获得贷款，发行债券虽然能够降低企业的融资成本，但却加大了企业的财务风险，而过多的权益融资也加大了企业的融资成本；投资风险主要来源于价值链外包过程中的盲目性、随意性；经营风险主要来源于企业对应收账款的处理，过多的应收账款在增加企业坏账的同时也给企业的现金流造成巨大的压力，危及企业的生存发展。文章最后对于这些风险的处理则没有多少新意。

徐光伟和王卫星（2013）在《轻资产运营模式的融资困境与机制创新研究——一个科技型企业的案例分析》一文中主要阐述了轻资产企业的融资困境，作者将轻资产企业的发展分为5个阶段，分别为种子期、创立期、发展期、成熟期、衰退期，并对每一个阶段的资金需求与融资困难分别进行了阐述，如图8-3所示。种子期企业主要是智力的投入，资金投入较少，融资渠道主要以自筹资金为主；初创期企业的资金投入需求增大，同时由于企业并没有形成有影响力的品牌形象，初创期风险较大，所以也是企业融资最为困难的时期，主要依靠自融资金与风险投资；发展期、成熟期资金需求量依然巨大，但是企业的生产经营已经取得了成效，有较好的市场认知度，融资风险降低，融资渠道增加。最后文章通过A科技有限公司的案例分析提出了轻资产企业融资创新之路，主要是知识产权抵押、订单抵押、发行可转换公司债券、创业板融资等方式。

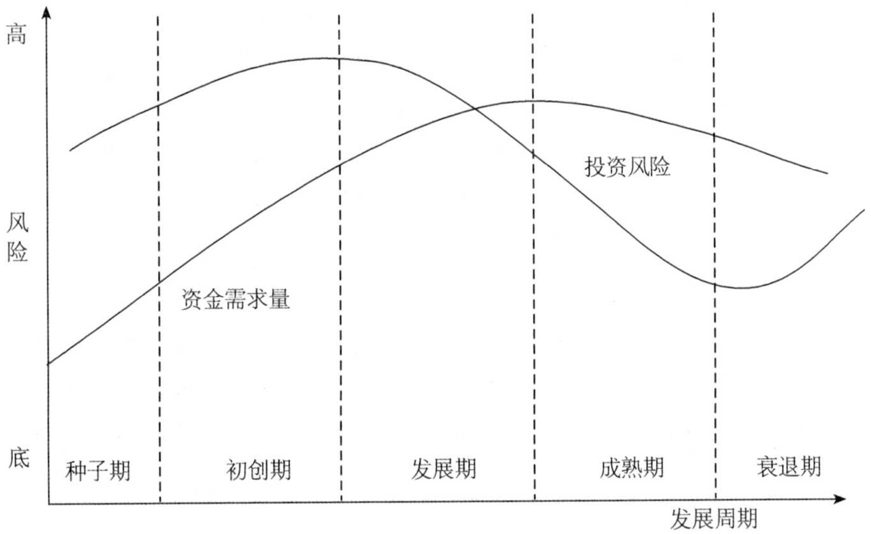

图8-3　企业发展期及投资风险

资料来源：徐光伟，王卫星.轻资产运营模式的融资困境与机制创新研究——一个科技型企业的案例分析［J］.当代财经，2013.

贺小敏和贺春阳（2015）在《轻资产企业融资方式探索——基于阿里巴巴和京东的案例分析》一文中通过对阿里巴巴与京东的分析，阐述了轻资产企业在初创期、成长期、成熟期的融资方式。初创期融资较为困难，融资额度较小，融资渠道单一，主要依靠还不确定的发展前景吸引风险投资；成长期由于企业品牌逐步建立，融资较为容易，融资额度较大，融资渠道拓宽，可以依靠风险投资、内部融资、银行贷款等方式；成熟期企业融资更加容易，融资金额大，融资方式多样，可以依靠银行贷款、发行股票债券等方式实现。

8.3.2.3　研发型企业的研究

孔宁宁和张新民（2010）在《我国高新技术企业战略、资本结构与绩效关系研究》一文中选取了我国A股医药生物制品和信息技术业上市公司2006—2008年数据作为样本，通过实证研究我国高新企业战略与绩效之间的关系。结果表明，以创新战略、跨国经营战略和风险管理战略作为核心战略的企业需要保持较高的财务弹性。

卢馨等（2010）在《融资约束对企业R&D投资的影响研究》一文中选取2007—2009年在沪深交易所上市并披露R&D费用的高新技术企业作为样本，检验这些企业是否存在融资约束问题以及对R&D投资的影响，并研究R&D投资和现金持有量之间的关系。

陈见丽（2011）在《风险投资能促进高新技术企业的技术创新吗？——基于中国创业板上市公司的经验证据》一文中以中国创业板企业为研究样本，探究风投与技术创新之间的关系。研究表明，风投的参与并不能为高新企业带来更多的技术创新能力。

张同斌（2012）在《不同绩效高新技术企业的结构因素影响——基于高新技术上市公司的数据》一文中以我国A股高新企业2007—2010年数据为样本，通过对绩效水平进行分层，研究了股权结构和资本结构对其的影响。结果显示，随着高新上市公司绩效水平的提升，第一大股东持股比例对高新技术上市公司绩效的影响逐渐增大。

崔也光和赵迎（2013）在《我国高新技术行业上市公司无形资产现状研究》一文中介绍了西方主要发达国家无形资产的概况，同时也分析了我国A股高新企业的无形资产结构、投入效率和产出效率，进而得出目前我国高新技术行业上市公司无形资产总量投入不足、结构不合理、研发投入欠缺等结论。

储德银和张同斌（2013）在《自主研发、技术引进与高新技术产业成长》一文中首先建立了面板（Panel Data）形式的协整与误差修正模型，考察了高新技术产业在自主研发与技术引进影响下的长期均衡与短期波动。结果显示：自主研发支出对高新产业产出具有显著的正向影响；同时也发现技术的引进支出对高新产业产出影响的时滞效应正在逐步地缩短，新技术的引进对高新企业产出的营销效果正逐渐显现。

潘峰和谢吕元（2014）在《高新技术企业投入产出分析——以46家湖北省高新技术上市企业为例》一文中以46家湖北省高新技术上市企业作为研究对象，从研发投入、员工工资投入以及购建资产投入三个角度与主营业务收入进行回归分析，研究湖北省高新技术企业投入产出的现状，并提出优化投入产出效率的措施。

8.3.2.4 资产结构、资本结构与经营绩效的关系研究

倪红霞和许拯声（2003）在《资产结构与企业经营业绩内在关系》一文中论证了企业绩效与企业资产结构中流动资产、固定资产比例存在着相互影响的关系，现金、应收账款、存货与固定资产之间的结构同样对企业的经营绩效产生影响。

逯全玲（2005）在《资本结构、资产结构对企业经营绩效影响的实证研究》一文中以A股剔除ST、*ST后的上市公司为样本，并以总资产利润率、权益乘数和流动资产对总资产的比率作为自变量，以ROE为因变量进行了回归分析，得出资产结构与资本结构都对企业的绩效有一定的影响的结论。

张宏丽等（2008）在《企业资产结构研究相关问题思考》一文中认为企业价值在很大程度上与企业的资产结构有关。文章在回顾国内外相关研究文献的基础上，对影响企业资产结构的内外部因素、资产结构的类型和企业资产结构模式进行了论述。

常颖和孙丽颖（2010）在《上市公司资产结构与企业绩效关系的实证研究》中通过实证分析方法分析了资产结构和企业绩效之间的关系，选取了5个行业上市公司为样本，进行多元线性回归分析，得出了资产结构与企业绩效之间存在着微弱的“倒U形”关系。

邱书明等（2011）在《上市公司资产结构与企业绩效关系的实证分析》一文中以我国A股电子制造公司为研究样本，探究了电子制造企业资产结构的安排与企业经营绩效之间的关系。结果表明：流动资产、无形资产与企业经营绩效呈现出的正向关系是显著的，然而固定资产、长期投资与企业经营绩效的正向关系则十分微弱；流动资产的内部结构中主要有现金、有价证券、应收款项等与企业经营绩效呈现出显著的正相关关系，而存货与企业经营绩效的关系则十分微弱。

张军华（2011）在《资本结构、资产结构与企业绩效》一文中以在创业板上市的高新技术中小企业为对象，研究了资本结构、资产结构与企业绩效的关系。结果表明：我国高新技术中小企业偏好内源融资和以商业信用、短期借款为主的外源融资，这主要由于长期资金的缺乏，流动负债比例偏高、固定资产比重偏低、研发投入不足、无形资产效率不高。尽管上市后这些企业可以进行股权融资，但更应借助上市平台，增加债务融资。

张俊瑞等（2012）在《资产结构、资产效率与企业价值》一文中在委托代理模型和C-D函数的基础上，推导出了生产效率参数的求解方法，主要探讨了资产结构、资产效率与企业价值之间的传导关系。利用存在管理层持股的745家上市公司1999—2006年的数据，实证研究发现在资产结构、资产效率与企业价值之间存在“倒U形”规律。

张胜（2013）以我国制造业上市公司为样本，研究认为企业的流动资产占比尤其是现金持有量占总资产的比例反映了一个企业的市场地位，如果企业的上游供应商与下游客户过度集中，则企业在议价与商业信用方面处于不利的地位，企业就存在较少的流动资产及现金持有量，进而导致企业的业绩变差。

罗翔和刘婷（2014）以我国稀土行业上市公司为样本，实证结果显示现金及存货与企业盈利能力关系不显著，流动资产与企业盈利能力显著负相关，固定资产、无形资产与企业盈利能力在10%的置信水平上显著正相关。

赖程和吴一丁（2015）认为资产结构对企业的经济效益具有重要的影响，适当的资产结构能够显著提升企业的经济效益，并以中、日两国稀土后端企业为样本进行实证分析。分析结果表明，中国企业存在较多的固定资产投资，而无形资产占比明显低于日本企业，最终也导致中国稀土后端企业的经营绩效明显低于日本企业。文章最后提出，每一个行业的资产结构都在趋同，经营绩效也在趋同，这就要求中国企业要降低固定资产投资比例，加大无形资产占比。

8.3.3 文献综述小结

目前无论国内还是国外关于轻资产经营模式的研究都比较少，而为数不多的研究中大部分是关于轻资产定义、发展模式以及轻资产企业财务特征等方面的研究，也有部分是轻资产企业案例分析，少量的文献是关于轻资产运营模式与企业绩效关系的实证研究，但这些研究主要集中在某一个行业轻资产与企业经营绩效之间的关系，研究结果则各异。

已有的研究大多存在一些明显不足：一方面，在研究方法上研究者大多是采用简单的线性回归模型进行分析，然而企业的运营却是一个极为复杂、内部因素相互交织影响的系统，解释变量与被解释变量之间的关系是单向的或是双向的都很有可能，这样的情况下仅仅考虑简单的线性影响则不能得到一个令人信服的结果，这也许是前人的研究文献中经常会出现相互矛盾结果的原因。同时由于对轻资产价值计量方面的不足也使得研究者在研究各因素之间因果关系上显得力不从心。另一方面，一些已有研究的结果显示，企业的轻资产模式与企业经营绩效有显著的影响关系，但这个结果只是针对某个企业或某几个企业进行研究得出的，这就无法解释轻资产经营模式是否能够对全行业都有影响，但这方面的研究反而被忽视了。这也使得本章的研究显得很有必要。特别地，绩效差的企业更是研究者应该关注的，绩效差的企业急需帮助其走出困境。轻资产模式对绩效差的企业的影响究竟如何，是否与其他企业之间有差异，这个问题无论是在理论界还是实务界同样是一个重要的研究方向。但前人的研究文献中几乎都没有专门涉及这一类企业，都是将关注点放在了一般性的企业中。

由于已有的关于轻资产结构的研究较少，且据本章进行的文献回顾来看，关于轻资产模式的研究，能够采用较为复杂的固定效应、动态面板数据模型进行全行业及分行业、考虑轻资产内部要素交互影响的研究文献尚未发现。这也为本章关于轻资产经营模式与企业绩效之间关系的研究留足了空间。作者希望通过本章的研究丰富我国关于资产轻化对企业财务绩效影响的文献，同时对我国企业的发展提供了一定的启示与借鉴。

8.4 理论假设及基础模型

8.4.1 理论分析及研究假设

基于对已有研究的调查梳理，本章实证研究部分的重心将落在以下两个方面：一方面，建立基础模型重点研究企业轻资产运营模式与企业经营绩效之间的影响关系；另一方面，在基础模型的基础上进行扩展性研究，研究不同行业轻资产运营对企业绩效影响的差异性以及加入资产结构轻重与轻资产结构配置之间的交互项，研究轻资产结构配置不同对企业绩效所产生的影响，并采用路径分析轻资产运营战略通过加快资产周转速度提高绩效是轻资产绩效较好的一个原因，最后验证绩效差的企业对于轻资产运营的敏感程度较高。故此，本部分将建立2个模型。

8.4.1.1 企业资源基础理论

威廉·麦金森（2011）在《公司理财》一书中提出企业价值取决于企业的资产结构。竞争优势内生论者认为，决定企业财务绩效的关键因素在于资源的异质性，也就是资源的存在形态，即企业的资产分布结构（Mahoney et al.，1992；Silverman，2002）。企业资源基础观认为企业资源存在异质性，资源在企业之间不可流动且难以复制，这些资源只能被某些特定的企业所拥有，而其创造的价值也只能为这些企业享有（Barney，1991），由此解释企业之间持续性竞争优势产生的源泉。“微笑曲线”理论阐述了处在价值链不同位置的企业对应着不同的资源配置，专注于生产制造的企业的资产结构必然要重于专注于产品研发与营销的企业，这也最终导致企业之间经营绩效的差异（唐樱璋，2007）。随着社会分工的不断精细化，企业的资产配置更加专用化，交易费用经济学理论与不完备契约理论认为企业资产专用化程度越高越有利于企业经营绩效的提高。专用性投资具有锁定效应，专用化程度越高的资产其流动性越差，这也就形成了企业在某一行业的退出壁垒，同时也保护了企业的先入优势。这也是轻资产经营模式的企业能够保持其超额收益的另一个重要原因。然而轻资产盈利模式的有效发挥需要通过企业多方位的战略配合，成功的轻资产盈利模式要求企业依靠关键的资产和能够持续引导企业创造超额价值赚取超额利润的机制（Slywotzky et al.，2000；Wiggins 和 Ruefli，2002；Kurt，2013）。基于此本章提出假设1：

H1　资产结构轻的企业具有较高的财务绩效。

8.4.1.2　微笑曲线理论

微笑曲线（Smiling Curve）是宏基集团创始人施振荣先生于1992年提出的价值链理论。施振荣先生将生产制造业的价值链分为产品的研究与开发、产品设计、零部件制造、加工组装、产品运送、营销及售后服务等环节，他认为产品的附加值更多地体现在产业链上游的产品研究、开发与设计环节以及下游的营销、售后服务环节，而处于中间位置的制造、组装业务由于大多属于劳动密集型环节，并且其进入门槛较低，市场竞争相对激烈，最终导致其成为价值链中附加值最小的环节。由于价值链在直角坐标系中呈现出两端上扬而中间凹陷的形状，就像是微笑着的嘴型一样，因此被称为“微笑曲线”，如图8-4所示。在轻资产运营模式的分类中，外包型模式就验证了“微笑曲线”理论，这类企业通过将附加值小的生产制造环节外包出去，而本企业则专注于附加值大的研发、设计及售后环节，并通过杠杆效应扩大企业的经营绩效（王智波，2015；汤谷良和高原，2016）。这种经营模式也正是轻资产运营模式能够具有更高的经营绩效的理论基础。企业只有掌握了价值链中高附加值部分，才能获得竞争力。依据“微笑曲线”理论，企业可以通过两种方式提高产品的附加值：一种方式是通过掌握本产业中的核心技术和产品设计，即向“微笑曲线”左侧倾斜，加大力度创造智慧型资产；另一种方式是为客户提供产品的营销及售后服务，即向“微笑曲线”的右侧倾斜，加强客户导向的产品销售与服务。综合“微笑曲线”两端的经营战略模式设计，企业无论是倾向于哪一种经营方式，都可以通过轻资产运营模式的“外包模式”、“类金融模式”及“研发模式”中的一种或者几种的组合来实现。而“微笑曲线”理论同样是本章所提出的假设1的理论基础。

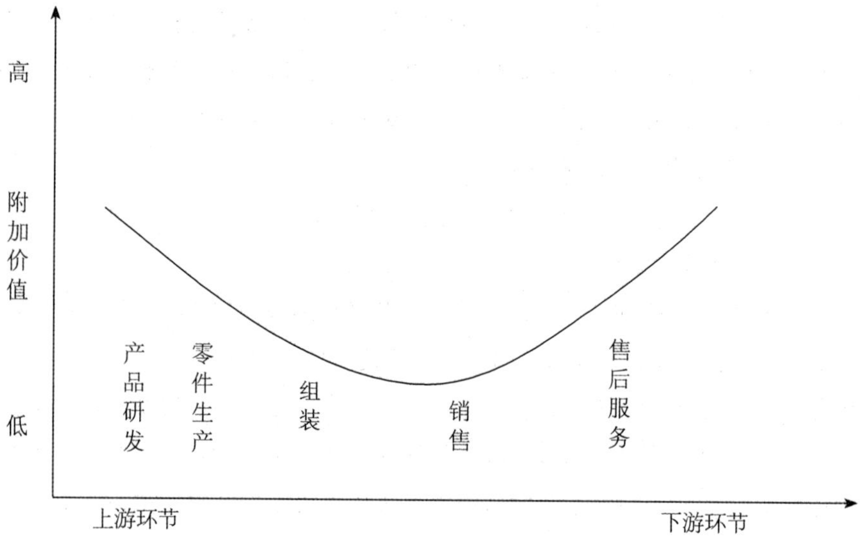

图 8-4 微笑曲线

8.4.1.3 边际报酬递减理论

经济学中边际报酬递减理论是指在其他投入因素不变的情况下，如果单独的某一种要素投入量连续地等量增加，当这种要素投入增加到一定数量后，再增加每一单位投入所产生的效应增量就会逐渐下降，甚至出现负值的情况，即可变要素的边际产量会递减。边际报酬递减规律形成的原因是：随着一种要素的增加，其在总规模中所占的比重会逐渐增加，在这种要素投入的初期，相对于其他要素，这种要素投入量过少，因此随着这种要素投入的增加，其边际报酬递增，当这种要素与其他要素比例达到最优时，边际报酬也达到最大值，然而当继续增加该要素的投入时相对于其他要素来说这种要素投入量过大，边际报酬也就逐渐降低甚至为负数（匡婷婷，2006；郭熙保，2012）。同样的道理也可以应用到企业的资产结构配置之中，对于轻资产企业来说，轻资产的投入变动会对企业的资产结构轻重产生影响，同样会影响企业的产出绩效变动，也就是说一定存在一个相对比较优势的资产结构及资产结构配置组合，在这个组合下企业的经济效益相对最优。因此企业的资产结构与经营绩效应该具有非线性关系（常颖和孙丽颖，2010）。基于此本章提出了假设 2：

H2 企业的资产结构与绩效具有非线性关系。

8.4.2　基础模型

8.4.2.1　数据来源

本章采用的数据全部来源于Wind数据库中我国A股主板企业2006—2015年度个股财务数据，剔除了银行、保险、证券等金融类企业以及ST、*ST个股和数据缺失的企业。共选取了1 203家企业（见表8-1），19 589个观测值。本章实证部分使用Stata12统计分析软件。

根据中国证监会2016年第4季度上市公司行业分类标准，上市公司共分为19个行业大类，本章实证的样本企业涵盖了13个行业大类，缺少的6个行业是由于个别行业的公司数量太少、数据缺失或者被ST等原因被剔除，其中金融行业由于其特殊性也予以剔除。由表8-1可知样本上市公司主要集中在制造业，总数达到了682家，占总样本的56.69%，其次是批发零售业105家及房地产业102家，分别占样本总量的8.73%和8.48%，样本中最少的是水利、环境和公共设施管理业，只有13家，占样本总数的1.08%。

表8-1　**样本行业分布**

行业分类	企业数量	占比(%)
农、林、牧、渔业	21	1.75
采矿业	40	3.33
制造业	682	56.69
电力、热力、燃气及水的生产和供应业	65	5.40
建筑业	35	2.91
批发和零售业	105	8.73
交通运输、仓储和邮政业	52	4.32
信息传输、软件和信息技术服务业	35	2.91
房地产业	102	8.48
租赁和商务服务业	16	1.33
水利、环境和公共设施管理业	13	1.08
文化、体育和娱乐业	16	1.33
综合	21	1.75
合计	1 203	100.00

数据来源：Wind数据库。

本章采用面板数据模型。面板数据是同时具有时间序列以及横截面的二维数据，能够揭示单纯依靠时间序列数据或者横截面数据所不能揭示的经济规律。为检验资产结构轻重对企业绩效是否具有显著性的影响，模型具体设置如下：

$$profit_{it} = \alpha_i + \beta_1 la_{it} + \beta_2 la_{it}^2 + \beta_3 sholder_{it} + \beta_4 size_{it} + \beta_5 leverage_{it} + \beta_6 growth_{it} + \sum industry + \sum year + \varepsilon_{it} \quad (8.1)$$

其中被解释变量 $profit_{it}$ 为企业绩效，本章采用总资产收益率（roa_{it}）作为替代变量。相比较于净资产收益率是反映股东的收益水平，总资产收益率能够反映资产结构的作用，体现每一单位资产投入的净产出。投入资本回报率（$roic_{it}$）衡量企业投入资金的使用效果，其中投入资本为股东权益与有息负债之和，不包括商业信用。资产结构轻的企业专注于投资价值链中附加值大的环节，因此在稳健性检验时采用投入资本回报率作为 $profit_{it}$ 的替代变量。

解释变量 la_{it} 为企业资产结构轻重的替代变量，la_{it} 越大表明企业资产结构越轻。la_{it}^2 为 la_{it} 平方项，是用来验证轻资产占比与企业绩效非线性关系的变量。

控制变量的选取依据是能够优化轻资产企业资产结构并结合企业绩效评价理论挑选出能够影响企业经营利润率的财务指标变量。其中大股东持股比例（$sholder_{it}$）为最大股东持股数量与股本总数的比值，大股东持股比例反映了企业股权的集中程度，股权集中度对企业经营绩效有显著的影响（Jeffrey et al.，2011；陈德萍和曾智海，2012；阮素梅和丁忠明，2014）；为了减轻异常值及异方差对实证结果的影响，本章所选的企业规模（$size_{it}$）为企业总资产的自然对数（常颖和孙丽颖，2014；王智波，2016）；资产负债率（$leverage_{it}$）为企业负债总额与资产总额的比值，根据MM定理，在存在税收的情况下，企业的负债率对企业价值具有重要的影响（刘百芳等，2005；张兆国等，2007；张俊瑞等，2007；常颖和孙丽颖，2014），适当提高企业的资产负债率会提升企业的价值；公司的成长性（$growth_{it}$）为企业净利润的增长率（刘百芳等，2005），成长性指标选取的是净利润的同比增长率，而放弃营业收入同比增长率，是因净利润更能体现企业的发展潜力。另外为了考虑行业及年份变化对回归结果的影响，在回归过程中加入了行业及年份的虚拟变量。各变量的具体定义见表8-2。

表8-2　**变量定义表**

变量	变量符号	定义
企业绩效	roa_{it}	净利润/年末总资产
企业绩效	$roic_{it}$	息税前收益(EBIT)·(1-税率)/投入资本
轻资产占比	la_{it}	1-(存货+固定资产+在建工程+工程物资)/年末总资产
股本集中度	$sholder_{it}$	最大股东持股数/股本总数
企业规模	$size_{it}$	资产总额的自然对数
资本结构	$leverage_{it}$	负债总额/资产总额
成长性	$growth_{it}$	(净利润$_t$-净利润$_{t-1}$)/净利润$_{t-1}$
行业	industry	行业虚拟变量
年份	year	年份虚拟变量

8.4.2.2　描述性统计和相关分析

表8-3是A股主板样本数据的描述性统计及Pearson检验，由Panel A可知样本企业轻资产占比（la）最小值为2.0%，最大值为100%，平均值为70.1%，标准差为0.21%，呈现微弱的左偏分布。总资产收益率（roa）最小值为-51.85%，最大值为83.26%，平均值为5.79%，标准差为7.18%，呈现微弱的右偏分布。投入资本回报率（roic）最小值为-86.51%，最大值为98.73%，平均值为4.77%，标准差为9.73%。其他解释变量及控制变量也都处于合理范围之内，并剔除了所有样本数据中的异常值，尽量减少异常数据的影响。

通过Panel B可知样本企业轻资产占比（la）对企业绩效有显著的正向影响，影响系数为0.04，且通过了0.05的显著性水平检验，这也初步验证

表8-3 **描述性统计及Pearson相关分析检验结果**

	Panel A 变量描述统计							
变量	roa	roic	la	la^2	leverage	size	growth	sholder
观测值	10 310	10 309	10 310	10 310	10 310	10 310	10 310	10 310
最小值	−51.8455	−86.505	0.020136	0.000406	0.708	18.07161	−79.583	0.29
均值	5.789466	4.770008	0.70103	0.53423	51.95609	22.07778	−57.14476	35.57398
中位数	5.04385	3.8612	0.736157	0.541927	53.0746	21.95338	12.64565	33.47215
最大值	83.2636	98.7331	1	1	98.4307	28.00353	104.9606	87.86
标准差	7.182857	9.729488	0.20686	0.26891	19.02763	1.306503	122.675	15.50878
	Panel B 连续型变量 Pearson 检验							
	roa	roic	la	L.la	leverage	size	growth	sholder
roa	1							
roic	0.8884*	1						
la	0.0434*	0.1094*	1					
L.la	0.0315*	0.1015*	0.9478*	1				
leverage	−0.2287*	−0.2201*	−0.01840	−0.01020	1			
size	0.1207*	0.1042*	−0.1056*	−0.1011*	0.3369*	1		
growth	0.2656*	0.2622*	0.0636*	0.0489*	−0.0584*	0.00070	1	
sholder	0.1177*	0.1042*	−0.0709*	−0.0672*	0.0724*	0.2829*	0.0282*	1

注：*表示在0.05水平上显著。

了本章假设H1：资产结构轻的企业具有较高的财务绩效。L.la（L.la为la滞后一期）与la之间的相关系数为0.95，这说明资产结构的轻重具有稳定性，企业能够在一个较长时期保持资产结构轻重比例的稳定。除去因变量总资产收益率（roa）及投入资本回报率（roic）外，其余自变量之间的相关系数最大值为资产负债率（leverage）与公司规模（size）之间的相关系数，为0.34，最小值为轻资产占比（la）与资产负债率（leverage）之间的相关系数，为-0.02，其余自变量之间的相关系数绝对值均小于0.3，说明自变量之间不存在多重共线性。

8.4.2.3 回归分析

为了检验适用于混合效应、随机效应还是固定效应模型，本章对回归结果分别进行了F检验以及Hausman检验，结果显示P值均等于0.0000，拒绝混合效应及随机效应模型的原假设，故采用固定效应模型。在回归分析中，控制了企业规模（size）、企业的成长性（growth）、最大股东持股比例（sholder）及资产负债率（leverage），将行业（industry）及年份（year）设置为虚拟变量。为了更加清晰地说明回归结果的稳健性，本章将回归分析与稳健性检验放置于同一张表格之中，见表8-4。表8-4第（1）-（4）列是以总资产收益率（roa）作为企业绩效替代变量进行的面板数据的回归结果，第（5）-（8）列则是以投入资本回报率（roic）作为企业绩效替代变量进行稳健性检验的回归结果。第（1）、（5）两个模型是在控制了行业、年份等其他变量的条件下，本期资产结构轻重对企业绩效的影响的回归结果；第（2）、（6）两个模型是在控制了行业、年份等其他变量的条件下，本期资产结构轻重的平方项对企业绩效影响的回归结果；第（3）、（7）两个模型是在控制了行业、年份等其他变量的条件下，本期的资产结构轻重及本期资产结构轻重的平方项对企业绩效的影响回归结果；第（4）、（8）两个模型是在控制了行业、年份等其他变量的条件比滞后一期作为资产结构轻重工具变量及本期资产结构轻重的平方项对企业绩效的回归结果。根据表8-4所示的回归结果，第（1）-（8）列的模型解释变量及控制变量全部通过了显著性水平在0.05以下的检验，其中第（1）、（5）列模型企业资产结构轻重的系数显著为正，说明企业资产结构轻化对企业绩效具有显著的正向影响，也就是说资产结构越轻的企业绩效

表 8-4　　**滞后及二次项FE回归模型**

变量	roa	roa	roa	roa	roic	roic	roic	roic
	FE	FE	FE	IVFE	FE	FE	FE	IVFE
	(1)	(2)	(3)	(4)	(5)	(6)	(7)	(8)
la	0.527^{***}		-1.15^{**}	-1.13^{**}	0.886^{***}		-1.59^{***}	-1.63^{**}
	(0.0025)		(0.0414)	(0.0447)	(0.0016)		(0.0109)	(0.0422)
la^2		0.471^{***}	1.03^{***}	0.957^{**}		0.794^{***}	1.49^{***}	1.65^{***}
		(0.0011)	(0.0919)	(0.0422)		(0.0128)	(0.0487)	(0.0457)
size	0.389^{*}	0.335	0.282	0.464^{***}	0.802^{**}	0.709^{**}	0.618^{*}	0.905^{***}
	(0.213)	(0.217)	(0.220)	(0.120)	(0.343)	(0.344)	(0.337)	(0.159)
growth	0.00126^{***}	0.00126^{***}	0.00126^{***}	0.00131^{***}	0.00171^{***}	0.00171^{***}	0.00171^{***}	0.00168^{***}
	(0.0002)	(0.0002)	(0.0002)	(0.0001)	(0.0003)	(0.0003)	(0.0003)	(0.0001)
leverage	-0.117^{***}	-0.117^{***}	-0.118^{***}	-0.129^{***}	-0.150^{***}	-0.150^{***}	-0.152^{***}	-0.172^{***}
	(0.0123)	(0.0123)	(0.0122)	(0.0063)	(0.0264)	(0.0262)	(0.0263)	(0.0083)
sholder	0.105^{***}	0.105^{***}	0.105^{***}	0.131^{***}	0.101^{**}	0.101^{**}	0.101^{**}	0.156^{***}
	(0.0205)	(0.0205)	(0.0205)	(0.0103)	(0.0462)	(0.0462)	(0.0462)	(0.0136)
Constant	-4.072	-1.698	2.968	0.487	-14.83^{**}	-10.84	-2.735	-9.156^{**}
	(4.385)	(4.558)	(5.131)	(3.294)	(7.361)	(7.557)	(7.342)	(4.3480)
观测值	10 310	10 310	10 310	9 278	10 309	10 309	10 309	9 278
R-squared	0.14	0.141	0.143	0.143	0.122	0.124	0.126	0.147
Prob > F	0.0000	0.0000	0.0000	0.0000	0.0000	0.0000	0.0000	0.0000
Hausman.P value	0.0000	0.0000	0.0000		0.0000	0.0000	0.0000	
LM statistic				2 974.439				2 972.753
Wald F				2 324.361				2 322.461

注：***、**、*分别表示在1%、5%、10%水平上显著。

越好。根据微笑曲线理论，专注于营销与研发的企业效益优于生产制造企业，通过分行业数据统计，发现我国传统重资产企业都趋于轻化资产结构，例如万科地产（股票代码：000002）作为地产龙头企业是我们认为的重资产企业，然而其轻资产占比（轻资产占比=1-（存货+固定资产+在建工程+工程物资）/总资产）却达到了99%。传统认为生产制造企业资产重于研发营销企业的观念将要发生改变，企业之间的行业差异弱化，而新的轻资产盈利模式开始显现。第（2）、（3）、（4）、（6）、（7）、（8）模型中资产结构轻重二次项系数显著为正，且通过了显著性水平在0.05以下的检验，说明企业资产结构轻重与企业绩效具有非线性关系，呈现为正U形关系。通过对回归系数的计算，底部拐点在轻资产占比为55.8%~59.0%区域，见图8-5。说明企业资产轻重在这个区间是绩效最差的。在轻资产占比小于55.8%一侧，随着轻资产的增加企业绩效呈现出递减趋势，然而当轻资产占比超过59.0%时，企业绩效随着轻资产占比增加而变好。由图8-5可知拐点只能确定企业资产结构在哪个区域绩效差，但并不能据此说明企业资产结构越轻越好，因为在左侧，随着企业资产结构的加重，企业的绩效同样处于上升状态。

图8-5是根据la、la^2的模型回归系数，并将控制变量各样本均值与对应系数乘积之和作为常数项引入二次方程，拟合出的二次函数图像。roa（IVFE）取la、la^2工具变量固定效应模型回归系数及对应数据，roa（FE）

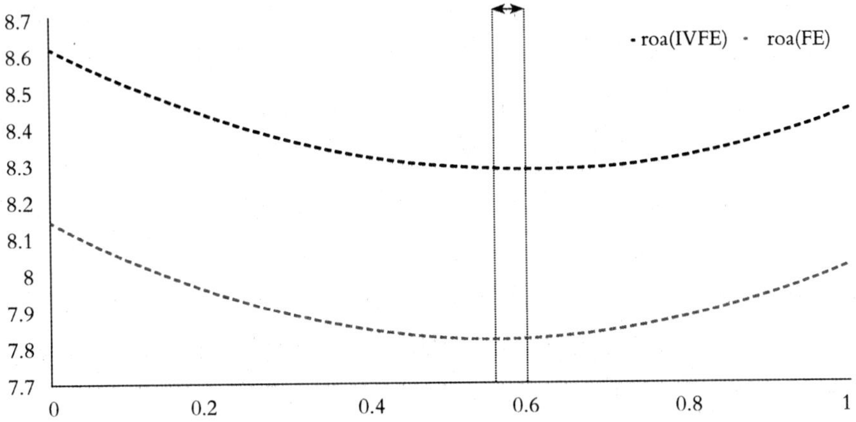

图8-5 轻资产占比与企业绩效（roa）的关系

取la、la^2固定效应模型回归系数及对应数据。

企业内部是一个复杂的生态系统，各因素之间关系错综复杂，财务指标存在互相影响的可能。这就使得影响企业绩效的因素繁多复杂，但遗憾的是任何模型都不可能涵盖所有的解释变量，这就可能会引起解释变量的内生性偏误。尽管固定效应模型能够一定程度上解决遗漏变量问题，但依然存在变量的内生性风险。基于此为了进一步降低内生性偏误，本章通过采用资产结构的滞后一期（L.la）作为工具变量进行回归，由表8-3可知L.la与la有较强的相关性，但与因变量不相关，因此满足工具变量的条件。检验发现工具变量不存在弱工具变量及识别不足问题。根据表8-4回归结果第（4）、（8）列依然显著，同样验证了本章假设H1、H2。

由于企业的外部经营环境以及内部的营业活动具有一定的稳定性、延续性，这就使得企业年度间的经营绩效有很强的相关性。将面板数据的被解释变量滞后一期引入到解释变量中就形成了动态面板数据模型。本章将企业绩效的替代变量滞后一期引入到模型之中，进而形成了模型2：

$$profit_{it} = \alpha_i + \beta_1 profit_{it-1} + \beta_2 la_{it} + \beta_3 la_{it}^2 + \beta_4 sholder_{it} + \beta_5 size_{it} + \beta_6 leverage_{it} + \beta_7 growth_{it} + \sum industry + \sum year + \varepsilon_{it} \tag{8.2}$$

根据Arellano，Bond（1991）及Arellano，Bover（1995）等人的研究，对于大N小T型的短面板数据，我们采用一阶差分广义矩估计（DIFFGMM）以及系统广义矩估计（SYSGMM）。回归结果见表8-5，其中L.roa、L.roic表示分别以roa作为因变量时将roa滞后一期（L.roa）引入模型，及roic作为因变量时将roic滞后一期（L.roic）引入模型。自变量回归中出现的L.la及L.la^2是因为本章将轻资产（la）及平方项（la^2）作为内生变量处理，并以滞后项lag（1，.）作为当期工具变量回归，其中lag（1，.）表示以滞后N期中最优一期作为工具变量。根据回归结果同样证实了本章的假设H1及H2，轻资产占比对企业绩效有显著的影响，关系呈现正“U”形。

8.4.3 基础模型实证分析小结

本节通过理论分析进而提出假设，建立了轻资产结构、股权结构、资本结构及企业规模等与企业绩效之间关系的模型。通过对我国A股主板的样本进行回归分析，发现轻资产占比二次项系数显著为正，企业资产结构的轻重与企业绩效具有非线性关系，呈现为正“U”形关系。因此，绩效好的企业主要集中在“U”形端口的两端。如此，企业必须寻找一种均衡来确保是否实行轻资产战略，抑或完全摒弃轻资产战略实行重资产战略。随着经济全球化的逐步深入，专业化分工成为盈利手段，而以往所强调的纵向全产业链经营模式不再适用，生产制造与研发营销兼顾的企业其绩效要弱于专注于生产或者营销的企业，生产、营销趋于专业化、精细化。也就是说并不是所有企业都要进行轻资产战略，不同行业的企业都会有一个适合自己的资产结构，但是远离底部拐点的资产结构是有效的。这使得企业能获得一个适当的均衡状态，而不是左右迟疑，不能清晰地知道其资产战略的状况。

另外，企业规模与大股东持股比例是总资产收益率的两大驱动因素，回归结果发现前者对绩效的影响更大。因此，提高企业规模能更有效地增进企业的绩效。本章还发现，资本结构与总资产收益率存在负相关关系，也就是说企业资产负债率越大，绩效越差。企业的成长性与企业绩效呈现正相关关系，但这一相关关系并不是太明显。

8.5 模型的扩展

上一部分建立的企业微观因素的基本模型发现了轻资产战略与企业绩效之间存在正“U”形的影响关系。另外，企业规模是企业总资产收益率的第一大驱动因素，规模越大的企业，由于其决策模式以及资产结构的复杂性决定了企业会长期保持一个稳定的经营政策，规模越大其规模效应越明显，越能对上下游企业形成控制性影响，进而提升企业自身的盈利能力。

在上一部分的回归结果中发现，轻资产经营模式与企业的绩效呈现出非线性的关系，这与边际报酬递减理论相吻合。遗憾的是在已有的研究中，轻资产经营模式与企业经营绩效之间呈现出的非线性影响并没有被提及。但简单的非线性影响关系的描述结果显得过于粗糙，本部分将在下面四个方面对企业的轻资产经营模式与企业经营绩效之间的关系进行进一步的扩展研究。

8.5.1 新的假设的提出

第一，上一部分中的模型回归结果显示，轻资产战略与企业绩效呈现出正“U”形关系，底部拐点在轻资产占比为55.8%~59.0%区域，但是对于不同行业来说这一比例显然不能相同，专注于生产制造的企业其资产结构必然会明显重于专注于研发设计企业的资产结构（王明虎等，2004；邱书明和冯建民，2011）。不同行业的企业进行着各异的生产经营活动，这就要求不同的资产结构与之相配合（王士伟，2011）。本部分拟通过分行业设计模型对这一基本问题进行分析检验。刻画出不同行业之间轻资产结构之间的差异。基于以上分析本章提出假设3。

H3 不同行业的企业其轻资产结构的底部拐点不同。

第二，轻资产结构对企业绩效有非线性影响，但这一结论还显得过于简单。根据边际效用递减理论，企业资产结构存在最优的资产组合，各种资产之间存在一个相对最优的比例关系（潘三毛，2009；王士伟，2011；常颖和孙丽颖，2014；雷新途，2016）。货币资金的增加有助于企业灵活应对市场风险，增强企业抗风险能力的同时也提高了企业迅速抓住新的盈利机遇的能力（Fisher et. al.，2003）。而Silverman et. al.（2002）则通过实证分析无形资产对企业的经营绩效具有显著的正向关系，得出同样结论的还有于玉林（2005），邵红霞和方军雄（2006），赵敏和朱黎敏（2010）以及Seru（2013）。为了进行更细致的研究，本节通过加入交互项分析轻资产结构是如何通过调整各项轻资产占比来影响企业经营绩效的，同时通过路径分析进一步研究轻资产企业是如何从加强营运资本的管理进而增强企业的盈利能力（倪红霞和许拯声，2003；吴树畅，2003；Menaker和Gross，2013）。基于本章前面的企业资源基础理论及以上文献梳理，本章提出假设4。

表8-5　　**动态面板数据模型估计**

变量	roa	roa	roa	roa	roic	roic	roic	roic
	SYSGMM	DiffGMM	SYSGMM	DiffGMM	SYSGMM	DiffGMM	SYSGMM	DiffGMM
	(1)	(2)	(3)	(4)	(5)	(6)	(7)	(8)
L.roa / L. roic	0.218^{***}	0.343^{***}	0.224^{***}	0.340^{***}	0.227^{***}	0.290^{***}	0.236^{***}	0.293^{***}
	(0.0240)	(0.0526)	(0.0429)	(0.0523)	(0.0656)	(0.0566)	(0.0639)	(0.0571)
la	0.691^{***}	0.546^{***}			0.881^{***}	0.747^{***}		
	(0.076)	(0.117)			(0.160)	(0.174)		
L.la	-0.619^{***}	-0.415^{***}			-0.672^{***}	-0.585^{***}		
	(0.072)	(0.101)			(0.147)	(0.152)		
la^2			0.490^{***}	0.375^{***}			0.639^{***}	0.552^{***}
			(0.074)	(0.086)			(0.112)	(0.134)
$L.la^2$			-0.443^{***}	-0.309^{***}			-0.563^{***}	-0.448^{***}
			(0.070)	(0.075)			(0.103)	(0.123)
size	-1.055^{***}	−0.232	-1.084^{***}	−0.268	-1.218^{*}	−0.767	-1.176^{*}	−0.898
	(0.297)	(0.454)	(0.420)	(0.452)	(0.643)	(0.701)	(0.641)	(0.738)
leverage	-0.118^{***}	-0.108^{***}	-0.121^{***}	-0.106^{***}	-0.152^{***}	-0.150^{***}	-0.154^{***}	-0.142^{***}
	(0.021)	(0.027)	(0.027)	(0.026)	(0.037)	(0.034)	(0.038)	(0.034)
growth	0.00117^{***}	0.00131^{***}	0.00119^{***}	0.00134^{***}	0.00137^{***}	0.00154^{***}	0.00137^{***}	0.00155^{***}
	(0.0002)	(0.0003)	(0.0003)	(0.0003)	(0.0003)	(0.0003)	(0.0003)	(0.0003)
sholder	0.165^{***}	0.159^{***}	0.150^{***}	0.138^{**}	0.187^{***}	0.189^{***}	0.173^{**}	0.172^{***}
	(0.0391)	(0.0534)	(0.0554)	(0.0540)	(0.0711)	(0.0621)	(0.0685)	(0.0614)
Constant	27.57^{***}	7.649	28.86^{***}	9.108	31.25^{**}	20.25	30.85^{**}	23.36
	(6.523)	(10.400)	(9.283)	(10.290)	(14.070)	(15.330)	(13.990)	(16.030)
行业	控制	控制	控制	控制	控制	控制	控制	控制
年份	控制	控制	控制	控制	控制	控制	控制	控制
观测值	9 279	7 217	9 279	7 217	9 277	7 214	9 277	7 214
AR(1)	0.0000	0.0000	0.0000	0.0000	0.0000	0.0000	0.0000	0.0000
AR(2)[①]	0.7128	0.0152	0.3061	0.6741	0.3291	0.702	0.3061	0.6741

注：***、**、*分别表示在1%、5%、10%水平上显著。

H4　资产结构轻重与资产结构配置对企业绩效具有交互影响。

第三，杜邦分析法是用来分析企业盈利能力与投资回报水平的方法，是迄今为止从财务角度出发来评价企业经营绩效最为经典的一种方法，也是学术界关于企业经营绩效研究及财务状况评价常用的方法。其指导思想

① AR（2）拒绝了模型残差项二阶自相关的原假设，满足回归条件。

是将公司的净资产收益率（ROE）分解为多个财务指标乘积，这样更加有助于分项研究企业经营业绩的影响因素。杜邦分析模型中净资产收益率=销售利润率×总资产周转率×权益乘数。由公式可以看出企业营业效益（销售利润率）、资本结构（权益乘数）及营运能力（总资产周转率）是企业盈利能力（净资产收益率ROE）的三大驱动因素。企业的盈利能力由销售利润率、权益乘数和总资产周转率共同决定，任意一个比率的提高都会引起企业净资产收益率的提高（戴春兰，2000；杨化峰，2007；顾水斌，2009）。杜邦模型对净资产收益率的分解为提高公司业绩提供了明确的三条指导路线。其中总资产周转率体现了企业的营运能力，轻资产企业由于资产结构轻不存在大量的固定资产及在建工程，其特点决定了轻资产企业的总资产周转速度快于重资产企业。其影响路径为轻资产战略→总资产周转率→总资产收益率→净资产收益率，见图8-6。也就是说轻资产战略的另一个优势是通过加快企业总资产周转率，提高资产周转速度，进而提高企业的经营绩效（逯全玲，2004；Jamali和Asadi，2012）。这也是轻资产企业绩效较好的另一个原因。由此本章提出假设5。

H5 实行轻资产战略的企业资产周转速度更快，进而提升企业经营绩效。

第四，绩效差的公司由于承受监管压力及退市风险，对于提高企业绩效的愿望更加强烈，且企业一旦出现困难，管理者更倾向于从企业内部寻找原因，资产结构则成了管理者调整的首要选择，例如为了降低库存商品、提高营业收入，绩效差的企业更可能接受信用支付，或者暂缓周期长、资金回流慢的投资项目。另一方面影响企业经营绩效的因素众多，企业绩效差不仅仅是由于资产结构的轻重引起，同时还会存在很多其他因素，而企业资产结构的调整会起到协同效应，更加明显地提高企业绩效。也就是说绩效差的企业资产结构轻重变动所引起的企业绩效变动更加敏感。由此提出假设6。

H6 绩效差的企业对于资产结构的调整更加敏感。

基于以上四个方面的考虑，本节将基础模型进行了扩展延伸，形成了交互及中介变量影响并考虑行业差异的扩展研究模型。

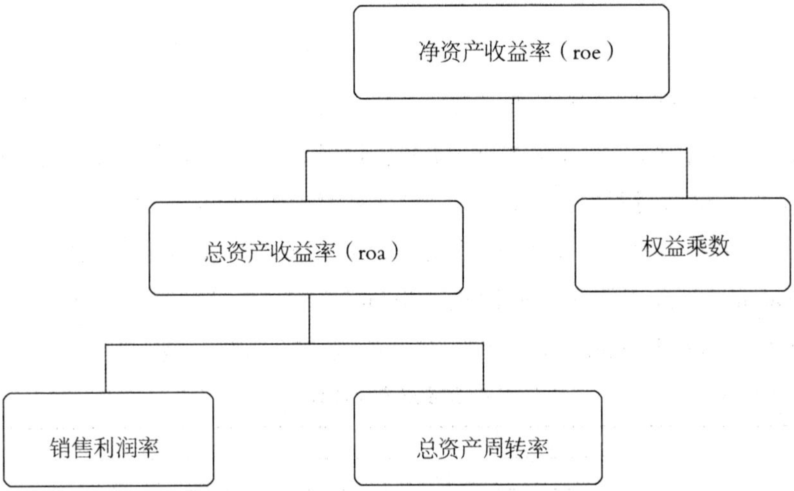

图 8-6　杜邦分析模型

8.5.2　模型设置

模型具体设置如下：

$$\begin{aligned} profit_{it} = {} & \alpha_i + \beta_1 la_{it} + \beta_2 la_{it}^2 + \beta_3 sholder_{it} + \beta_4 size_{it} + \beta_5 leverage_{it} + \\ & \beta_6 growth_{it} + \beta_7 la_{it} \cdot cash_{it} + \beta_8 la_{it} \cdot intangible_{it} + \beta_9 la_{it} \cdot credit_{it} + \\ & \beta_{10} la_{it} \cdot goodwill_{it} + \sum industry + \sum year + \varepsilon_{it} \end{aligned} \quad (8.3)$$

$$\begin{aligned} turnover_{it} = {} & \alpha_i + \beta_1 la_{it} + \beta_2 sholder_{it} + \beta_3 size + \beta_4 growth_{it} + \\ & \beta_5 leverage_{it} + \varepsilon_{it} \end{aligned} \quad (8.4)$$

其中 $turnover_{it}$ 为总资产周转率，货币资金（$cash_{it}$）为企业货币资金总额与轻资产总额比值，无形资产（$intangible_{it}$）为无形资产净额与轻资产总额比值，商业债权（$credit_{it}$）为企业应收账款与应收票据之和与轻资产总额比值，商誉（$goodwill_{it}$）为企业商誉净额与轻资产总额比值。本节将轻资产（la_{it}）与货币资金（$cash_{it}$），无形资产（$intangible_{it}$），商业债权（$credit_{it}$），商誉（$goodwill_{it}$）作为交互项纳入模型，以此来探究轻资产模式如何通过轻资产配置实现企业绩效的提升，并通过设置中间变量——总资产周转率 $turnover_{it}$ ——来进行轻资产模式下盈利方式的路径分析。

8.5.3 回归分析

与上一节相同，为了检验适用于混合效应、随机效应还是固定效应模型，本章对回归结果分别进行了F检验以及Hausman检验，结果显示P值均等于0.0000，拒绝混合效应及随机效应模型的原假设，故采用固定效应模型。在回归分析中，仍然控制了企业规模（$size_{it}$）、企业的成长性（$growth_{it}$）、最大股东持股比例（$sholder_{it}$）及资产负债率（$leverage_{it}$）等变量，将行业（industry）及年份（year）设置为虚拟变量。

表8-6 **面板数据模型估计**

变量	roa	roic
	FE	FE
	(1)	(2)
la×cash	8.066***	2.185***
	-0.741	-0.403
la×intangible	-1.444***	-0.832***
	-0.48	-0.26
la×credit	-6.908***	-0.674*
	-0.733	-0.396
la×goodwill	0.874***	-0.0554
	-0.224	-0.12
sholder	0.00153	0.142***
	-0.0756	-0.0405
growth	0.00159***	0.00324***
	-0.000494	-0.000269
leverage	-0.00514***	-0.00212***
	-0.000674	-0.000361
size	-11.54***	-1.535***
	-1.067	-0.58
Constant	255.7***	23.72*
	-22.76	-12.41
行业	控制	控制
年份	控制	控制
观测值	12 265	12 251
R-squared	0.026	0.023
公司数	1 228	1 228

注：***、**、*分别表示在1%、5%、10%水平上显著。

从表8-6中所列示的固定效用模型回归结果来看，基础模型中的控制变量系数符号依然保持着稳定并且保持着良好的显著性。唯一发生变化的是，大股东持股比例对企业经营绩效的影响系数变得并不显著，但这与基础模型的结果并没有多大的矛盾。大股东持股比例的系数在上一节回归模型中的结果虽然是显著的，但其估计值仅为0.105，这就说明大股东持股比例与企业经营绩效的相关关系并不是十分强烈。而其在扩展模型中的回归系数不显著同时也支撑了这一判断。

为了使得回归结果能够展现出更加细致的影响信息，本节在基础模型的基础上加入了轻资产与轻资产结构配置的交互变量。回归结果如下：

第一，轻资产占比与货币资金占比的交互项对企业绩效的影响系数是显著为正的。综合上一节的回归结果，轻资产对企业绩效的影响显著为正，这就是一个非常有趣的结果：一方面来说随着轻资产占比增加，货币资金占比对于企业边际经营绩效的影响是上升的；另一方面来说随着货币资金占比的增加，轻资产占比对于企业经营绩效的影响同样是上升的。这样看来也就是说随着货币资金占比的增加，企业的轻资产占比也会增大，企业绩效就会趋于好转。

第二，轻资产占比与无形资产占比及商业债权占比的交互项对企业绩效的影响系数是负的，回归结果同样显著。结合前文所述，可知：一方面随着轻资产占比增加，无形资产占比与商业债权占比对于企业边际经营绩效的影响是下降的；另一方面随着无形资产占比及商业债权占比的增加，轻资产占比对于企业经营绩效的影响同样是下降的。也就是说如果企业要施行轻资产经营模式则应该减少无形资产以及商业债权在轻资产配置中的比重，过多的无形资产及商业债权占比会直接导致企业绩效的下降。

第三，轻资产占比与商誉占比的交互项对企业绩效的影响系数以资产收益率为因变量时是正的，以净资产收益率为因变量时是负的但不显著，所以未通过稳健性检验。

综上，对于轻资产运营模式的企业，提高绩效的一种方法是增加轻资产配置中的货币资金占比减少无形资产以及商业债权占比，增强企业资产的流动性。轻资产企业的一个特点是资产结构轻、机动灵活，能够迅速适应市场的变化。增加货币资金无疑更加增强了企业这一特点，使企业保持一个开放式的状态，足够的货币资金能够使企业迅速抓住市场机遇，应对市场风险；另一方面，这里所说的货币资金是财务报表里面的货币资金，它不仅包括真实的货币还包括其他类货币资产，如理财产品等这种流动性强的金融资产，同样会给企业带来稳定的收益，甚至该项收益率高于企业的总资产收益率。随着企业轻资产占比增加，由于存在较少的实物可作为抵押资产，企业面临的融资风险迅速增加，然而当企业的货币资金处于较高水平时，使企业保持机动性的同时也可以大大地降低企业融资风险。随着我国市场经济的愈加开放，企业无形资产对于企业价值的影响则逐渐下降，这一方面是由于各企业逐渐开源无形资产，意图形成合纵力量开拓市场，而本企业则保持着先入优势，这使得无形资产迅速减值并直接影响企业利润；另一方面，我国企业无形资产主要是土地使用权，对于轻资产企业来说占用过多资产，并缺乏变现能力，这与轻资产的机动灵活性相背离，影响企业轻资产模式的实施。对于商业债权来说则更加清晰，过多的商业债权会使企业承担更多财务压力，减弱企业收入的质量，减少现金流入，减弱企业对于上下游企业的控制能力。所以，以上实证分析结果验证了本章假设4。

表8-7　　　　**面板数据模型估计**

变量	roa	变量	turnover
	FE		FE
	(1)		(2)
turnover	12.99***	la	0.379***
	-4.204		-0.12
sholder	0.647***	sholder	0.00354***
	-0.175		-0.000393
growth	0.00465***	growth	1.70e-05***
	-0.00116		-2.57E-06
leverage	-1.219***	leverage	-8.04e-06**
	-0.135		-3.50E-06
size	10.23***	size	-0.0747***
	-2.393		-0.00517
Constant	-200.0***	Constant	2.137***
	-51.64		-0.118
观测数	12 184	观测数	12 266
公司数	1 228	公司数	1 228
R-squared	0.013	R-squared	0.03

注：***、**、*分别表示在1%、5%、10%水平上显著。

轻资产发展模式一方面使企业通过货币资金等资产的结构设置使企业获得足够的灵活性及盈利能力。另一方面，根据杜邦分析模型，销售利润率、总资产周转率及权益乘数是推动企业经营绩效提高的三大动力。如果其中两项数值保持不变，则企业经济绩效随着另一项数值的增大而变好。这也是轻资产绩效好于非轻资产企业的一个原因，即轻资产企业因较快的资产周转速度进而提升企业的盈利能力。

从表8-7中第（1）列可以看出总资产周转率（$turnover_{it}$）对企业经营绩效的影响系数显著为正，说明总资产周转率对轻资产企业绩效具有非常显著的正向影响。从表8-7中第（2）列可以看出轻资产结构对总资产周转率具有显著的正向影响，也就是说企业资产结构越轻其总资产周转率越快，而其他控制变量对总资产周转率的影响系数虽然显著，但是系数值都非常小，最大的是大股东持股比例对周转率的影响系数为0.00354，对总资产周转率的影响基本可以忽略。综合表8-7可以很容易地看出：轻资产企业通过快速的总资产周转率进而影响企业的经营绩效，验证了上述影响路径。但是这只是轻资产具有较好的经营绩效的一方面原因，并不能基于此就得出所有轻资产企业都是通过资产周转率的提升来提升企业经营绩效的。以上实证结果验证了本章假设5。

综合以上两个模型的回归结果，本章不难得出轻资产经营模式企业一方面通过轻资产结构的配置尤其是货币资金的占比提升来改善企业经营绩效；另一方面通过加快企业总资产周转进而增强企业的盈利能力。

8.5.4　基于行业差异的扩展研究

不同行业的资产结构的轻重对经营绩效的影响是不同的，其底部拐点也不应相同。本节拟通过分行业设计模型对这一基本问题进行分析检验，刻画出不同行业之间轻资产结构对绩效影响的差异。

通过对证监会行业分类中的门类行业农林牧渔业、建筑业、信息软件和技术服务业及文体娱乐业进行回归分析，见表8-8。回归结果验证了前述假设，即不同行业对于轻资产占比底部拐点各异。农林牧渔业轻资产占比底部拐点在49.68%，在这个区域是该行业轻资产模式效果最差的

表 8-8　　　　**面板数据模型估计**

变量	roa	roa	Roa	roa
	农林牧渔业	建筑业	信息软件和技术服务业	文体娱乐业
	FE	FE	FE	FE
	(1)	(2)	(3)	(4)
la	-34.17*	-59.39**	-36.68***	-40.71*
	-17.78	-25.72	-12.95	-22.65
la^2	34.39**	74.28***	24.92**	48.73***
	-16.71	-21.09	-9.873	-18.49
sholder	0.272***	0.0182	0.0537*	0.250***
	-0.0729	-0.0782	-0.0313	-0.0721
growth	0.000328	0.00168**	0.00124***	0.00133***
	-0.000207	-0.000746	-0.000246	-0.000396
leverage	-0.209***	-0.231***	-0.170***	0.0473
	-0.048	-0.053	-0.029	-0.045
size	2.455*	-1.045	0.43	-1.383
	-1.267	-0.877	-0.512	-1.1
Constant	-46.11*	48.07**	13.42	22.58
	-26.75	-20.88	-12.9	-23.02
观测值	208	349	350	159
公司数	21	35	35	16
R-squared	0.183	0.203	0.242	0.271

注：***、**、*分别表示在1%、5%、10%水平上显著。

位置，而轻资产结构调整向该位置左右两侧则能够提升企业经营绩效；建筑业轻资产占比底部拐点在39.98%，这与实务领域相吻合，建筑业需要大量的重资产，其重资产主要集中在大量的存货以及机械设备上。信息软件和技术服务业经营绩效底部拐点位于轻资产占比为73.60%的区域，这与我们习惯的理解相一致，这类企业资产结构普遍会很轻，也就是说对于软件技术行业轻资产占比越低企业的绩效越差，而增加轻资产占比高于73.60%区域的右侧企业经营绩效则具有较大的发展空间。文体娱乐业底部拐点位于轻资产占比为41.77%的区域。绘制成图则可更直观地理解。由图8-7可以看出不同行业随着资产结构轻化的过程，其经营绩效的变动差异也是很明显的，对于建筑业和文体娱乐行业其资产结构越轻经营绩效越好，且在底部拐点的两侧是不对称的，相比较于资产结构偏重的左侧，资产结构轻的一侧有较大的利润空间；而农林牧渔业则是对称的图形，在拐点左右两侧随着资产结构轻重的变动，经营绩效都有明显的提升；不同于前三种情况，信息软件和技术服务业增加重资产占比则能够大幅度增加企业经营绩效。对于建筑业来说，大量的固定资产势必增加企业的资金压力及固定资产减值的损失，随着行业政策调整及上下游企业需求的波动，建筑业企业存在巨大的风险敞口；而不同于建筑业的文体娱乐业，其主要资产就是无形资产、人力资源等，这些资产都是文体娱乐业企业的核心竞争力，无形资产越多的企业竞争力越强，盈利能力也就越强；信息软件和技术服务业则与我们常规理解上的不同，反而是资产越重绩效越好，这是因为该行业需要大量的人力资本及资金技术投入而鲜有固定资产及在建工程，其重资产主要是以存货的形态存在。根据杜邦分析模型，对信息软件和技术服务业快速的资产周转率来说，越多的存货其经营绩效越好。

不同行业由于所处的行业特点及市场环境不同，其轻资产经营模式也不尽相同，每一行业都有其创造价值的主要增长点，不同的资产结构决定了企业能实行什么样的经营模式。本章上一节及本节通过对企业轻资产经营模式的分析，发现企业不能盲目追求轻资产经营模式。无限制地追求“轻”，往往会适得其反，而同样对于全产业链生产模式，兼并上下游企业等整合重组措施需谨慎对待，企业资源始终是有限的，能否拥有足够的整合能力将成为成功与否的关键，过分追求企业规模的大并不一定能带来绩效的提高。通过回归分析结果发现企业轻资产占比与经营绩效呈现出正“U”形关系说明专业化、精细化分工才是企业成败的关键所在。调整企业资产结构，专注于价值链的某一端深入挖掘企业的核心竞争力才是企业的取胜之道。以上的实证结果验证了本章假设3。

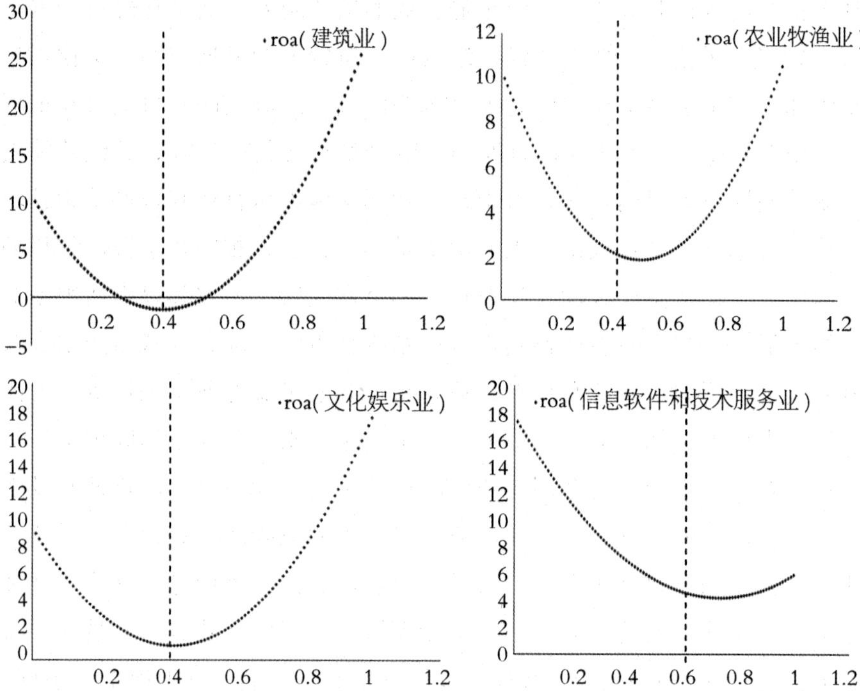

图8-7 农林牧渔业、建筑业、文体娱乐业及信息软件和技术服务业企业绩效(roa)与轻资产占比关系

8.5.5 绩效差的企业轻资产战略研究

经过进一步研究发现，绩效差的企业资产轻重调整所引起的绩效变动更加明显，图8-8为十年样本数据中总资产收益率小于0的上市公司轻资产占比与总资产收益率关系散点图。图中曲线为Excel拟合曲线，拟合方程式为：$Y=18.637x^2-23.753x$。其中Y为总资产收益率，x为企业轻资产占比。由图8-8可知轻资产占比在0.4~0.8之间的企业绩效较差，呈现出正"U"形关系，再次印证了上文的实证分析结果。同时企业资产轻重变动所引起的企业绩效变动则更加敏感。以上实证结果验证了本章假设6。

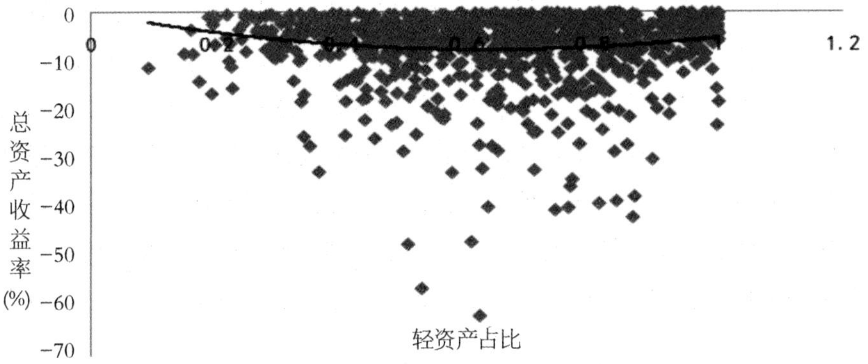

图8-8 企业轻资产占比与总资产收益率散点图

8.6 轻资产企业的战略路径

本章文献综述部分通过对轻资产企业进行分类，得出轻资产企业大概分为三类，分别是外包战略模式、类金融模式和研发模式。通过基础模型的分析，得出轻资产企业具有较强的盈利能力，并且这种盈利能力与企业资产结构轻重呈现出非线性的正“U”形关系。在本章扩展模型分析中将交互项及路径分析加入模型，进一步细化了对轻资产企业的盈利模式分析。至此不禁会问：对于文献综述中所提到的轻资产企业分类是否都遵循基础模型及扩展模型实证分析所得出的规律，或者说轻资产企业盈利方式及途径是否因为具体类别的不同而需要采取不同的财务战略呢？

由图8-9可以看出类金融模式的企业特点在于，它一般并不直接进行生产制造，它的利润来源主要有两个方面：一方面，来源于子公司或者孙公司的利润分配，这从其报表的资产结构存在大量的长期股权投资可以看出来；另一方面，类金融模式企业通常具有较大的资产负债率，这主要是因为这类企业在行业内的地位、品牌影响力造就的竞争优势，通过应付账款及预收账款等商业债务牵制上下游企业，而资产结构中又存在大量的现金，这增加了企业流动性的同时也带来了不小的利息收入。研发式的轻资产企业其资产构成主要为人力资本、无形资产及非专利技术。快速的资产周转率是其盈利能力的一个强有力的支撑，同时大量的智力资本及研发导向也是其成败的关键。其收入的构成就在于新技术、新产品的开发收入，而快速发现商机的能力及高瞻远瞩的战略方向是这一类企业长盛不衰的根源所在。外包式企业则是对“微笑曲线”充分发挥作用的典型，企业通过将附加值小的制造安装环节外包出去，而只专注于研发环节或者销售及服务环节，能有效锁定较高的利润空间。依靠其无形资产中的品牌价值，行业影响力控制着整个生产链为其所用，高效迅速的市场反应能力是其特点之一。

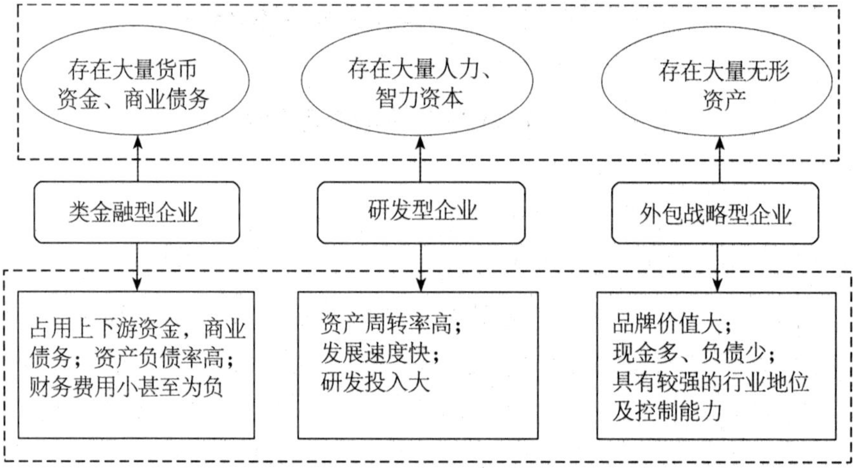

图 8-9　轻资产企业财务特征

再通过图 8-10 轻资产企业的战略层次，可以清晰地了解轻资产战略实施全景。轻资产企业首先制定轻资产战略布局，执行轻资产计划，并制定与之相匹配的财务战略，然后根据所处的行业差异调整资产结构及各项资产的配比，进而确定了盈利模式，最后根据前期的战略布局及财务战略采用不同的实施方式，以期达到经营绩效的提高。也就是说任何轻资产战略都不是单独实施的，都需要企业内部各环节密切配合，形成一个完整的生态系统，在轻资产的战略指引下最终落实到具体的行为上。

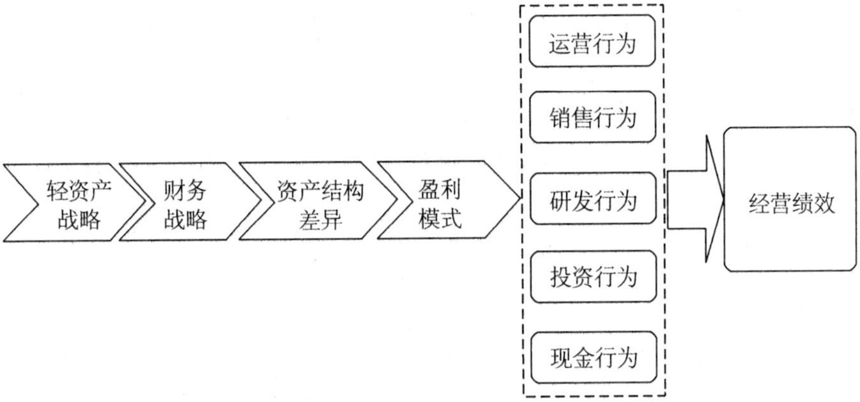

图 8-10　轻资产企业的战略层次

8.7　结语

8.7.1　主要研究结论

本章首先建立了基础模型来研究企业轻资产经营模式与企业绩效之间的相互关系。基础模型显示：轻资产运营模式是提升企业绩效的一个驱动因素，并且这种关系是非线性的，呈现出正“U”形关系，底部拐点在轻资产占比为 55.8%～59.0%，向该区域左右两侧调整企业资产结构则会增强企业绩效。为了进一步排除模型回归结果的偶然性及随机性，文章对回归结果进行了稳健性检验。同时又由于企业经营绩效具有一定的延续性，为了缓解内生性偏误，本章在基础模型的解释变量中加入了企业经营绩效的滞后一期，这就形成了动态面板数据模型，在此基础上进一步验证了本章的基础假设。

其次，由于基础模型结论描述得过于简单，只起到了方向性的指引作用，然而如何通过轻资产运营模式提升企业绩效并没有一个深入、细致的解释，因此本章对基本模型进行了适当的扩展，更加深入地研究了轻资产经营模式是如何影响企业经营绩效的。扩展后的回归模型显示：轻资产经营模式通过轻资产的结构配置对经营绩效施加影响，特别地，轻资产结构与货币资金占比之间的交互项对企业经营绩效起到了正向的影响作用，而轻资产与无形资产、商业债权占比则对企业经营绩效起到了负向的影响作用。另外，本章发现企业是通过轻资产运营模式对总资产周转率进行影响，进而影响到企业经营绩效的。这样一个路径分析结果表明：轻资产企业具有较快的总资产周转率，而较快的资产周转率对企业经营绩效具有显著的正向影响效应。这也是轻资产模式企业绩效更好的另一个原因。

由于不同行业应该存在不同的轻资产配置，本章在扩展模型中对不同行业轻资产运营模式进行了分类研究，根据证监会行业分类标准，分别选取了农林牧渔业、制造业、信息软件和技术服务业及文体娱乐业，通过对部分行业的回归分析发现农林牧渔业轻资产占比底部拐点在49.68%，在这个区域是该行业轻资产模式效果最差的位置，而轻资产结构调整向该位置左右两侧移动则能提升企业经营绩效；建筑业轻资产占比底部拐点在39.98%；信息软件和技术服务业经营绩效底部拐点位于轻资产占比为73.60%的位置；文体娱乐业底部拐点位于轻资产占比为41.77%的位置。

本章最后还将绩效差的企业作为样本单独进行研究，采用十年样本数据中总资产收益率小于0的上市公司作为研究对象，研究发现绩效差的企业对于轻资产结构调整的反映更加敏感。本章认为这主要是由于企业管理层面临更大的盈利压力，对改善企业绩效的愿望更加强烈。

8.7.2 贡献

本章的研究是建立在已有研究基础之上，相对于前人的研究成果而言，本章主要有以下几方面的创新之处：

第一，轻资产结构与企业的经营绩效之间存在着较为复杂的关系。因此，本章采用分步回归，加入交互项，并运用面板数据模型以及广义矩估计方法对这些因素间关系进行研究。通过实证分析，结果显著地解释了企业资产结构轻重变动与企业财务指标之间的复杂关系，这一点在以往的研究中多被忽略。由于企业的营业活动具有一定的稳定性、延续性，这就使得企业年度间的经营绩效有很强的相关性，本章将面板数据的被解释变量滞后一期引入到面板数据模型中，采用动态面板数据模型对基础数据进行进一步扩展分析，很好地解决了变量遗漏及内生性问题的干扰。

第二，不同行业的企业之间差别很大，资产结构轻重各异，本章在前一部分研究的基础上加入了分行业研究以及路径分析再次进行实证验证。结果显示，不同行业的资产结构轻重拐点不同，也说明了并不是所有行业都适合轻资产结构运营，资产结构也不是越轻越好。文章还验证一条可能的途径是：企业是通过轻化资产结构进而提高资产周转率来提升企业综合业绩的。同时，本章还分析了绩效差的企业其业绩对资产结构的轻化更敏感。最后本章通过对轻资产的分类研究，提出不同类别的轻资产企业其盈利模式的差异以及企业的轻资产运营发展战略差异。

纵观全文，本章希望从理论与实证方面扩展对轻资产结构方面的研究，同时对目前不考虑行业差异等方面因素而过度强调“资产轻化”的论调进行修正。这在以往的文献中很少被提及。

8.7.3 局限性

本章建立了企业轻资产经营模式、轻资产运营效率以及企业绩效的关系模型并进行了分行业的研究，同时还深入研究了交互项的影响。虽然本章在实证研究中取得了预想的结果，但不足之处在所难免，具体表现在以下四个方面：

（1）样本的局限性

本章在样本选取过程中剔除了数据缺失的公司、ST公司及金融企业。也就是说本章的实证结果也只能针对这类正常的、非金上市公司，并不涵盖其他未上市公司甚至占绝大多数的中小企业，这就给文章的实用性造成了一定的局限。但基于数据的可获取性考虑，选取上市公司作为样本也是无奈之举。

（2）轻资产的认定问题

由于目前学术界并没有对轻资产形成一个全面的、公认的概念，对轻资产的分类也是十分模糊的，虽然本章丰富了关于轻资产运营绩效的研究，但对于轻资产的划分却无章可循。本章选取将存货、固定资产、在建工程和工程物资之和占总资产的比重作为重资产占比的计算公式虽然有其合理性，但是仍然无法摆脱没有大量强有力的理论及实证支持的缺陷，这也是本章的薄弱环节。

（3）变量选取问题

影响一个企业经营绩效的因素有很多，且因素之间的关系错综复杂，不仅存在客观的经济因素，同样存在着管理者主观的影响因素。对于复杂的影响企业绩效的因素，任何模型都不可能穷尽所有可能，本章同样存在这样的问题。

（4）实证结论未必切合个别企业实际

任何一个企业都是一个完整的生态系统，其内部因素具有一定的独特性及复杂性，而本章的实证分析是基于一个普遍性的假设，对于个性化的企业本章只能起到一个方向性的指引，需要企业具体问题具体分析，不能一概而论，也不能过分外推本章的结论。

8.7.4 政策建议

本章从基础理论出发，通过理论分析、文献支撑、建立研究假设及实证回归分析，最终得出研究结果，对理论界与实务界都具有一定的指导与借鉴意义。尤其是对我国上市的企业来说更具有针对性。经过归纳总结本章提出以下五个方面的政策建议：

第一，强调企业的核心竞争力，打造自身品牌价值。对于企业来说核心竞争力是其保持持续盈利能力的关键。首先要集中力量发展本企业的核心业务，积极参与到价值链的专业化分工中，在这个过程中逐渐积累企业自身的独占资源，努力打造其核心竞争力。独占资源可理解为企业资源结构的差异。资产轻的企业更加注重品牌价值的创造、客户资源积累；而资产重的企业则关注生产线的完善、产品质量的提升。由于不同的侧重点，使得企业资产轻重逐渐差异化，经营绩效也适应着资产结构的变动，影响到企业的盈利能力。资产具有较高的复制成本，形成了企业的独占优势。这种独占优势也就形成了企业的核心竞争力。其可以是某一项核心技术、品牌价值或者良好的企业形象。当然这些都是以良好的产品或服务为基础的，因此企业要致力于提高产品和服务质量。

第二，资产结构配置的优化。对于轻资产企业来说，资产结构轻、灵活多变能够对市场变化迅速做出反应是其盈利能力突出的一个重要影响因素。本章在实证研究中强调轻资产结构中增加货币资金存量，减少无形资产及商业债权等资产以降低不必要的资金占用。随着我国市场经济的愈加开放，企业对于无形资产的依赖程度逐渐下降，由于一个企业势单力薄，多数企业会选择开源无形资产形成企业联盟共同开拓新市场。过多的无形资产会给企业带来资金压力，且无形资产缺乏变现能力，这与轻资产的机动灵活性相背离，影响企业轻资产模式的实施。商业债权虽然能够在一定程度上提升企业的销售收入及市场占有率，但长远来看这并不能成为企业价值的核心驱动因素，相反，过多的商业债权会使企业承担过多的财务压力，减弱企业对于上下游企业的控制能力。格力电器就是一个优化资产配置的典型企业，纵观格力电器的资产负债表，存在大量的货币资金，而少有商业债权，仅有的商业债权主要集中在应收票据上，相反却有大量的商业债务。像格力电器这样大量占用上下游企业的无息商业信用则是轻资产企业的重要特点。

第三，关于互联网行业的发展。互联网+成了各企业热衷的噱头，传统制造企业纷纷投入其中。试图建立起订单驱动的模式，由上游OEM公司生产制造，然后贴牌出售。这一方面拉近了企业与客户之间的距离，创新了服务方式，推动了产品及服务的个性化进程从而不断满足多样化的客户需求；另一方面通过互联网技术使企业降低了成本，有效提升产品服务质量及效率，使封闭的传统行业更加开放，同时也提高了市场整体的运营效率。然而并不是所有企业都适合这样的经营模式，首先这种“外包”式的经营模式要求企业具备强有力的上下游协调能力及控制能力，有效保证商品及服务的质量；其次这样的经营模式要求企业具备较高的品牌影响力，大量的营销费用也给企业带来了沉重的负担。

第四，企业最优的资产结构处于正“U”形曲线的两端，说明企业在轻资产经营策略或者重资产经营策略选择的过程中思路要清晰，不能在两者的选择上犹豫不决，要专注于某一领域提供专业化产品。随着经济全球化的逐步深入，专业化分工经营成为盈利手段，而以往所强调的纵向全产业链经营模式不再适用，生产制造与研发营销兼顾的企业的绩效要弱于专注于生产或者营销的企业。生产、营销趋于专业化、精细化，盲目并购追求扩大企业规模，做全产业链这种以往强调的企业经营模式已经不再适用。

第五，要警惕资产过度轻化的风险。本章通过实证部分分析可知，企业无论是轻资产经营模式还是重资产经营模式，都存在一个较好的盈利区间，并没有一个绝对的优势位置可言。也就是说这两种经营模式都存在其自身的优势，但同时也有其局限性和风险性。无论轻资产经营模式还是重资产经营模式都有成功或者失败的例子，虽然轻资产能够有效地提高企业的盈利能力但并不是所有的企业在资产轻化的过程中都能够成功，这与企业轻资产的结构配置有重要关系，同时也要求企业具有较强的整合控制能力。如果一味地追求资产轻化必然会给企业造成困境。企业要根据自身情况，制定出适合本企业的资产结构，不能盲目地复制其他企业的盈利模式。

本章主要参考文献

[1] FISHER. The rate of interest: its nature, determination and relation to economic phenomena [J]. Journal of Political Economy, 1907, 15 (10): 635-641.

[2] BARNEY.Organizational culture: can it be a source of sustained competitive advantage? [J]. Academy of Management Review, 1986, 11 (3): 656-665.

[3] ARELLANO, BOND. Some tests of specification for panel data: monte carlo evidence and an application to employment equations [J]. The Review of Economic Studies, 1991, 58: 277-297.

[4] MAHONEY. Financing long - term care with limited resources: combining the resources of the public and private sectors [J]. Journal of Aging & Social Policy, 1992, 4 (4): 35-50.

[5] ARELLANO, BOVER. Another look at the instrumental variable estimation of error - components models [J]. Journal of Econometrics, 1995, 68 (1): 29-51.

[6] SLYWOTZKY, CHRISTENSEN, TEDLOW. The future of commerce [J]. Working Papers, 2000.

[7] SILVERMAN, PETERSEN.Cash holdings and r&d smoothing [J] . Journal of Corporate Finance, 2002, 17 (3): 694-709.

[8] WIGGINS, RUEFLI. Sustained competitive advantage: temporal dynamics and the incidence and persistence of superior economic performance [J] .Organ Sci, 2002, 13 (1): 82-105.

[9] JELINEK. Motorola takes asset-light strategy to the next level [J] . Planet Analog, 2005, 11 (31): 17-21.

[10] DEMIR. Determinants of manufacturing firm profitability under uncertainty and macroeconomic volatility: evidence from an emerging market [J], White Paper of Department of Economics, 2009, 13 (4): 592-609.

[11] CHRISTENSEN, KENT. Corporate governance and company performance in australia [J] . Australian Accounting Review, 2010, 20 (4): 372-386.

[12] GIESEN, RIDDLEBERGER, CHRISTNER, et al. When and how to innovate your business model [J] . Strategy & Leadership, 2010 (38): 17-26.

[13] TANG, LIOU. Does firm performance reveal its own causes? the role of bayesian inference [J] . Strategic Management Journal, 2010, 31 (1): 39-57.

[14] ZOTT, AMIT. Business model design: an activity system perspective [J] . Long Range Planning, 2010, 12 (43): 216-226.

[15] ADNER, ZEMSKY.A demand-based perspective on sustainable competitive advantage [J] . Strategic Management Journal, 2011, 27 (3): 215-239.

[16] ADRIAN, SHIN. Financial intermediary balance sheet management [R] . Federal Reserve Bank of New York Staff Report, 2011, 3 (1): 35-46.

[17] ARASH, NAJMAEI.Dynamic business model innovation an analytical archetype [J] . International Proceedings of Economics Development and Research, 2011, 3 (12): 221-234.

[18] FENMAY LIOU.The effects of asset-light strategy on competitive advantage in the telephone communications industry [J] . Technology Analysis Strategic Management, 2011, 12 (23): 951-967.

[19] LIOU, TANG.Asset-light: a resource-based analysis of sustainable competitive advantage [J] . Working Papers, 2011.

[20] GEORGIANA , SURDU.The internationalization process and the asset-light approach [J] . Romanian Economic Business Review, 2011, 6 (1): 184-188.

[21] JEFFREY, CASADESUS, MASANELL.Competitiveness: business model reconfiguration for innovation and internationalization [J] . Management Research, 2011, 8 (2): 123-149.

[22] ICATHERINE.The relationship between capital structure and financial performance of agricultural firms listed at nairobi securities exchange [J] . Working Papers, 2012.

[23] JAMALI, ASADI.Management efficiency and profitability in indian automobile industry: from theory to practice [J] . Indian Journal of Science & Technology, 2012, 5 (5) .

[24] QBAL, MATI. Relationship between non-current assets & firms profitability [J], Mpra Paper, 2012, (3): 16-21.

[25] KEHINDE, ISHMAEL. Profitability analysis trend of components of current assets and their prospects in ajaokuta iron industry [J] . eCanadian Journals , 2012, 15 (10): 80-96.

[26] KOTŠINA, HAZAK. Is there a relationship between ebitda and investment intensity? An empirical study of european companies [J] . International Proceedings of Economics Development & Research, 2012, 10 (32): 88-95.

[27] MARY, OKELUE. Investment in fixed assets and firm profitability: evidence from the nigerian brewery industry [J] . European Journal of Business & Management, 2012, 12 (1): 143-167.

[28] REYHANI.The investigation of effect of assets structure on perfor-

mance of accepted companies of tehran stock exchange（TSE）[J] . Working Papers，2012.

[29] KURT ， FRANZ ， STEPHAN， etal.Business model innovation： coffee triumphs for Nespresso [J] . Journal of Business Strategy，2013，9（34）：30–37.

[30] MENAKER， GROSS. Financing innovation in new small firms：new evidence from Canada [J] . Social Science Electronic Publishing，2013，11（7）：911 –914.

[31] SERU. Firm boundaries matter： evidence from conglomerates and r&d activity [J] .Journal of Financial Economics，2013，111（2）：381–405.

[32] SOHN， TANG， JANG. Does the asset-light and fee-oriented strategy create value? [J] . International Journal of Hospitality Management，2013，32（1）：270–277.

[33] AZADI. Review of the corporate governance mechanisms on capital cost of the companies listed in tehran stocks exchange [J] .Business Model. Strategy & Leadership，2014，（30）：35–53.

[34] RUBNER. When "asset light" is right [J] . Management Research，2014，9（34）：30–37.

[35] SHAKER. Effects of assets structure on the financial performance：evidence from sultanate of oman [J] . Ebes Conference– ekaterinburg ，2014，14（1）：21–28.

[36] 戴春兰.杜邦分析法在我国企业管理中的应用研究 [J] .武汉理工大学学报，2000，22（4）：118–121.

[37] 倪红霞，许拯声.资产结构与企业经营业绩内在关系 [J] .技术经济与管理研究，2003，（6）：110–111.

[38] 孙黎，朱武祥.轻资产运营 [M] .北京：中国社会科学出版社，2003.

[39] 吴树畅.融资结构、资产结构对企业绩效的影响 [J] .统计与决策，2003（8）：60.

[40] 吕民乐.轻资产运营利弊分析 [J] .安徽科技，2004（12）：31–33.

[41] 王明虎，章铁生，顾银宽.上市公司财务问题［M］.北京：经济管理出版社，2004.

[42] 刘百芳，汪伟丽.山东省上市公司资产结构同企业经营业绩的实证分析［J］.统计与决策，2005（9）：140-142.

[43] 逯全玲.资产结构、资本结构对企业绩效影响的实证研究［J］.财经论坛，2005（1）：24-25.

[44] 于玉林.关于构建现代无形资产管理体系的探讨［J］.财会通讯，2005（11）：10-12.

[45] 匡婷婷.边际收益递减规律浅议［J］.辽宁经济，2006（9）：68.

[46] 邵红霞，方军雄.我国上市公司无形资产价值相关性研究［J］.会计研究，2006（12）：25-32.

[47] 唐樱璋.轻资产战略与营运绩效关系之研究——以台湾企业为例［J］.管理学报，2007（24）.

[48] 王怀明，闫新峰.农业上市公司资产结构与公司绩效的研究［J］.华东经济管理，2007，21（2）：40-43.

[49] 杨化峰.改进杜邦分析体系提高财务分析质量［J］.财会月刊，2007（15）：77-78.

[50] 杨现锋，唐秋生.第三方物流企业的轻资产发展战略研究［J］.重庆交通大学学报：社会科学版，2007，7（6）：15-17.

[51] 张兆国，何威风，梁志刚.资本结构与公司绩效［J］.中国软科学，2007（12）：55-61.

[52] 钱爱民，张新民.新准则下利润结构质量分析体系的重构［J］.会计研究，2008（6）：56-78.

[53] 张宏丽，贾宗武，张俊瑞.企业资产结构研究相关问题思考［J］.财会月刊，2008（4）：54-58.

[54] 张新民，钱爱民.企业财务报表分析［M］.北京：北京大学出版社，2008.

[55] 顾水斌.资本结构、资产结构、股权结构与公司绩效关系的实证研究［J］.财会通讯，2009（8）：18-23.

[56] 潘三毛，张月友.我国上市公司资产结构与盈利能力实证研究

[J].中国管理信息化，2009（12）：12-21.

[57] 孔宁宁，张新民.我国高新技术企业战略、资本结构与绩效关系研究[J].中国工业经济，2010（9）：112-120.

[58] 吕爽，李宁."轻资产运营"模式浅析[J].商品与质量·理论研究，2010（6）：31.

[59] 魏祎，朱武祥.重构商业模式[M].北京：机械工业出版社，2010.

[60] 赵敏，朱黎敏.上市公司无形资产与公司价值、经营业绩关系研究——基于沪市上市公司的数据分析[J].浙江财经大学学报，2010，4（6）：56-61.

[61] 陈见丽.风险投资能促进高新技术企业的技术创新吗？——基于中国创业板上市公司的经验证据[J].经济管理，2011（2）：71-77.

[62] 邱书明，冯建民.上市公司资产结构与企业绩效关系的实证分析[J].财会通讯，2011（36）：34-36.

[63] 麦金森.公司理财[M].大连：东北财经大学出版社，2011.

[64] 王士伟.资产结构对盈余影响的实证研究[J].统计与决策，2011（18）：145-148.

[65] 张军华.资本结构、资产结构与企业绩效[J].财会通讯，2011（4）：78-80.

[66] 常颖，孙丽颖.上市公司资产结构与企业绩效关系的实证研究[J].中国软件科学，2012（8）：27-32.

[67] 陈德萍，曾智海.资本结构与企业绩效的互动关系研究——基于创业板上市公司的实证检验[J].会计研究，2012（8）：66-71.

[68] 郭熙保.人力资本边际收益递减、后发优势与经济增长——基于国家间面板数据的实证分析[J].世界经济研究，2012（4）：3-10.

[69] 刘闲月.企业轻资产商业模式的内涵、动因及运营中的战略能力[J].中国流通经济，2012，26（5）：72-77.

[70] 姚宏、魏海玥.类金融模式研究——以国美和苏宁为例[J].中国工业经济，2012（9）：148-160.

[71] 张俊瑞，张健光.资产结构、资产效率与企业价值[J].管理评论，2012（1）：127-137.

[72] 张同斌.不同绩效高新技术企业的结构因素影响——基于高新技术上市公司的数据 [J] .经济管理，2012（4）：149-158.

[73] 陈丽萍，王冠.轻资产运营模式下企业风险防范策略研究 [J] .商业经济，2013（19）：58-59.

[74] 崔也光，赵迎.我国高新技术行业上市公司无形资产现状研究 [J] .会计研究，2013（3）：45-50.

[75] 戴天婧，张茹，汤谷良.财务战略驱动企业盈利模式——美国苹果公司轻资产模式案例研究 [J] .会计研究，2013（11）：23-32.

[76] 卢馨，郑阳飞，李建明.融资约束对企业R&D投资的影响研究 [J] .会计研究，2013（5）：36-42.

[77] 储德银，张同斌.自主研发、技术引进与高新技术产业成长 [J] .科研管理，2013，34（11）：53-60.

[78] 杜媛.基于供应链上下游的类金融模式构建与风险评价——以格力电器为例 [J] .财务与会计：理财版，2013（11）：18-23.

[79] 茆薇.轻资产运营模式撬动企业价值最大化——基于腾讯公司的财务案例研究 [J] .新会计，2013，（11）：26-29.

[80] 王冬梅.财务报表分析 [M] .大连：东北财经大学出版社，2013.

[81] 徐光伟，王卫星.轻资产运营模式的融资困境与机制创新研究——一个科技型企业的案例分析 [J] .当代财经，2013（10）：66-75.

[82] 张胜.供应商-客户关系与资产结构——来自我国制造业上市公司的经验证据 [J] .会计论坛，2013（1）：89-99.

[83] 林盛娜.轻资产化公司经营业绩分析 [J] .经济师，2014（9）：18.

[84] 罗翔，刘婷.资产结构、资本结构与盈利能力相关性研究——基于我国稀土类上市公司经验数据 [J] .财务与金融，2014，（1）：76-80.

[85] 刘爽，王军辉.轻资产企业价值评估的探讨 [J] .会计之友，2014（20）：48-52.

[86] 潘峰，谢吕元.高新技术企业投入产出分析——以46家湖北省高新技术上市企业为例 [J] .科技管理研究，2014，34（22）：53-57.

[87] 阮素梅，丁忠明.股权制衡与公司价值创造能力“倒U型”假说检验——基于面板数据模型的实证 [J] .中国管理科学，2014（2）：

21-25.

［88］杜海霞.谈轻资产运营模式——基于华谊兄弟案例研究［J］.财会月刊，2015（27）：112-113.

［89］贺小敏，贺春阳.轻资产企业融资方式探索——基于阿里巴巴和京东的案例分析［J］.科技创业月刊，2015，28（13）：50-51.

［90］贺逸坤，肖康元.企业轻重资产战略转型分析——基于华谊兄弟与吉视传媒案例［J］.新会计，2015（11）：42-45.

［91］赖程，吴一丁.绩效视角下的稀土后端产业资产结构研究——基于中日上市公司的比较［J］.江西理工大学学报，2015，36（2）：44-49.

［92］王智波，李长洪.轻资产运营对企业利润率的影响——基于中国工业企业数据的实证研究［J］.中国工业经济，2015（6）：33-35.

［93］解宏，姜力玮.轻资产运营模式对企业绩效影响的实证研究——基于创业板上市公司的经验数据［C］.中国会计学会财务成本分会2015学术年会暨第28次理论研讨会论文集，2015.

［94］谢冰，吴革.价值驱动的格力电器轻资产运营模式研究［J］.对外经济贸易大学学报，2016（8）：23-31.

［95］谢蔚.房地产行业轻资产运营分析——以碧桂园为例［J］.中国管理信息化，2016，4（19）：42.

［96］白仁春.轻资产运营策略的借鉴意义［J］.商业时代·理论，2016（35）：20-21.

［97］雷新途.资产结构反映资产专用性吗？——来自中国上市公司2001—2013年的经验证据［J］.南开经济研究，2016（1）：18-23.

［98］毛蕴诗，孙赛赛.技术创新与产品替代：中国企业国际化进程研究——基于格力空调的案例研究［J］.当代经济管理，2016，38（4）：12-20.

［99］汤谷良，高原.企业轻资产盈利模式的财务挑战与实践路径［J］.财务研究，2016（3）：3-8.

第 9 章

文化企业无形资产价值相关性研究

9.1 研究背景与意义

中国经济一直处于飞速发展的状态，经济体量已跃居世界第二，人均GDP的增长速度亦不可小觑，人民生活水平有了极大的提高。在物质需求得到满足之后，人们开始追求精神上的满足，产生了对文化产品的极大需求。文化产品的提供不仅来自于政府、事业单位，更可以来自于盈利性的文化企业。文化企业为我们提供丰富的文化产品，并从中获利，为中国经济发展做出贡献。

中国的文化产业近年来正处于蓬勃发展之中。中国产业信息网发布的有关电影产业的报告显示，2016年全国电影票房收入已经达到457.12亿元，翻一番仅用了3年的时间。据《2016年中国游戏产业报告》显示，2016年中国游戏玩家人数超过5.66亿人，销售收入突破1 655.7亿元，并在移动游戏领域取得了巨大的增长；艾瑞咨询集团发布的《2016年中国网络广告行业年度监测报告》显示，我国网络广告市场规模达2 093.7亿元。党和国家有关领导人在多次重要会议中都对文化产业的发展给予了高度关注，在《“十三五”规划纲要》中也提到了要对文化产业的建设和发展给予支持。随着人们对精神生活的重视，文化产业必将成为我国经济发展的支柱产业。

股票市场瞬息万变，股票价格变幻莫测。那么，股票价格究竟受到哪些因素的影响呢？广大经济学者对此争论不休。学术界一般认为，股票价格受到如货币政策、财政政策、产业政策、外贸政策、企业财务信息甚至股市参与者对未来的预期等因素的影响。在上述诸因素中，企业的财务信息，是广大股市参与者决策时使用最多的信息之一，对影响投资者的预期有着重要的影响。因此，研究会计信息的披露对股票价格有何影响、影响程度如何，就具有很强的现实意义。

公司价值理论认为，公司的价值是由一系列因素来决定的。投资人是在综合考虑了公司的一切可获得的信息，不论是会计信息还是非会计信息、长期信息还是短期信息、公开信息或非公开信息之后，确定了公司的市场价值的。因此，上市公司被强制要求披露财务报告的目的之一，就是向市场上的投资者提供对其决策有用的信息，避免决策的盲目性。那么有多少会计信息在市场参与者买卖股票的过程中被使用到了？这是一个值得关注的问题。

就无形资产的核算和披露而言，2006版的会计准则尚不完备：例如，土地使用权尽管被划分为无形资产，但是在价值创造上更接近固定资产；对无形资产的细分也缺乏很好的指导，造成文化企业在无形资产明细的披露上较为混乱。在这种情况下，投资者是否能从文化企业会计报表中获取关于无形资产有用的信息来衡量企业价值，即无形资产是否具有价值相关性，这是一个很值得关注的问题。

因此，本章选题有如下几方面的意义。

第一，本章在前人研究的基础上，选取对满足民众精神需求日益重要、发展迅速的文化企业作为研究对象，试图通过具体分析文化行业，搜集更多的无形资产信息，使用最新的样本数据，对我国上市公司无形资产价值相关性问题进行研究，在一定程度上解决了会计信息价值相关性研究的针对性。

第二，从投资者的角度来看，研究文化企业无形资产的价值相关性能够帮助其充分了解文化企业的价值，为我国文化企业融资时的股票定价提供指导，为股东投资和股权转让价格的确定提供依据。因为对投资者而言，能够客观地评价上市公司的投资价值，有助于他们发现具有投资价值的企业同时避免重大损失。

第三，从管理层的角度来说，可以指导文化企业的管理层如何提升企业价值。

如果能够确定无形资产对文化企业具有价值，什么样的无形资产对企业更有价值，那么管理层就可以通过无形资产管理、结构调整，来增加企业的价值，并改善无形资产会计信息披露的完整性和质量来增加投资者对文化企业的了解，进而实现企业价值最大化的目的。

第四，张强、王珂（2014）通过研究发现，文化企业的信贷可获得性要显著低于非文化企业。因此，从债权人的角度来考虑，通过研究文化企业的无形资产和企业价值之间的关系，能够帮助债权人认识到文化企业的价值，树立对文化企业的信心，有助于化解文化企业的融资困境。

第五，从会计政策制定者的角度，通过价值相关性研究，可以发现无形资产相关会计准则是如何影响企业无形资产信息的披露的，进而更好地指导其改进无形资产会计准则中的不足，促进无形资产会计准则的规范和完善，以便进一步确认适当放宽文化企业对无形资产的确认条件是否妥当。

因此，进行无形资产对企业价值的相关性检验，对帮助中国的文化行业提升整体竞争力和长期发展，对促进中国资本市场的良性发展都是非常必要的。

本章选择了文化行业来研究无形资产和企业价值是否相关的问题，研究的重点包含两个方面：一是无形资产对企业价值的影响如何；二是将无形资产拆开来看，具体探究到底是什么类型的无形资产信息对文化企业的投资者是有用的。本章拟以 Ohlson 的线性模型为基础，在参考相关文献的基础上对其进行修正，为本章构建自己的回归模型。主要研究整体无形资产和企业价值之间的关系、特定无形资产和企业价值的关系，并通过检验重资产和企业价值之间的关系试图反证本章的观点，最后运用托宾 Q 来进行稳健性检验。所以后续内容安排为本章的贡献和创新、概念界定和文献综述、影响机理分析和研究假设、实证分析、结论和建议。

9.2　贡献和创新

第一，对文化行业的无形资产进行了统计。“整理了文化行业的无形资产家当”。使学术界对文化行业能有一个更深入、更直观的认识，方便以后的学者研究。通过这次统计，我们也能看出文化行业无形资产的构成，为企业管理层进行资产管理，提升企业价值提供了指导。

第二，由于我国的特殊国情，将土地使用权也放在无形资产之中，导致企业披露的财务报表中，可用的无形资产信息相对较少。针对文化企业的特点，重点考察的是知识产权类无形资产的价值相关性。

第三，在之前的研究中，大多数学者考察的无形资产是不分行业不分类别的，都对它们进行了价值相关性检验，少数学者区分了行业和特定的无形资产，但其研究大多集中在高新技术行业。本章的研究结果，具有很强的行业针对性，可以指导文化企业优化自身，提升价值。

第四，除了从正面直接检验无形资产的价值相关性外，还检验了重资产的价值相关性，试图从反面证明无形资产的价值相关性。正反两方面的研究相互印证，提高了会计信息价值相关性这类实证研究的可靠性。

9.3　相关概念和文献综述

本节首先给出文化企业和无形资产的相关定义。在这之后介绍了会计信息作用于企业价值的相关机理。随后回顾了实证会计在价值相关性领域所做的研究以及国内外学者在无形资产的价值相关性领域所做出的研究贡献。

9.3.1　文化产业和文化企业的界定

文化行业上市公司清单

关于文化企业的定义，我国经历了一个由浅到深、由粗到细的发展过程。

“文化产业”这一概念始于2000年十五届五中全会，其涵盖的行业范围广泛，包括新闻出版、广播电影电视、动漫游戏、网络新媒体、文化艺术、艺术品交易等行业。

2003年，党的十六大号召业界积极发展文化产业。紧接着，2004年相关部门就颁布了《文化及相关产业分类》，这是第一个对文化产业做出界定的文件。该文件将文化产业划分为文化服务和相关文化服务两个部分，九个大类，具体包括：新闻服务，出版发行和版权服务，广播、电视、电影服务，文化艺术服务，网络文化服务，文化休闲娱乐服务，其他文化服务，文化用品、设备及相关文化产品的生产和销售。

下一个文化产业发展的契机在2011年。在当年的十七届六中全会上提出要改革文化体制、发展文化产业。随后的一年，国家统计局出台了新的《文化及相关产业分类（2012）》，在原有分类的基础上作了修正，将文化产业划分为文化产品的生产和相关文化产品的生产两个部分，将原有的九大类调整为十个：将“新闻服务”“出版发行和版权服务”合并为“新闻出版发布服务”；取消“其他文化服务”大类；新增三个大类——“工艺美术品的生产”“文化创意和设计服务”“文化产品生产的辅助生产”，对其他的大类也在名称上进行了修改，以求更加精确的分类。

在研究中，大多数学者采用《文化及相关产业分类（2012）》中的行业划分标准。但又较国家统计局《文化及相关产业分类（2012）》的分类更为狭窄，一般仅限于生产无形的文化产品的企业，不讨论生产有形文化产品的企业，例如烟花、爆竹的生产企业。

故本章对文化企业的定义为：文化企业是以生产精神产品为主要业务的企业，它的核心资源是人类的智力和精神，通过投入人类的智力和精神，产出无形的精神内容，最后运用这些精神内容获取商业利益。

9.3.2 文化产业和文化企业的特点

刘伍堂（2016）认为，和其他传统产业相比，文化产业在资产的组成方面具有独特性：它的核心资产不是厂房、机器等固定资产，而是著作权、版权、商标权、特许使用权等无形资产。

袁煌（2016）认为无形资产在文化企业中的核心作用具体表现为：第一，无形资产是文化企业生产产品或提供服务的基础。例如，图书出版企业想要出版作品，就需要通过与著作权人签订出版合同的形式，获得以图书形式出版发行某作品文本的专有使用权（无形资产），这项专有使用权能够给图书出版企业带来其生产过程中必不可少的原材料——内容。除此之外，该项权利只要在合同有效期内，就可以被重复使用，并且其使用价值不会像一般有形资产一样因为使用次数的增加而降低，反而有可能在重复使用的过程中扩大了影响力，使其价值得到提升。第二，无形资产是文化企业自身发展的重要资源。文化企业可以在不停地积累原材料、产成品的过程中，形成知识产权类无形资产，从而形成自己独特的品牌，赢得良好的市场形象。

所以总结起来，文化企业就具有如下两个鲜明特点：

（1）独特的商业模式，巨大的资金需求

文化企业的商业模式决定了它们想取得市场优势地位，就需要向消费者提供有吸引力的文化产品。而文化产品的吸引力决定了它需要投入大量资金来购买或开发优质的无形资产（著作权、版权等），这样才能提高资金的市场竞争力。而在获得了市场竞争力之后，文化企业就可以凭借“二次生产”的低成本来获取超额利润。

文化企业独特的商业模式决定了其在起步时需要投入大量的资金来打开市场，而其产品的回报和市场地位的确定并不能有准确的预期，而其又缺乏大量的有形资产作为抵押来融资，因此文化企业的融资具有较大的难度。

（2）拥有的无形资产比较多

文化企业与传统企业的差异是文化企业不需要依靠土地、厂房、设备等固定资产来获得利润，而是依靠创意、知识和内容产品来获得市场份额。因此，文化企业属于典型的知识密集型企业，资产多以“轻资产”为主，拥有的无形资产的比重较其他行业要高。

9.3.3 无形资产的定义和分类

无形资产（Intangible Assets）在定义上有广义和狭义之分。会计学基于谨慎性原则对无形资产的定义较窄，按照新会计准则的定义，无形资产是“企业拥有或控制的、没有实物形态的、可辨认的非货币性资产”。其内容包括专利权、非专利技术、商标权、著作权、特许权和土地使用权等。向显湖、刘天（2014）认为根据会计准则的定义，能够给企业带来收益的无形资产中，人力资源和组织资源都无法合理地进行会计计量，唯有知识产权类无形资产能够辨认，因而可以在企业的财务报表中被确认为无形资产。资产评估学上所指的无形资产定义更宽泛一些，杨雪萍（2010）认为无形资产还包含受到特定主体控制，没有具体实物形态，对企业的生产与经营活动在较长时间内发挥作用并可以获得收益的一类资源，内容除了包括会计学提到的上述可确指的无形资产外，还应该包括其他。Barth、Kasznik和Mcnichols（2001）认为无形资产还包含品牌和企业的外部关系如客户关系、融资关系、政企关系等，企业所处的外部环境（如政府的优惠政策等）以及企业的内在因素（如人才、企业文化、劳动力组合等）以及不可确指的无形资产（如商誉）。

本章所研究的目标是会计信息中的无形资产的价值相关性。因此，本章所指的无形资产，是会计意义上的无形资产，即可以辨认的无形资产。不可辨认的无形资产，不在本章的讨论范围之中。

根据无形资产的定义，结合样本企业在财务报表附录中所披露的无形资产明细，本章将样本企业所拥有的无形资产分类为：

（1）土地使用权

企业所拥有的土地使用权代表着企业依照法定程序或依约定对国有土地或农民集体土地所享有的占有、利用、收益和有限处分的权利。土地使用权产生于我国的特殊国情，在国外，并没有土地使用权的说法，而土地作为一种资产则被放在固定资产中。我国的土地使用权，究其本质，应该是一种固定资产，但是在我国现行的会计准则中被划分为无形资产。

（2）专利权和非专利技术

这二者都是指企业在生产中采用的可以带来经济效益的各种技术和诀窍。虽然在法律上有所区分，但是因为其能够对文化企业产生价值的方式是一致的，并且从数量上来说，文化企业的专利权和非专利技术总体数量非常少，所以在本章中将其统称为专利权，不做细分。

（3）知识产权类无形资产

本章所指的知识产权类无形资产，其含义为知识和产权两类无形资产，即能够为企业带来经济利益的，为企业所独自拥有的、排他的权利，既包含了文化企业所持有的各类使用权（如软件使用权、特许经营权等），也包含了商标权、著作权等。其特点就是能够通过垄断性为文化企业带来超额收益，而其本身又是无形的轻资产，故是本章最为关注的文化企业的无形资产。

（4）其他

文化企业的不属于上述三种分类的无形资产。

9.3.4 无形资产价值创造的相关文献

中外学者在广义的无形资产是如何创造价值上提出了诸多理论。

巴鲁·列弗（Baruch Lev，2003）对企业价值创造与无形资产问题进行了论述，认为无形资产（或智力资本）是驱动经济增长和社会财富增加的主要动力。有形资产和金融资产尽管在周转速度上高于无形资产，但是这些资产很难获得超额的投资回报率。企业想要获得超额利润，在竞争中获得优势，就需要将无形资产与有形资产、金融资产进行结合。

Kaplan（1992）把无形资产分为关系类（包含企业与政府、企业与投资者、企业与其他商业合作伙伴的关系）资产、专利权类（知识产权、专利、商标等垄断性资源）资产、人力（包含企业所拥有的人才数量与质量）资产、组织类（包含企业独特的组织安排架构以及企业文化等）资产，称为资产的四个价值因子。上述四种类别的无形资产，分别能在不同的领域和情形下为企业创造价值：比如说企业与政府搞好关系来获取政府补助等政策支持，就是关系类无形资产给企业带来收益的例子；专利权类无形资产由于其独特性与垄断性，可以凭借独特的产品来实现超额利润；人才是企业发展的根本力量，优秀的人才能够使企业在市场上的表现大大优于其他企业，并且该项资产是竞争对手无法复制的；组织类无形资产有利于优化企业的资源配置，提高企业资源的使用能力，促使企业高效率地运行。

汤湘希（2004）认为能够使企业获得超额利润、在市场上处于优势地位的核心竞争力的来源是企业所拥有的技术、技能和知识等。而无形资产，正是企业核心竞争力的核心组成部分。

本章关注的是无形资产信息对企业股票价格的贡献程度，这反映在无形资产能够为企业创造价值，而无形资产创造的价值能够通过企业业绩为投资者所发现、接受、反应。即这些无形资产创造的价值首先要能够被辨认。这类无形资产，指的是会计准则中定义的无形资产。就文化企业而言，这些无形资产往往表现为卡普兰分类中的专利权类无形资产。对此，贺胜军（2015）认为拥有更多的专利权类无形资产，不但可以降低企业成本，从而获取成本差异优势，还能使得企业拥有无法被模仿的产品，从而使企业拥有更多主动权和话语权，在市场竞争中立于不败之地。

9.3.5 会计信息价值相关性的实证研究文献综述

9.3.5.1 国外相关研究综述

最初的会计信息与股价的相关性研究大多集中在考察会计盈余对股票价格的影响。Ball and Brown（1968）研究了1946—1965年20年间组交所上市的261家公司年度会计盈余信息披露前12个月到后6个月的股票价格。他们通过研究发现会计盈余变化的符号与股票非正常报酬率的符号，二者在统计上存在相当程度的显著相关性。从而首次以科学的证据严谨地证明了会计信息能够影响企业的股票价格。

Beaver，Clarke and Wright（1979）选择了1965—1974年10年间276家上市公司为样本，将其会计数据分成几个投资组合，考察各个投资组合会计盈余的变化程度与股票价格的变化程度之间是否存在数量关系，发现盈余变化的百分比和股价变化的百分比具有显著的正相关关系。

Ohlson（1995）在20个世纪90年代开创性地将会计收益与企业股票价值通过模型建立起联系，该模型被称为剩余收益模型，又称Ohlson模型。在那之后主流的会计信息价值相关性的研究都是以剩余收益模型为基础，对此模型进行修正来进行实证检验的。例如，在此模型中添加新的会计解释变量，或者是对某些会计解释变量进行细分，来检验新增加的解释变量对企业股票价格的相关性。因此会计信息有用性的实证检验就从会计盈余，拓展到资产负债表项目、现金流量表项目，如研究资产负债表中的资产、负债、无形资产等项目的价值相关性，又或者是研究现金流量表中现金流量对股价的影响。

9.3.5.2　国内相关研究综述

国外的实证研究大多认为会计信息是有用的，它能够对股票价格产生影响。我国的会计信息价值相关性研究始于赵宇龙在1998年发表的有关探讨会计盈余在中国是否具有有用性的论文。在这之后，国内关于会计信息与股价的相关性的实证研究层出不穷。

（1）针对会计信息与股票价格的关系研究

赵宇龙（1998）通过考察上海股票交易所123家上市公司从1994年到1996年三年间，会计盈余披露前后8个交易周内会计盈余预期值与股票非正常报酬率之间的关系，发现了上海股票交易所的上市公司会计盈余预期值的符号与股票非正常报酬率的符号在统计上高度相关。他的研究结果和西方之前的研究结果一致，证明了我国的会计盈余数据也能够向市场传递信息。但是之后对各个年度分别进行检验时，作者遗憾地发现1994年和1995年的会计盈余基本上不具有因信息含量而导致的价格效应；但有较为有力的证据能够证明，1996年会计盈余的披露能够对市场产生较为明显的影响，说明其具有信息含量。

陆静、孟卫东、廖刚（2002）以我国上海股票交易所和深圳股票交易所1998—2000年的上市公司为样本，通过对剩余收益模型进行拓展加上利用皮尔森相关系数，来比较会计盈余和现金流量对股票价格的影响程度，在实证研究中发现每股收益的解释力度比现金流量更高。

陈信元、陈冬华和朱红军（2002）以1995—1997年上海证券交易所的上市公司为样本，研究了净资产、剩余收益、流通股比例、企业规模等会计信息的价值相关性，即它们对上市公司股票定价的作用。实证的结果表明这些会计指标都能够对股票价格产生影响，即它们具有价值相关性。其中，流通股比例和企业规模与股票价格之间呈现负相关关系。就解释力度的变化而言，1996年的会计信息对股价的解释能力最强，1995年次之，1997年最低。作者认为这可能是由于1997年发生了金融危机所致，也可能受我国股市现阶段的特点影响所致。

崔议文（2011）选择沪深股市的ST公司为样本来研究会计信息的价

值相关性。他通过研究发现，ST上市公司会计信息质量总体低于正常公司，并且其公司股票价格也处于一个较低的水平。ST公司的会计信息对其股票价格是存在一定正向影响的，但是影响的相关性不高，这反映了ST公司股票的定价在某种程度上也是由资本市场上的价格传导机制形成的。

（2）针对无形资产与股票价格的关系研究

本章主要想考察的是无形资产的价值相关性。在这方面，我国学者从21世纪初开始，到现在已经产生了大量的有价值的研究文献。我国的无形资产价值相关性研究在十几年间，样本选择经历了从整体上市公司到分行业，再到分行业分类别的无形资产，由浅到深、由粗到细的过程。

薛云奎、王志台（2001）选择了1995—1999年上交所的A股上市公司为样本，首先检验了无形资产对企业主营业务利润的影响，随后对无形资产和股票价格进行了回归。回归结果表明，样本公司的无形资产与股价有着很强的正相关关系。除此之外，文章首创性地对样本企业的无形资产进行了分类整理，并将其划分为披露无形资产构成的企业和未披露无形资产构成的企业。作者猜测，在财务报表附注中披露无形资产构成的企业大多对自己所持有的无形资产在价值创造上具有自信。作者的实证检验则证实了这一猜测，披露的企业的无形资产对主营业务利润的影响在系数和显著程度上都远远高于未披露的企业的。

黎玉琴（2005）对中国股市3 417家上市公司2000—2004年的无形资产进行了描述性统计，检验了无形资产和主营业务利润以及股票价格的关系。研究结果表明，企业的无形资产对主营业务利润有着正向的、显著的影响；投资者能够对企业无形资产的信息做出正面反应。作者通过比较自己与以前年度研究方程的拟合优度，得出无形资产信息的有用性在逐年上升的结论。她运用统计方法分析样本的净资产倍率，发现上市公司仍然存在大量的无形资产信息未披露，需要进一步改进。

李寿喜（2005）以我国股票市场1993—2002年10年的数据为样本，分别考察无形资产和有形净资产对股票价格的影响，发现无形资产与股价呈现正相关关系，并具有较高的显著性。除此之外，从他的回归方程中，他还发现无形资产对股票价格的影响大于有形净资产，验证了Ely and

Waymire（1999）的结论。

王化成、卢闯、李春玲（2005）认为当年无形资产的增量也会对企业未来经营利润产生正向影响且越来越大；存量的无形资产与企业股票价格具有显著的正相关关系，这说明了投资者在确定股票价格时会考虑企业的无形资产情况；由于信息传递需要时间，投资者不能及时对无形资产信息做出反应，当期增加的无形资产与之后几年的股票价格有显著正相关关系。

邵红霞、方军雄（2006）针对土地使用权在国外一般被视为固定资产而在我国却计入无形资产这一特殊情况，认为不适合将无形资产不加区分地进行价值相关性检验。文章认为无形资产可以分类为土地使用权类无形资产、专利权类无形资产和知识产权类无形资产，并对其分别进行价值相关性检验，并将样本企业划分为高新技术行业类企业和非高新技术行业类企业进行检验。研究结果表明，在非高新技术行业，技术性无形资产比重的增加会损害企业的经营业绩；高新技术行业的土地使用权对股价有负面影响；非高新技术行业的土地使用权对股票价格有正面影响；对高新技术行业有价值的无形资产是技术性无形资产、商标和其他无形资产；对非高新技术行业而言有价值的无形资产是土地使用权和特许使用权。

苏晓薇（2007）首先就无形资产的规模、构成进行了价值相关性检验，发现企业价值受无形资产规模的显著影响，主要是土地使用权和其他权利类无形资产的规模。在分行业的研究中，技术性无形资产能够增加制造业、信息技术业、社会服务业和传播与文化业的股票价格，而土地使用权则会导致股票价格的下降。作者因而得出不一样的无形资产有不一样的价值的结论。

郭敏（2008）通过研究发现，国内学者大多将无形资产作为一个整体来检验无形资产对企业会计盈余和会计信息价值相关性的影响，缺乏对明细类别的无形资产的实证研究。作者选择了2004—2006年信息技术行业来进行研究，试图发现不同类别的无形资产在价值相关性上的差异。研究发现，专利权类无形资产和企业主营业务利润呈现负相关关系；其他类无形资产和企业主营业务利润呈现正相关关系；专利权类和其他类无形资产的增量对主营业务利润增量呈现负相关关系，知识产权类当年增加的无形资产对当年增加的主营业务利润有不显著的正向影响；在股票价格方面，专利权类无形资产会导致股票价格显著上升；其他类无形资产对股票价格的影响在统计上不显著。

吕先锫、施东明（2010）选取了高新技术企业为样本（以通过政府认定而享有补助和税收优惠来界定），主要通过财务报表中反映的无形资产净额和研发支出等会计信息，考察了无形资产会计信息的价值相关性。研究表明，我国高新技术上市公司的无形资产规模还不大；在众多无形资产的会计信息中，只有计入无形资产的开发支出能够微弱地提升股票价格。因此作者认为，这说明无形资产新准则的实施对高新技术企业的影响还不够理想，会计信息的有用性还有待进一步改善。

关宏慧（2011）以2003—2008年沪深两市上市公司披露的财务数据为样本，首先在统计上研究了不同行业无形资产存量的差异，随后选取了无形资产绝对值和无形资产占总资产比例都很高的交通运输仓储业和社会服务业作为研究对象，检验无形资产和企业营业利润的关系。研究发现，这两个行业的无形资产对企业营业利润的影响均为正向，但系数都不高，其中交通运输仓储业无形资产对营业利润的影响要高于社会服务业。

邢丹丹（2012）也针对我国学术界研究无形资产大多将其作为一个整体的历史情况，特别选择旅游行业上市公司作为研究对象。研究发现，我国旅游业上市公司在无形资产分类上十分混乱，没有统一的标准；无形资产能够显著增加旅游行业上市公司的营业利润；专利权类无形资产对旅游行业上市公司经营业绩贡献度最高，其他类次之，使用权类占比最大但贡献最低。

崔也光、赵迎（2013）通过对上海和深圳两家股票交易所2007—2011年间所有上市公司的研究发现，知识产权类无形资产对企业价值的贡献程度远远不如专利权类无形资产。而我国企业拥有的专利权类无形资产占比远远小于西方发达国家，他们认为我国企业可以通过调整无形资产的比例来增加企业价值。

杜军、姜慧慧、龙萌萌（2015）选择将创新型企业作为研究对象，研究了无形资产对企业营业利润、无形资产对股票价格以及无形资产摊销对股票价格的影响。他们的研究发现，无形资产对营业利润和股价有着显著的增加作用，但是无形资产摊销不具有价值相关性。

焦文娟（2015）选取了2009—2013年创业板中的信息技术行业作为研究对象，对样本公司中无形资产净值与经营业绩的相关性，专利权类、非专利权类无形资产与经营业绩的相关性进行了实证研究，发现无形资产能够显著增加公司的营业利润；其中非专利权类无形资产相较于专利权类无形资产，能导致企业的营业利润增加更多。

甘晨露（2016）通过对信息服务行业的调查发现，该行业无形资产能够提升企业的股票价格，并且无形资产相较于固定资产对股票价格造成的增加幅度更大。文章认为信息服务行业可以通过规范会计管理来向投资者传递更多关于无形资产的信息，达到提升企业价值的目的。

漆望月（2016）选取了沪深两市A股上市的信息技术行业的上市公司，根据其披露的无形资产构成，试图揭示不同种类的无形资产在影响企业价值时不同的作用。文章的结论是：专利权类无形资产对企业价值有显著影响；信息类无形资产、知识产权类无形资产和其他类无形资产对企业价值影响不显著。

9.3.6　文献综述小结

从以上的文献综述可以看出：大多数学者都采用对Ohlson模型的线性形式进行修正来做实证检验的模型。这体现在三个方面：

第一，在被解释变量的选择方面，大多数学者使用股票价格作为企业价值的替代变量，还有少数学者选择了企业市值来作为企业价值的表征，以及利用托宾Q值来进行稳健性检验。

第二，在控制变量的选择方面，大多数学者选择了每股收益和除去每股无形资产之后的每股净资产作为控制变量，这与Ohlson模型推导出的结果相一致。只有少数学者还加上了总资产的自然对数和净资产倍率作为控制企业规模的变量。

第三，在解释变量的选择上，由于各学者的侧重点不同，所以解释变量的种类比较多，有的采用每股无形资产；有的采用无形资产余额；还有学者对无形资产进行分类，然后将各个类别的无形资产都作为解释变量，并且各个学者之间对无形资产的分类也不尽相同，这反映了我国无形资产会计准则中对无形资产分类缺乏统一标准。

9.4 影响机理和研究假设

会计信息价值相关性是指如果资本市场上的投资者能够对企业披露的某项会计信息做出显著反应，那么我们认为投资者在决策过程中参考了该项信息，也即该信息对投资者是有用的，在学术上我们称为该信息具有价值相关性。会计信息最重要的属性就是价值相关性，它是投资者关注会计信息的原因所在，也是多年来会计学者们主流的实证研究方向。学者通过对样本企业可以在市场上搜寻到的、公开的财务信息和企业的股票价格进行相关性检验，来确定会计信息是否具有价值相关性。之所以这样研究，是因为研究者往往在有效市场假说的前提下进行研究，即研究者认为股票价格能够充分反映所有公开信息。在这个假设下，通过股票价格所确定的公司价值至少是无偏的。而我们可以通过剩余收益模型来确定会计信息和股票价格之间的线性关系。所以价值相关性的度量就可以用会计指标对股票价格进行回归来确定。

本节试图介绍会计信息影响股价的内在机理、适用的模型并建立本章的研究假设。实证会计研究从20世纪60年代起的40年中，以有效市场假说为起点，在理论与现实的碰撞中逐渐往前发展。20世纪90年代Ohlson提出了剩余收益模型，通过数学推理，在会计信息和股票价格之间建立了严密的逻辑关系。这个模型也是本章实证检验的模型的基础。

9.4.1 有效市场假说理论

有效市场假说是美国经济学家Eugene Fama（1965）基于理性人假设和完全信息假设提出的关于信息与证券价格的关系理论。

所谓有效市场是指在当期市场中的证券价格能够充分地反映投资者可获得的信息时，该资本市场为有效市场。简言之，在有效市场中，投资者无论选择何种证券组合，其收益率都只能等于与该投资风险相匹配的投资收益率。

有效市场假说理论主要研究证券市场的外在效率，其理论的实质是研究证券市场价格对全部相关信息反应的速度和分布。Fama认为如果资本市场中所有的能被投资者获得的相关信息全部反映在证券价格中的话，该证券的价格就没有背离其投资价值，在这种情况下这个资本市场就是有效的。Roberts在1967年根据在资本市场中证券价格对不同信息的反应程度按有效性将资本市场由低到高划分为三个层次：弱式有效市场、半强式有效市场和强式有效市场。

（1）弱式有效市场

弱式有效市场是指短期利率、交易数量、交易价格等历史信息已充分反映在证券价格中的市场。在弱式有效市场中，过去的一系列交易价格和交易量中所隐含的信息已经被充分地反映在证券价格之中，因此投资者无法通过对历史信息进行分析来获得超额利润，但是可以通过分析其他相关信息来获取超额利润。

（2）半强式有效市场

半强式有效市场是指不仅市场的交易信息，还有所有有关公司价值的公开信息，都包含在证券价格之中的市场。这里的公开信息，是指公司的结构框架、产品业务、相关财务信息等一切在公司公告中公示的信息。在半强式有效市场中，证券价格是历史价格信息以及其他公开信息的综合反映。分析历史信息和其他公开信息都无法使投资者获得超额利润，但内幕信息仍然可以使投资者获取超额回报。

（3）强式有效市场

强式有效市场是指证券价格中完全包含了一切的历史信息、公开信息，甚至内部信息。在强式有效市场中，信息的处理之强，以至于所有的信息一经产生，就能够被及时公开，并及时地被反映在证券价格之中。

现实中并不存在信息处理能力如此之强的市场，现实中的证券市场一般为弱式或半强式的市场，强式有效市场只是一种理想状态。有效市场以以下三个条件为基础：第一，证券市场是完全竞争的；第二，信息的传递是即时的，会计信息可以立即反映在股价上；第三，信息的取得是无成本的，一旦有新信息产生，就能被所有投资者获得。然而在现实的证券市场中，并不能完全满足上述条件。

有效市场假说的核心理论是认为个股的股价取决于其内在价值，而信息是股票内在价值的指示标，信息越丰富，个股的股价就离它的价值越近。因此，研究会计信息对股票价格是否有影响以及其影响程度，就有着深刻的理论和现实意义。

9.4.2 会计信息对股票价格影响的理论依据

（1）信息观下会计信息对股票价格的影响

会计信息价值相关性理论，本质上是一种实证会计理论。实证会计的理论首次出现在会计文献中，是在20世纪60年代。在60年代之前，会计界的主流研究方向还是规范性会计研究。罕有学者通过实证来检验人们所提出的会计规范。

Watts（2009）认为，实证会计理论的发展，源于有效市场假说和传统会计理论中许多观点的冲突。

在20世纪上半叶，主流的会计研究都属于会计理论的经济收益观，其重要假说之一就是公司的信息只能从公司的会计报告中获得。经济收益观属于典型的规范性观点：它的主要目标是要通过对会计政策的不断调整，找到一种能够使会计收益与经济收益一致的会计政策。关于经济收益观的一个典型的论点是：在公司信息只能从会计报告这个单一渠道获得，并且没有会计准则的制约时，企业管理层可以灵活选择会计程序，管理层就可以通过选择会计程序来虚报公司业绩，误导资本市场，影响公司股票价格。更加严重的是，由于会计程序可以任意选择，众多经营者就可以选择不同的方法来计量会计盈余，如采用历史成本法或市场价值法。结果，会计盈余是一些毫无意义的数字。

而在有效市场假说下，人们可以并主动从会计信息以外的渠道来搜寻公司的信息。额外的信息就意味着能从资本市场获得超额收益，因此在有效市场假说下人们会自然地产生信息竞争，在竞争中人们对公司信息的需求自然会突破会计报告的限制。随着信息的不断交流，资本市场终究会将企业的信息通过当期的股票价格反映出来，无论信息是好是坏。那么，从整体上看，在一个半强式有效市场中，经营者无法总是通过操纵会计盈余来误导市场。

在一个有效的市场里，经过市场预期报酬率调整的股票价格是对未来股价的正确估计。在这个前提下，只要我们能够证明会计盈余和股价具有相关性，尽管会计盈余的计算方法有可能不同，会计盈余也能够成为我们衡量企业价值的一个很好的指标。在无法衡量市场价值时，会计盈余便可用于估计其价值。

会计盈余能够向股票市场传递信息，即为信息观（Information Perspective），详细而言即是：如果会计信息的披露能够引起股价、股价的变化程度或股票交易量的显著变化，那么我们就可以认为会计信息向投资者传递了信号，而能够影响投资者决策的会计信息就是有用的。研究者在会计信息观下只考虑会计信息和股票价格之间的内在联系，不考虑各个投资者是如何对会计信息做出反应，最后综合形成股票的价格的，而是简单的将其形成的过程看作一个黑箱。

（2）计价观下会计信息对股票价格的影响

在信息观下会计信息只是一种“信号”，只关心会计信息对公司的价值有无影响，而不关心市场是怎样把信息转换到股价中去的；并且这种方法常常假设市场能有效地反映全部的信息，即股票价格反映了公司的真正价值。但是Black（1986）发现了市场上存在一类噪音交易者，他们缺乏真正的信息，但是也能对股票价格造成影响，因此股票价格就不是对企业价值的正确估计了。与此同时出现的股票市场多次大规模非理性反应，使得人们开始对有效市场假设产生了怀疑（Ball，1995）。这使人们的研究重点转移到了股票内在价值的问题上来，开始考虑股票的计价模型（Valuation Model），在这种情况下，产生了会计研究方法的计价模型观（Valuation Model Perspective）。计价模型观意在建立一个模型来打开股票价格形成的黑箱，说明会计信息是如何被市场吸收，最后转移到股票价格之中的。除此之外，计价模型还能够判断股票市场的有效性——通过对比股票的内在价值和市场价值。

陈旭东（2004）认为，信息观和计价观二者都试图检验会计信息对股票价格的影响。从这个意义上来说，二者是殊途同归。只不过它们看待问题的角度有所不同。信息观是先假定股票市场的定价是有效率的，当期股票价格能够反映这只股票的内在价值，它主要关注的是会计信息在股票价格变动中的作用，主要沿着“会计信息-实际股价”的思路展开研究；而计价观则是以计价模型为基础，从会计信息决定股票内在价值这个角度入手，探讨股票市价是否合理，主要沿着“会计信息-计价模型-内在价值-实际价格”的思路展开研究的。其在逻辑上增加了一个中间环节，这个中间环节在市场效率不高，实际价格与内在价值偏离较大的情况下，有着十分重要的意义。因此，就某种程度而言，信息观和计价观是可以相互补充的。

（3）Ohlson模型及其评价

Ohlson估值模型分为非线性和线性两种形式。无论是非线性还是线性形式，都建立起了会计信息（如每股收益和每股净资产）与公司股价之间关系的方程表达式。由于线性形式简洁、明了，因而成了自此之后会计信息价值相关性研究的基础模型。将Ohlson模型的线性形式用数学公式表达出来就是：

$$P_t = \beta_0 + \beta_1 EPS_t + \beta_2 BV_t + \varepsilon \tag{9.1}$$

其中：P_t 表示企业第t年年报公布之后的4月30日的股票收盘价格，EPS_t 表示企业在第t年中的每股收益，BV_t 表示第t年年末的每股账面净资产，ε 表示误差项。β_i（i=1，2）表示每股收益和每股账面净资产与股票价格的相关系数，其大小反映了这两项会计信息对股票价格的影响。

公式（9.1）尽管在理论逻辑上有所欠缺，但因为其以线性回归的形式，以股票价格作为被解释变量，以资产负债表和利润表中的信息作为解释变量，首次将财务报表信息与企业股价以方程的形式直观地联系起来，其系数能够直接反映财务报表的信息传递对股票定价的影响，模型简洁而实用，所以被世界各国的经济学者在实证中广泛使用。我国学者在进行会计信息和股票价格之间关系的实证研究，也大部分都采用修正的Ohlson模型作为模型的基础，通过对这个模型进行拓展，选取不同的指标来检验考察某一个或某几个会计指标作用于股票价格的影响方向及影响力大小。

9.4.3 研究假设

本章在之前已经详细介绍过无形资产的价值创造理论，该理论认为无形资产能够创造出竞争对手难以模仿的产品，从而利用其稀缺性占领市场，产生超额盈利。而文化企业从其企业特点上来说，无形资产既能为其提供可低成本、重复生产的产品，也是其市场核心竞争力的基础和来源，有竞争力的无形资产能够为文化企业带来巨大的收益。根据有效市场假说，企业的无形资产信息能够被投资者吸收，所以文化企业的无形资产信息就对投资者有着重要的影响，投资者能够对企业的无形资产做出正确的评价。基于此，本章提出研究假设1：

H1　文化企业的无形资产对股票价格有着正向的影响。

邵红霞（2005）通过对沪深股市随机152家上市公司中的不同类型无形资产的研究发现，市场会更认同高新技术行业的技术性无形资产、其他无形资产和商标，而对非高新技术行业，则更认同土地使用权和特许使用权类无形资产。郭敏（2008）通过对信息技术企业的无形资产进行细分，并分别进行价值相关性检验发现：每股专利权类无形资产能有效提升企业股票价格，但不能确定每股知识产权类无形资产和其他类无形资产与股票价格的相关性。所以他认为投资者会对收集到的信息进行加工，能够区分不同行业、不同类别无形资产的价值。基于此，本章认为投资者对不同的行业会关注不同类型的无形资产，根据文化行业的特点，投资者更关注的应该是著作权、版权、特许使用权等知识产权类无形资产。这类资产能够提升文化企业产品的质量，增加企业的市场竞争力。所以，本章据此提出假设2：

H2　投资者会对文化企业的无形资产信息进行识别，对不同种类的无形资产做出不同的反应，所以不同的无形资产对股票价格的影响不同，其中文化企业的知识产权类无形资产应该更能提升企业的股票价格。

所谓轻资产，陈丽萍、王冠（2013）认为是指企业所持有的无形资产以及不在资产负债表中列示的表外资产。与此相对的，则是重资产。他们将企业盈利主要来自于有形资产的企业划分为“重资产企业”，其代表是各类传统生产型企业。而将凭借自身技术、研发、品牌、创意、设计等智力资本来创造价值的企业，称为“轻资产企业”，文化企业就是其中的典型代表。而文化企业的核心资产——无形资产，即是轻资产的代表。

据统计，我国文化企业的无形资产总量占总资产的比重非常小，其中，土地使用权占据了很大的比例，而土地使用权在价值创造上更接近固定资产。考虑到文化企业的轻资产和重资产，二者共同对企业价值造成影响。在会计信息能够无偏地反映企业价值的假设下，如果能够证明重资产对企业股票价格有负向影响，就可以间接证明轻资产——其典型代表为无形资产——对企业股票价格有正向影响。

基于上述理由，本章提出假设3：

H3 文化企业的重资产占比对股票价格有着负向的影响。

9.5 实证分析

9.5.1 变量设计

实证所用变量主要分为三类，如表9-1所示，分别是衡量企业价值的解释变量，衡量无形资产大小的被解释变量以及相关的控制变量。

表9-1 **变量设计及定义**

变量分类	变量符号	变量名称及计算方法
被解释变量	P_t	股票价格，第t+1年3月1日至6月30日的股价均值
	Q_t	托宾Q值 (流通股市值+非流通股市值+负债)/总资产账面价值
解释变量	har_t	重资产占总资产的比重 (存货+固定资产 +在建工程+工程物资)/总资产
	$inta_t$	每股无形资产，等于无形资产/总股本
	ip_t	每股知识产权类无形资产，等于知识产权类无形资产/总股本
	$land_t$	每股土地使用权，等于土地使用权/总股本
	$intate\ ch_t$	每股专利权，等于专利权/总股本
	$others_t$	每股其他类无形资产，等于其他类无形资产/总股本
控制变量	EPS_t	每股收益
	BPS_t	除无形资产以外的每股净资产，等于(净资产-无形资产)/总股数
	GSR_t	营业收入增长率，等于(t年营业收入/t-1年营业收入)-1
	Year	年份，虚拟变量

本章的被解释变量是股票价格。由于各上市公司的年报被强制性要求最晚要在次年的4月底向社会公布，一般来说，大多数上市公司公布年报都选择在3～4月份。因此，和年报披露的会计信息有关的价格一般是3~4月的股价；除此之外，一般来说各上市公司新一年的半年报会在7~8月份公布（其中主要是8月份），所以理论上7～8月份的股票价格将会反映下一年半年报的会计信息，和上年年报的会计信息的关系就比较小了。所以本章将被解释变量——股票价格——选择为次年3月1日至次年6月30日这4个月的交易日的平均股价。选择平均股价作为因变量的原因，是在求算术平均之时，可以抹平股价之中许多随机因素的影响。此外，本章还选择了托宾Q值作为被解释变量来进行稳健性检验。

在解释变量的选择上，本章分别对每股无形资产和无形资产明细进行了回归，以考察这两个方程的不同之处。此外本章还创造性地选择了重资产比重作为解释变量来反证无形资产对股票价格的影响。本章先根据无形资产的特点将无形资产分类为土地使用权和其他无形资产；再根据文化企业的特点将对文化企业较为重要的著作权、版权、特许权、使用权等分类为知识产权类无形资产；将对文化企业的产品价值提升作用不大的专利权和非专利技术归类为专利权类无形资产；将其他的无形资产归类为其他类无形资产。

在控制变量的选择上，本章主要参照上文所述的修正后的Ohlson线性模型以及文献综述中所提及的实证检验所选择的模型。选择了每股收益和除无形资产以外的每股净资产。当解释变量为重资产的占比时，本章选择了营业收入增长率作为控制变量来控制样本企业的规模增长速度。

本章通过设立 $Year_t$ 这个年份虚拟变量将面板数据转换为截面数据进行回归。年份虚拟变量一共四个，如何赋值见表9-2。

表9-2　**虚拟变量赋值**

	t=2012	t=2013	t=2014	t=2015
$year2012_t$	1	0	0	0
$year2013_t$	0	1	0	0
$year2014_t$	0	0	1	0
$year2015_t$	0	0	0	1

注：以2011为基年。

此外，计算每股指标时用的总股本等于流通股股数加上非流通股股数。

9.5.2 样本选择

本章实证部分所使用的无形资产数据主要来源于样本公司披露的财务报表附注，相关的财务数据主要来源于Wind数据库。回归分析使用的统计软件是Stata 14.0 for mac。由于我国上市公司无形资产的数据披露正在逐渐丰富，较早的财务报表中对无形资产、无形资产的详细类别的披露非常少。因此在时间上选择了从2011年至2015年的年报财务数据。考虑到对行业标准划分的不一致，以及上市公司在样本期间可能存在转型、并购等因素，因此本章在文化企业样本选择上综合考虑了CSRC文化、体育和娱乐业以及Wind行业媒体II的行业分类标准，剔除了不同时满足行业分类标准的上市公司。

为了保证结果的可靠性，本章对数据进行了初步处理：

第一，剔除了在样本期间内存在业务转型或不完全属于文化行业的公司。有的企业是通过借壳上市成为上市公司的，其在5年中并不完全属于文化企业的范畴，因而其财务指标对样本研究不具有参考性。

第二，剔除了在样本期间内有多元业务结构的公司。有的企业业务结构复杂，文化业务只是其业务的很小一部分，而其报表披露的无形资产是相对其总体而言的，因而其财务指标对样本研究不具有参考性。

第三，剔除了在2011—2015年间被标为ST和*ST的公司。因为这些企业很可能采取盈余管理的手段，导致会计信息质量下降，使用其财务指标很可能会导致回归结果被扭曲，而且ST和*ST作为一个重大事件会对股价带来较大影响。

第四，将关键指标缺失的公司剔除。将样本中关键指标空着的数据，与该公司披露的年报进行比对，如果是缺失的，就剔除该条数据。

第五，剔除了ROE超过100%或低于−100%的公司。

经过上述过程，最后得到了39个样本公司5年的非平衡面板数据，共有125个观察值。

9.5.3　样本的描述性统计

从表9-3的变量描述统计结果来看，其中每股净资产大于0，营业收入增长率大于0小于1，符合指标预期，无异常值。变量标准差相对较大的是股票价格和营业收入增长率，表明样本公司的股票价格和营业收入增长率差异较大，反映了文化行业公司业绩表现差距较大，好的公司可以凭借独特的文化产品来获得高额的增长，而股票价格的差异一部分反映了好公司和坏公司能够被投资者识别出来，另一部分反映了文化企业近年来的高速增长。而每股无形资产的标准差很小，说明样本企业每股无形资产的差距不大。另外从均值来看，每股土地使用权的均值最高，相比较每股知识产权类无形资产和每股专利权的均值要低了很多，无形资产的大部分还是土地使用权，可能对企业价值的影响较小。重资产的比重均值较高，约为32.2%，说明重资产在文化企业中仍占有一定比例。

表9-3　**主要变量描述性统计**

变量	观察值	均值	标准差	最小值	最大值
Q	125	2.82	1.67	1.10	9.85
p	125	16.48	9.51	4.23	58.49
har	125	0.32	0.20	0.01	0.83
inta	122	0.27	0.29	0.00	1.47
land	101	0.23	0.29	0.00	1.47
IP	125	0.07	0.14	0.00	0.74
intatech	125	0.00	0.00	0.00	0.03
others	125	0.01	0.05	0.00	0.51
BPS	125	3.90	1.86	0.36	8.77
EPS	125	0.40	0.29	−0.30	1.53
GSR	125	12.71	23.90	−91.53	94.74

9.5.4　文化企业无形资产的描述性统计

本章整理了样本公司2011—2015年5年的财务报表附注，对其中披露无形资产的明细进行了整理，得到了如下信息：

（1）文化企业在无形资产的披露上相当地不规范

企业披露的无形资产，有按大类划分的，如土地使用权、专利权、非专利技术等；有的则直接列出具体的无形资产，如网络安全及信息化、域名、客户资源等；有的在2013年度选择单列各项无形资产，在下一年度中却将其中的商标、软件、著作权等合并列为其他类无形资产，而其他的公司大多是将商标、著作权单列。

（2）无形资产主要是土地使用权

考虑到样本企业5年间无形资产的变化并不大，本章以2015年的无形资产为例来进行说明，见表9-4。可以发现在无形资产中最主要的部分是土地使用权，占了总量的49.78%，其次是知识产权类无形资产（鉴于其他类无形资产中有许多知识产权类无形资产，而其他类自身数量很小，因此此处将其他类也归入知识产权类），占49.59%，最少的是专利权与非专利技术，仅占0.63%。

表9-4 **文化企业2015年无形资产描述性统计** 金额单位：万元

无形资产	平均值	标准差	最小值	最大值	总数	占比（%）
土地使用权	20 688	30 044	275	97 994	372 388	49.78
专利权	1 171	1 863	10	3 320	3 514	0.47
非专利技术	591	793	300	1 152	1 182	0.16
软件	3 873	6 758	2	23 895	81 328	10.87
商标	1 181	2 176	0	6 336	10 630	1.42
著作权	7 646	17 131	24	53 160	68 817	9.20
特许权	66 322	60 529	5515	126 570	198 965	26.60
广告经营权	250	0	250	2 501	250	0.03
其他	100	2 170	11	7 320	10 975	1.47

（3）各项无形资产的分布不均匀

各项无形资产的标准差都不小，这反映了无形资产在样本企业中的分布很不均匀，说明我国文化企业的无形资产拥有水平良莠不齐，还有很大的发展潜力。

9.5.5　相关性分析

本章选择了回归方程中主要的变量进行相关性分析，相关系数矩阵结果见表9-5。

表9-5　**主要变量的相关系数矩阵**

	P	Q	inta	ip	land	intatech	others	har
P	1							
Q	0.58^{***}	1						
inta	0.09	-0.18^{**}	1					
ip	0.24^{*}	0.07	0.30^{***}	1				
land	0.11^{*}	-0.18^{*}	0.47^{***}	0.19^{*}	1			
intatech	−0.04	−0.05	−0.01	0.09	−0.01	1		
others	0.13	−0.06	0.15	−0.06	−0.04	0.04	1	
har	-0.24^{***}	-0.39^{***}	−0.08	0.11	−0.15	0.00	0.09	1

注：***，**，*分别表示1%、5%和10%的显著性水平。

在几个主要变量中，每股无形资产和股票价格之间的相关性达到了0.09，但统计上不显著；每股无形资产和托宾Q值负相关，并在统计上显著，这可能与土地使用权占比过大有关。知识产权类无形资产和股票价格之间的相关性达到了0.24，在统计上也较为显著，符合本章的预期；知识产权类无形资产和托宾Q值也是正相关，符合文章的预期，但在统计上不显著。

9.5.6　价值相关性分析

本章进行实证检验所用的方程以上文所述的Ohlson线性模型为基础，针对不同的假设，设计不同的变量来进行检验。

9.5.6.1　无形资产对股票价格影响的检验

根据上述假设，本章对Ohlson线性模型加以修正，借鉴薛云奎（2001）、邵红霞（2006）、郭敏（2008）、吕先锫（2010）的研究，本章确定了用于检验假设1的模型9.2：

$$P_t = \alpha_0 + \beta_1 EPS_t + \beta_2 BPS_t + \beta_3 inta_t + \beta_4 y2012_t + \beta_5 y2013_t + \beta_6 y2014_t + \beta_7 y2015_t + \varepsilon_t \qquad (9.2)$$

各变量定义见表9-1。一般每股收益越高，表明企业效益越好，所以本章预期$\beta_1 > 0$；如果投资者更关注文化企业的无形资产，那么有形资产的增加很可能不会像无形资产增加那样得到投资者的认可，甚至有可能认为企业的战略方向有误而降低了股价，所以本章预期 $\beta_2<\beta_3$；根据假设1，本章预期 $\beta_3>0$。

回归结果见表9-6。通过表9-6，可以发现：从F值可以看出，方程总体显著；从 R^2 和调整后 R^2 可以看出，方程的解释力还不错，大约能解释47%的股票价格的变动；每股无形资产对股价有着负向的影响，说明企业无形资产越多，股价倾向于越低，但是在统计上并不显著；每股收益对股票价格有着正向的影响，并且在统计上也非常显著，超过了1%的显著水平，说明投资者较认可每股收益，每股收益越高，股票价格也就越高；除去无形资产的每股净资产与股票价格呈现负相关关系，说明每股净资产越高，股票价格越低，并且在统计上显著，但是其负向影响远不如无形资产的正向影响大，其在统计上显著而无形资产不显著很可能是由于企业的无形资产普遍较少，而有形资产较多，所以投资者对有形资产的变化反应更显著；就年份变量来说除了2012年的系数是负的，其余年份的系数都是正的，这说明从整体情况来看文化企业股价是呈增长趋势的，这符合我们对文化企业最近蓬勃发展的直观感受，其中以2014年增长最快，并且2014年在年份变量中显著性程度最高。

表9-6　**每股无形资产对股票价格的影响**

F(7,114)= 16.62***			
R-squared=0.51			
Adj R-squared=0.47			
P	Coef.	t	P>t
EPS	18.11***	5.98	0.00
BPS	-0.96**	-2.09	0.04
intatech	-3.93	-1.63	0.11
y2012	-0.54	-0.25	0.80
y2013	3.13	1.49	0.14
y2014	14.22***	6.72	0.00
y2015	3.77*	1.74	0.09
_cons	9.53***	4.89	0.00

注：***、**、*分别表示p<0.01、0.05、0.1。

基于以上，本章不能认为假设1成立，不能说明文化企业的股票价格受到了整体无形资产的正面影响。

9.5.6.2　分类的每股无形资产对股票价格影响的检验

本章采用模型9.3来检验假设2：

$$P_t = \alpha_0 + \beta_1 ip_t + \beta_2 land_t + \beta_3 intatech_t + \beta_4 others_t + \beta_5 BPS_t + \beta_6 EPS_t + \beta_7 y2012_t + \beta_8 y2013_t + \beta_9 y2014_t + \beta_{10} y2015_t + \varepsilon_t \quad (9.3)$$

回归结果见表9-7。根据假设2，本章预期 $\beta_1>0$；由于土地使用权的性质更接近固定资产，对文化企业的核心竞争力影响较小，所以本章预期 β_2 较小或为负数；由于和模型9.2同样的原因，本章预期 β_5 较小；一般每股收益越高，表明企业效益越好，所以本章预期 $\beta_6>0$。

表9-7　　**分类的每股无形资产对股票价格的影响**

$F(10,90)=14.07^{***}$			
R-squared= 0.61			
Adj R-squared= 0.57			
p	Coef.	t	P>|t|
ip	10.26^{***}	2.66	0.01
land	0.44	0.23	0.82
intatech	23.28	0.19	0.85
others	16.17	1.66	0.10
EPS	11.15^{***}	4.17	0.00
BPS	−0.46	−1.26	0.21
y2012	−1.63	−0.99	0.33
y2013	1.69	1.03	0.31
y2014	11.04^{***}	6.55	0.00
y2015	1.92	1.13	0.26
_cons	8.03^{***}	5.24	0.00

注：***、**、*分别表示 $p<0.01$、0.05、0.1。

通过表9-7，可以发现：回归方程整体显著，这点可以从F检验值看出来；每股知识产权类无形资产对股票价格的影响是正向的，并且该影响相当大，远远高于本方程中每股土地使用权的系数；每股土地使用权类无形资产和股票价格也是正相关关系，但是其系数相当小，远远不如其他三类无形资产，在统计上也不显著，这符合我们的直觉；每股专利权对股价的影响最大，达到了土地使用权的十几倍、知识资产的两倍，说明投资者对专利权的反应是很明显的，但是在统计上不显著；其他类无形资产对股票价格的影响也很高，但是在统计上也不显著；控制变量每股收益对股票价格有正向影响，并且在统计上也显著，这和我们的预期相符合；除去无形资产的每股净资产与股票价格呈现负相关关系，和模型9.1类似，说明每股净资产越高，股票价格越低，但是在统计上不显著；年份变量的影响和模型9.2一样，2014年股价增长的最多，并且只有2014年的影响显著。

由以上分析可以看出不同无形资产对股票价格的影响程度和显著水平都不一样，例如土地使用权对股票价格的正影响最小，说明在无形资产中占绝对优势的土地使用权的价值在文化企业中不被投资者认可，被认为不存在超额价值。这也反映出相对于国际会计准则将土地使用权划分为固定资产，我国会计准则将土地使用权划分为无形资产的不合理性。因此，我们不能推翻假设2。我们可以认为有效市场假说是正确的，投资者会对文化企业的无形资产信息进行识别，对不同种类的无形资产信息做出不同的反应。

9.5.6.3　重资产对股票价格的影响检验

以下是用于检验假设3的模型9.4：

$$P_t = \alpha + \beta_1 har_t + \beta_2 GSR_t + \beta_3 y2012_t + \beta_4 y2013_t + \beta_5 y2014_t + \beta_6 y2015_t + \varepsilon_t \quad (9.4)$$

回归结果见表9-8。假设3试图从反面说明无形资产的价值相关性问题。由于轻资产和重资产对企业价值的影响之和应该为1。那么如果重资产对企业价值有负向的影响，就能说明以无形资产为代表的轻资产对企业价值有正向的影响。从回归结果来看，重资产对企业价值有着负向影响，并且在统计上显著。这也能间接说明无形资产对企业价值有着正向的影响。

表9-8 **重资产对股票价格的影响**

F(6,118)= 12.16***			
R-squared=0.38			
Adj R-squared=0.35			
P	Coef.	t	P>|t|
har	-6.29*	-1.74	0.08
GSR	0.07**	2.30	0.02
y2012	-1.06	-0.46	0.64
y2013	2.31	1.01	0.32
y2014	13.44***	5.91	0.00
y2015	3.00	1.29	0.20
_cons	13.84***	6.26	0.00

注：***、**、*分别表示p<0.01、0.05、0.1。

综上，我们不能推翻假设3，可以认为重资产对文化企业的股票价格有负向影响。

9.5.6.4 稳健性检验

本章使用托宾Q值作为替代变量取代股票价格，对上述回归模型进行稳健性检验，检验模型称为模型9.5和模型9.6，检验结果见表9-9和见9-10。

$$Q_t = \alpha_0 + \beta_1 EPS_t + \beta_2 BPS_t + \beta_3 inta_t + \beta_4 y2012_t + \beta_5 y2013_t + \beta_6 y2014_t + \beta_7 y2015_t + \varepsilon_t \quad (9.5)$$

$$Q_t = \alpha_0 + \beta_1 ip_t + \beta_2 land_t + \beta_3 intate\,ch_t + \beta_4 o\,th\,ers_t + \beta_5 BPS_t + \beta_6 EPS_t + \beta_7 y2012_t + \beta_8 y2013_t + \beta_9 y2014_t + \beta_{10} y2015_t + \varepsilon_t \quad (9.6)$$

表9-9 **每股无形资产对托宾Q值的影响**

F(7,114)=9.81***			
R-squared=0.38			
Adj R-squared=0.34			
Q	Coef.	t	P>|t|
EPS	3.03***	5.24	0.00
BPS	-0.52***	-5.88	0.00
intatech	-1.86***	-4.04	0.00
y2012	-0.22	-0.55	0.58
y2013	0.71*	1.76	0.08
y2014	0.78*	1.63	0.06
y2015	1.46***	3.53	0.00
_cons	3.51***	9.42	0.00

注：***、**、*分别表示p<0.01、0.05、0.1。

表9-10　　分类的每股无形资产对托宾Q值的影响

F(10,90)=8.89***			
R-squared=0.50			
Adj R-squared=0.44			
Q	Coef.	t	P>|t|
ip	0.25*	1.90	0.06
land	-0.06**	-1.96	0.05
intatech	-11.85	-0.63	0.53
others	1.05	0.70	0.48
EPS	1.79***	4.36	0.00
BPS	-0.43***	-7.58	0.00
y2012	-0.27	-1.07	0.29
y2013	0.36	1.42	0.16
y2014	0.63**	2.42	0.02
y2015	1.23***	4.72	0.00
_cons	2.97***	12.62	0.00

注：***、**、*分别表示p<0.01、0.05、0.1。

模型9.5的结果表明托宾Q值和无形资产呈现负相关关系，这与模型9.2是矛盾的。但是模型9.6的结果显示，知识产权类无形资产和托宾Q值在统计上显著且是正向影响；土地使用权和托宾Q值在统计上显著，且是负向影响，但系数要远比知识产权类无形资产大；专利权类无形资产与托宾Q值在统计上不显著。这解释了为何模型9.2无形资产的系数为负的。

9.6 结论与建议

9.6.1 本章结论

本章运用实证会计研究的方法，研究了2011年至2015年中国股市中的文化行业的上市公司无形资产的价值相关性。文章采用了多个指标来分析资本市场中企业披露的无形资产信息对投资者的有用性，并将无形资产细化，分析具体的无形资产的价值相关性有何差异。通过上文的实证研究，我们发现：

其一，投资者会对文化企业的无形资产做出反应，文化企业的无形资产具有价值相关性。

其二，有效市场假说是正确的，投资者能够识别文化企业的无形资产种类，并对不同种类的无形资产有着不同的反应，这些反应体现在不同种类的无形资产与股票价格回归的系数不同，显著性不同，其中知识产权类无形资产的显著程度最高，并对股票价格有着较高的正向影响，专利权类无形资产和其他类无形资产对股票价格有着很高的正向影响但不显著，土地使用权类无形资产对股价的影响很小，也不显著。

其三，投资者能够对文化企业的重资产做出反应，文化企业作为一类适合进行轻资产运营的企业，它的重资产与股票价格呈现出一种负相关关系，说明投资者对会计信息做出的反应能够体现在股票价格上。

其四，基于托宾Q值进行稳健性检验，发现专利权类、其他类无形资产和托宾Q值在统计上不显著，知识产权类无形资产和托宾Q值在统计上显著，且系数为正数。因此，可以认为知识产权类无形资产显著提高了文化企业的价值。

本章关于文化行业的研究结果基本与之前的文献一致，但是在显著程度上有所不同。出现这个结果的原因可能是：第一，现行会计准则在无形资产分类方面的缺陷，样本确认的无形资产分类相当混乱，造成可比性大大降低；此外，由于土地使用权被分类进了无形资产，并占据了绝大部分，这就使得有价值的无形资产在数量上和占比上都显得很小。第二，无形资产金额偏低。由于文化企业的发展时间并不长，是最近几年逐渐成长起来的行业，所以样本企业的无形资产在总资产中占的份额也很低，这与西方发达国家的企业拥有大量无形资产形成了鲜明的对比。样本企业中无形资产占总资产的比例均值仅为3.76%，其中，占比最高的公司也才达到14.56%（天威视讯，2012年），大部分公司的无形资产金额还是较小的。这可能是因为文化企业的无形资产相对比较难以衡量，估值方法较为复杂，所以很多不能作为无形资产在财务报表中体现的缘故。除此之外，无形资产内部结构也不合理。无形资产的经济价值在于它可以产生超额盈利，而这种超额盈利能力在文化行业中反映在能够产生竞争优势的知识产权类无形资产上，诸如著作权等无形资产投资，能够创造出对手难以模仿的竞争优势。同时，法律保护的存在也有助于提高拥有这些无形资产的企业的进入壁垒，进而使得企业存在一定的垄断地位。而且随着企业拥有的著作权、版权以及商誉金额和含金量的提高，企业的行业和产品垄断地位也将日益稳固。我国上市公司无形资产的技术含量不高，主要是各类使用权（尤其是土地使用权）占比较高，无形资产中专利权类无形资产的比重相对较低，知识产权类无形资产中软件使用权的占比也较高，而高独占性的著作权、版权则很少。无形资产结构的不合理降低了其含金量，损害了无形资产的价值相关性。

9.6.2 相关建议

根据以上研究，本章提出以下建议：

其一，从政策制定者的角度来说，我国现行会计准则对无形资产的划分仍然不够科学，需要对土地使用权的会计准则做出调整，以及规范无形资产的分类，以保障文化企业披露的财务报告能够给投资者带来足够的信息进行决策，保证我国资本市场的健康发展。

其二，从文化企业自身的角度来考虑，由于无形资产具有价值相关性，文化企业首先应当从内部规范自身的无形资产的管理制度，其次是完善会计信息披露制度，这样能够使投资者获得更丰富的、详细的企业无形资产的信息，使得优质的无形资产信息能够被投资者所获得，以提升投资者对文化企业价值的认知，使股票价格趋近于文化企业的内在价值。文化企业应加大对自身无形资产的投入，不论是加强自身无形资产的开发还是在市场上发现优质的无形资产加以购买，优质的无形资产都是能够刺激文化企业价值提升的良好途径。

其三，从投资者的角度而言，相对于其他行业的无形资产，投资者应当增加对文化企业无形资产信息的敏感程度，以快速反应，捕捉被市场低估了的文化企业股票，实现自身收益。

其四，从债权人的角度来说，应当关注的是以价值相关性理论为依据，努力开发出新的评估办法来评估文化企业无形资产的价值，从而帮助文化企业缓解融资难的问题。一方面能够促进文化行业的发展壮大，给我们带来更多优质的文化产品，另一方面债权人也能够借此开拓新的潜在的债务人，为自己带来丰厚的收益。

本章主要参考文献

[1] BALL, BROWN. An empirical evaluation of accounting income numbers [J]. Journal of Accounting Research (Autumn), 1968: 159 - 178.

[2] BALL . The theory of stock market efficiency: accomplishments and limitations [J] . Journal of Applied Corporate Finance, 1995, 8 (1): 4-18.

[3] BARTH, KASZNIK, MCNICHOLS . Analyst coverage and intangible assets [J] . Journal of Accounting Research, 2001, 39 (1): 1-34.

[4] BEAVER . The information content of annual earnings announcements [J] . Journal of Accounting Research, 1968, 6 (6): 67-92.

[5] BEAVER, CLARKE, WRIGHT. The association between unsystematic security returns and the magnitude of earnings forecast errors [J] . Journal of Accounting Research, 1979, 17 (2): 316-340.

[6] BLACK . Noise [J] . The Journal of Finance, 1986, 10 (3): 12-28.

[7] FAMA, FRENCH . The capital asset pricing model: theory and evidence [J] . Social Science Electronic Publishing, 2004, 18 (3): 25-46.

[8] FAMA . The behavior of stock-market prices [J] . Journal of Business, 1965, 38 (1): 34-105.

[9] FELTHAM , OHLSON . Valuation and clean surplus accounting for operating and financial activities [J] . Contemporary Accounting Research, 1995, 11 (2): 689-731.

[10] MALKIEL, FAMA . Efficient capital market: a review of theory and empirical work [J] . The Journal of Finance, 1970, 25 (2): 383-417.

[11] ROBERTS . Statistical versus clinical prediction in the stock market [J] . General Information, 1967: 1-9.

[12] KAPLAN , NORTON . The balanced scorecard-measures that drive performance. [J] . Harvard Business Review, 1992, 70 (1): 71.

［13］MILLER，MODIGLIANI．Dividend policy，growth，and the valuation of shares［J］．Journal of Business，1961，34（4）：411-411.

［14］OHLSON.Earnings，book values and dividends in equity valuation［J］．Journal of Contemporary Accounting Research，1995，11（2）：661-687.

［15］WATTS，ROSS L，ZIMMERMAN J L. Positive accounting theory［M］．北京：中国人民大学出版社，2009.

［16］列弗．无形资产：管理、计量和呈报［M］．北京：中国劳动出版社，2003.

［17］陈丽萍，王冠．轻资产运营模式下企业风险防范策略研究［J］．商业经济，2013（19）：58-59.

［18］陈信元，陈冬华．净资产、剩余收益与市场定价：会计信息的价值相关性［J］．金融研究，2002（4）：59-70.

［19］陈旭东．公司估价理论与 Ohlson（1995）、Feltham—Ohlson（1995）估价模型的实证检验［D］．四川大学，2004.

［20］崔也光，赵迎．我国高新技术行业上市公司无形资产现状研究［J］．会计研究，2013（3）：59-64.

［21］崔议文．ST上市公司会计信息质量的价值相关性研究［D］．北京：首都经济贸易大学，2011.

［22］杜军，姜慧慧，龙萌萌．无形资产价值相关性研究——基于创新型企业的经验研究［A］//.第七届（2012）中国管理学年会会计与财务分会场论文集（选编）［C］，2012.

［23］甘晨露．无形资产与企业价值相关性研究——基于信息技术服务业2003—2012年经验数据［J］．商业会计，2016（9）：69-72.

［24］关宏慧．上市公司无形资产与业绩的相关性研究［D］．北京：中国科学技术大学，2011.

［25］郭敏．企业无形资产的价值相关性研究——基于信息技术业上市公司无形资产明细分类信息的再检验［D］．北京：中国人民大学，2008.

［26］贺胜军．价值创造理论视域下无形资产概念重构与实证分析——来自创业板上市公司的证据［J］．商业经济研究，2015（11）：88-91.

［27］焦文娟.创业板上市公司无形资产与经营业绩相关性研究——基于信息技术行业上市公司数据［D］.石家庄：河北经贸大学，2015.

［28］李寿喜.中国上市公司会计信息与股票定价相关性的实证研究［D］.上海：复旦大学，2005.

［29］黎玉琴.无形资产价值相关性的研究［D］.杭州：浙江大学，2005.

［30］刘伍堂.无形资产价值连城——记〈文化企业无形资产评估指导意见〉的出台［J］.中国资产评估，2016（6）：18-19.

［31］陆静，孟卫东，廖刚.上市公司会计盈利、现金流量与股票价格的实证研究［J］.经济科学，2002（5）：34-42.

［32］吕先锫，施东明.无形资产会计信息价值相关性研究——来自中国高新技术上市公司的经验数据［J］.会计之友，2010（3）：78-83.

［33］漆望月.信息技术业无形资产与企业价值相关性分析——基于无形资产明细分类的再检验［J］.江苏商论，2010（6）：273-274.

［34］邵红霞，方军雄.我国上市公司无形资产价值相关性研究——基于无形资产明细分类信息的再检验［J］.会计研究，2006（12）：25-32.

［35］苏晓薇.我国上市公司无形资产与企业价值相关性研究［D］.沈阳：东北大学，2007.

［36］汤湘希.基于企业核心竞争力理论的无形资产经营问题研究［J］.中国工业经济，2004（1）：87-92.

［37］汤云为，陆建桥.论证券市场中的会计研究：发现与启示［J］.经济研究，1998（7）：50-59.

［38］王化成，卢闯，李春玲，等.企业无形资产与未来业绩相关性研究——基于中国资本市场的经验证据［J］.中国软科学，2005（10）：120-124.

［39］向显湖，刘天.论表外无形资产：基于财务与战略相融合的视角——兼析无形资源、无形资产与无形资本［J］.会计研究，2014（4）：3-9.

［40］邢丹丹.我国旅游上市公司无形资产明细及价值相关性研究［D］.西安：陕西师范大学，2012.

［41］薛云奎，王志台.无形资产信息披露及其价值相关性研究——

来自上海股市的经验证据［J］.会计研究，2001（11）：40-47.

［42］杨雪萍.浅析我国新资产评估准则体系的创新点［J］.郑州轻工业学院学报：社会科学版，2010，11（3）：103-106.

［43］袁煌.文化企业视角下的无形资产价值评估——浅谈对〈文化企业无形资产评估指导意见〉的认识［J］.中国资产评估，2016（5）：11-14.

［44］赵宇龙.会计盈余披露的信息含量：来自上海股市的经验证据［J］.经济研究，1998（7）：41-49.

［45］张强，王珂，等.文化企业与非文化企业信贷可得性差距与原因——基于湖南省样本数据的实证分析［J］.湘潭大学学报：哲学社会科学版，2014，38（3）：33-37.

第10章

上市公司业务转型与更名的投资价值研究

10.1 引言

上市公司股票更名是指上市公司为了攀附概念或由于大股东变化、主营业务变更等原因更改公司名称和股票简称的行为。自有股市以来，世界各国的股票市场就好不热闹。其中一道独特的风景就是股票的更名，经常是风起云涌，此起彼伏，引得股市狂涨狂跌和投资者疯狂地追涨杀跌。自19世纪至今，各国股市就陆续见证了铁路、石油、汽车、电子科技、网络等概念的兴起和衰落，不少上市公司也随之而更名。在我国，自1999年5.19行情之后，沪深两市也掀起了一波更名潮，科技、信息、互联网等“热词”成为上市公司新名称中使用频率极高的词汇。而自2000年以来，上市公司股票更名现象则时起时落。2013年起，又出现了一波更名热潮，大数据、云计算、互联网+、互联网金融成为新的热词，且大部分股票更名前后都出现过较明显的市场反应。因此，研究更名效应对于检验中国股票市场的有效性和信息传导机制，以及了解更名行为背后隐藏的对上市公司长、短期股价及收益率的影响因素是什么，从而帮助投资者挖掘新的投资机会，为其提供合理化投资建议就具有重要的理论价值和现实意义。本章就以泛海建设更名为泛海控股为例，深入探究股票更名效应的影响因素。本章后续内容安排为：文献综述、案例背景、效益考察、结论与建议。

10.2 文献综述

在国外，Michael J. Cooper，Ajay Khorana和Igor Osobov（2005）发现继2000年中期互联网泡沫破灭之后，对于名称中删除dot.com的公司，投资者反应较为积极。而这一删除效应产生了前后60天64%的累积异常收益。Kee-Hong Bae and Wei Wang（2010）研究了企业名称是否影响投资者关注以及估值。两位学者发现美国证券交易所上市的一些在名称中包含“China”或者“Chinese”的中国企业在2007年中国股市高涨期间大幅跑赢不包含上述字眼的中国企业股票不是因为企业特征、风险或流动性的差异。他们认为“中国效应”与投资者关注的假设基本一致，即投资者对于包含中国字眼股票的关注在繁荣期间引起的价格推动力更高。Yi Lin Wu（2010）将不同类型的企业名称变更与其之前的声誉以及随后的重要事件和绩效变化相结合，实证研究发现公司会采用完全不同的名称来消除信誉不佳的影响，利用其知名品牌来与良好声誉关联，或者通过添加或删除一部分名称以适应更窄或更广泛的业务重点。其实证结果还表明，除了激进的名称变化外，重大的组织动荡会导致大多数公司名称变更。公司后续经济业绩与名称变化类型所预示的业务方向发生变化有关。Hung Wan Kot（2011）选取了1999—2008年的部分港股，对公司名称变更后的股价反应和长期业绩进行研究，结果表明名称变更具有短期股价影响，但与长期股价或经营业绩没有关系。Evangelos Benos和Marek Joche（2013）发现名称包含“America（n）”或者“USA”的公司在第二次世界大涨、朝鲜战争和“反恐战争”期间每年获得约6%的异常回报。这些异常回报在每场战争爆发时都不会立即实现，而是在战时逐渐积累。作者分析认为主要是因为胜利战争引起了投资者的爱国情感，并导致他们逐渐或者潜意识地倾向于具有爱国风气的股票。Hsiao-Mei Lin，Robert（Chi-Wing）Fok，Shih-An Yang和Yuanchen Chang（2015）考察了美国和加拿大股票市场中包含石油相关用语的企业名称变更的估值效应。结果显示，与加拿大公司相比，美国相对较多的公司将其公司名称加入石油相关用语。在油价大涨期间，美国市场的投资者对于添加石油相关用语的公司做出了更积极的反应。此外，投资者对名称中添加石油用语的反应与公司在石油行业的实际参与有关。Saim Kashmiri和Vijay Mahajan（2015）对180家上市的美国公司的名称变更公告进行研究，发现营销相关因素在公司名称变更前后的价值变动中起着至关重要的作用：高营销投资和高营销能力有助于那些管理层具有较高营销影响力的公司获得更大的收益和股市奖励。那些改变名称以在其投资组合中利用强势品牌或主动传达其业务范围的公司比为匹配其经营范围而更名的公司收益更高。

在国内，邓建平和曾勇（2005）比较了在更名公告发布时，投资者对含有“科技”或类似字眼和不含有此类字眼的股票更名公告的反应程度，发现投资者对这两类更名事件的反应程度有显著区别，投资者对更名简称中含有“科技”或类似字眼的更名公告的反应程度要强于不含有此类字眼的更名公告，在不同年份，投资者对不同更名字眼的反应程度也是不同的。这说明我国股市存在较严重的概念炒作现象。陈凌燕和杨承英（2008）对上市公司更名对股票收益率的影响进行研究发现，在排除单边行情的影响下，尽管投资者对上市公司股票更名的反应会因市场大势存在差异，但市场对上市公司更名行为的反应仍是积极的。戚拥军和田野（2013）以“山下湖”更名为“千足珍珠”为例，发现上市公司更名并不含有投资者未能预期的任何信息，但在正式更名后却能获得良好的市场反应。这种短期市场效应得益于投资者对当前热门概念的追捧和管理层抓住有利时机通过更名行为给自己的公司贴上了类似的标签。蒋陆军（2016）基于行为金融理论的视角，以2010—2014年间沪深A股市场中更改过股票名称的上市公司为样本，研究投资者有限关注、过度自信等非理性投资行为对更名效应的影响。方辰君（2016）研究发现投资者有限关注和过度自信均与更名效应显著正相关。并从行为金融的角度分析投资者有限关注、投资者情绪和投资者行为的相应变化，发现股票更名事件影响名称的认知难度，改变了汉字的表义能力、复杂程度、词汇频率等信息，能够在不同程度上吸引投资者的有限关注，从而引起股票市场的价格异象。查慧园、潘先栋和王学敏（2016）以“多伦股份”更名为“匹凸匹”事件为例，分析了更名所带来的市场效应并探究其背后的原因。在此基础上，从保护投资者利益的角度提出对相关各方的建议。李晶晶和李莉苹（2016）以未发生主营业务变化的上市公司“海隆软件”与发生了主营业务变化的“多伦股份”作对比，对其异常收益率和累计异常收益率两个指标进行分析，得到主营业务未发生变化的更名事件更能够在短期内带来异常收益的结论。

10.3 泛海控股更名的背景

泛海控股原名泛海建设，成立于1988年，证券代码为000046，其主营业务原为房地产、酒店、物业管理等领域。2014年3月27日，泛海建设发布公告，在公司第八届董事会第二次会议中通过了泛海建设拟收购民生证券73%股份、变更其公司名称、调整公司经营范围以及审议公司战略发展规划纲要等议案的决议。随着交易预案的披露，自3月20日起开始停牌的泛海建设股票将于28日起复牌交易。此次泛海建设收购民生证券股权的价格，是以截至2013年12月31日民生证券的净资产为基础，来确定每股收购价格的。2013年，民生证券实现收入13.07亿元，利润1.5亿元。此外，泛海建设还拟通过全资子公司认购中国民生投资股份有限公司（中民投）股份10亿股（中民投首次发行价格为每股1元），占中民投计划总股本规模500亿元的2%。公告发布日后几个交易日内，泛海建设股价以及交易量大幅上涨。2014年4月30日，泛海建设正式更名为泛海控股，证券代码不变，其主营业务扩展为房地产、金融、物业管理、能源、战略投资等。通过收购及投资，泛海建设正式确立转型升级后的“地产+金融+战略投资”的发展模式，将由目前的房地产上市公司转型为一个综合性业务的上市公司，形成多业并举、互为支撑、联动发展的新业务格局，通过增加新的经营业务及利润增长点，实现股东价值的最大化和企业资源价值的最大化。

10.4 泛海控股更名的短期效应考察

10.4.1 模型设计

10.4.1.1　窗口期的选择

以股票更名日为事件发生日，即t=0日，往前推29个交易日、往后推30个交易日，构成从第-29日到第+30日共60日的事件窗口。本章所举例子泛海控股，其股票更名日为公告发布日，即2014年3月27日。

10.4.1.2　对比指数的选择

因为本章所举例子泛海控股为深交所上市公司，且泛海控股为沪深300指数成分股，故本章选择沪深300指数作为市场对比指数。

10.4.1.3　计算更名股票在事件窗口各天的异常收益率 ar_t

超额收益ar等于股票实际收益r减去正常收益nr后的值。一般先根据CAPM模型计算股票第t日的正常收益 $nr_t = r_f + \beta * (r_{mt} - r_f)$（其中 r_f 为日无风险利率；β为股票的β系数；r_{mt} 为第t日市场基准指数的日收益率），或者根据市场模型 $nr_t = \alpha + \beta * r_{mt} + e_t$ 计算正常日收益；然后计算股票第t日的异常日收益 $ar_t = r_t - nr_t$（其中 r_t 为股票第t日的实际日收益，$r_t = (p_t / p_{t-1}) - 1$（$p_t$ 为股票第t日的收盘价）。然而在实际计算时，由于CAPM模型的前提假设较为严格，考虑到我国股票市场尚不成熟，股票投机性强，故本章采用了市场调整收益率模型来计算股票的超额收益，即：

$$ar_t = r_t - r_{mt}(t = -29, \cdots\cdots, +30) \tag{10.1}$$

计算累计异常收益率 car_t：

$$car_t = \begin{cases} ar_t \ (t = -29) \\ car_{t-1} + ar_t \ (t = -28, -17, \cdots\cdots, +30) \end{cases} \tag{10.2}$$

car表示自第-29日以来各日平均异常收益率的累计值。可以事件日为横轴，ar及car为纵轴分别建立坐标图，观察它们在事件发生日前后的总体变动趋势。

10.4.2 泛海控股的数据分析

经过计算，可得泛海控股更名日窗口期超额收益以及累计超额收益数值，可绘制出图10-1。且据此计算得到的窗口期差额收益平均数为0.2400，中位数为-0.0200，标准差为2.4568，具体见表10-1。

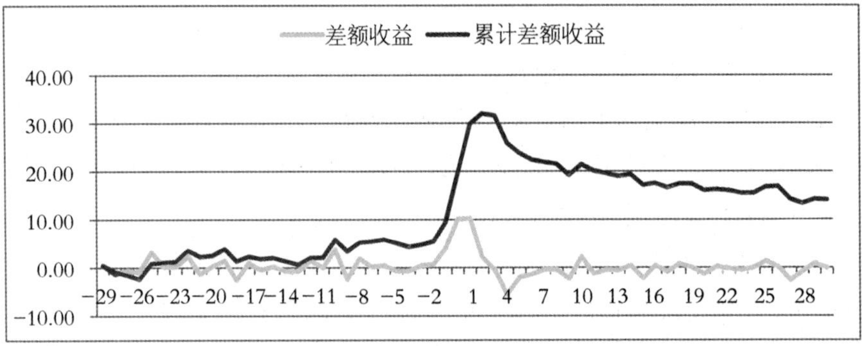

图10-1 泛海控股更名日窗口期超额收益以及累计超额收益变动趋势

表10-1 泛海控股窗口期差额收益的描述性统计结果

窗口期(-29,+30)	平均数	0.2400
	中位数	-0.0200
	标准差	2.4568

从图10-1可以看出，泛海控股在窗口期上升较少（通过图像亦可判断），在变更公告发出两天后有显著差额收益，可见短期内投资者存在投机心理，所表现出的差额收益不仅仅由于主营业务的拓展引起，但随即迅速稳定，回归正常水平。分析原因，可能有以下几个方面：一是流通股本庞大，股价进一步上涨压力大，从而造成炒作热潮不显著。二是更名目的明确，泛海由于收购其控股股东、二股东所持民生证券73%的股权开启地产金融化之路，公司原主营房地产，未来拟转型为综合性业务的上市公司，而其战略方向转型在公告发布之前就已给市场较为明显的导向，等公告实际公布时，利好已经完全释放，其股价波动回归正常水平。所以，泛海控股作为龙头股及沪深300成分股，其经营理念及多元化战略之路长远稳健，投资者对其投机性不高。

按照上述方法，从长期层面分析，以更名日开始，即从2014年3月28日至2017年6月8日共761组数据，经计算，其平均值为0.0430，中位数为-0.1650，标准差为2.2738。按照窗口期计算逻辑，即更名日t=0，核算t=-761至+761区间段，结果得平均值为0.0206，中位数为-0.1500，标准差为2.4786。可以看出，更名日后的超额收益较高，计算t=-761至t=0区间，得平均值为-0.0018，中位数为-0.1400，标准差为2.6694。经过对比，发现在较长区间内，更名日后的超额收益明显比更名日前高，详见表10-2。关于长期层面超额收益的影响因素，下文将进一步讨论。

表10-2　**泛海控股长期各区间段差额收益的描述性统计结果**

时间区间	平均值	中位数	标准差
t=-761至t=+761	0.0206	-0.1500	2.4786
t=-761至t=0	-0.0018	-0.1400	2.6694
t=0至t=+761	0.0430	-0.1650	2.2738

从以上短期分析可以得出，由于主营业务拓展变更公司名称导致的差额收益不仅仅是业务转型造成，亦隐含了投机心理下投资者羊群效应等非理性因素，这反映了我国股票市场的非有效性。但由于公司流通股本较大，发展战略更为明朗，投资者对于大公司更名表现得更为理性。

10.5　泛海控股更名的长期效应考察

通过上文分析以及表10-2展示，可以看到在长期层面上，泛海控股更名后相对于指数的超额收益明显较更名前高，可见更名行为在二级市场对投资者情绪有较为明显且长期的影响。那么长期内，究竟有哪些因素对泛海控股在二级市场表现有显著促进作用呢？本章将从更名前后财务数据变化以及各财务指标对泛海控股在二级市场表现的影响程度进行讨论、验证并进一步的解释说明。

10.5.1 泛海控股更名前后的财务业绩对比

泛海控股2012—2016年财务报表

由于泛海控股于2014年3月进行更名，故本章选择2012—2016年相关财务指标进行比较分析，观察其拓展主营业务后对财务指标的影响，并绘制成图10-2。从图10-2可以看出，泛海控股在2012—2016年基本每股收益稳步上升，净资产收益率在2015年有较大幅度上升。查阅泛海控股年报，发现其净利润、营业收入在2015年、2016年两个年度较之前也有较大增长。这体现了这次更名事件背后的收购行为在账面财务业绩上为泛海控股带来了巨大的助力。

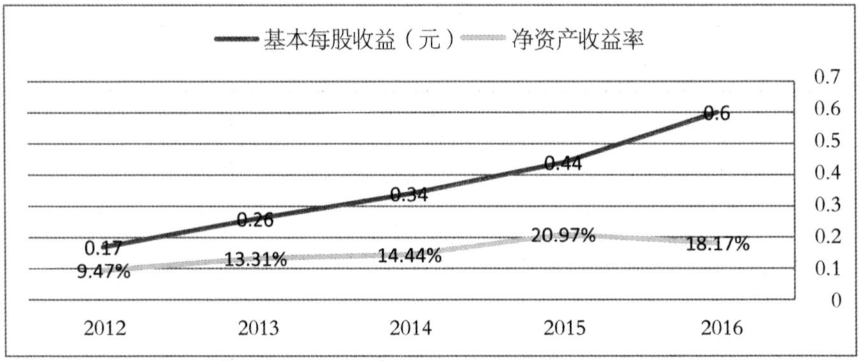

图10-2 泛海控股2012—2016年的每股收益和净资产收益率

表10-3是泛海控股更名前一年和更名当年业务构成对比。从中可以看出，2013年泛海主营收入构成集中在以下四个板块：房地产销售、商品销售、物业管理收入和物业出租收入。而2014年的收购行为极大地拓展了泛海控股的业务范围，分别增加证券经纪、投资银行、证券自营、融资融券、期货业务和资产管理等板块。这些新增业务2014年为泛海控股新增营业收入15.38亿元，根据2014年证券行业37%的收入净利率估算，2014年金融业务为泛海控股增加5.7亿元的净利润，应该极大地催生了投

资者的乐观情绪。

表 10-3　　　**泛海控股更名前一年和更名当年业务构成对比**

年度		2014					2013				
业务名称		营业收入（万元）	收入比例（%）	营业成本（万元）	成本比例（%）	利润比例（%）	营业收入（万元）	收入比例（%）	营业成本（万元）	成本比例（%）	利润比例（%）
按行业	房地产销售	553 732	73.05	226 780	65.54	79.36	546 988	92.25	231 941	86.87	96.66
	证券经纪	77 312	10.20	39 064	11.29	9.28	/	/	/	/	/
	商品销售	31 579	4.17	18 816	5.44	3.10	26 460	4.46	15 834	5.93	3.26
	投资银行	30 407	4.01	30 966	8.95	−0.14	/	/	/	/	/
	证券自营	22 020	2.91	5 327	1.54	4.05	/	/	/	/	/
	融资融券	18 154	2.40	1 717	0.50	3.99	/	/	/	/	/
	物业管理收入	13 219	1.74	14 916	4.31	−0.41	17 263	2.91	19 029	7.13	−0.54
	物业出租收入	5 671	0.75	2 046	0.59	0.88	2 217	0.37	189	0.07	0.62
	期货业务	3 951	0.52	4 177	1.21	−0.05	/	/	/	/	/
	资产管理	1 965	0.26	2 224	0.64	−0.06	/	/	/	/	/

10.5.2　实证分析

如何在较长时间内定量分析收购行为给收购方股价带来的影响呢？本章通过追踪 2009 年 3 月至 2017 年 3 月每个季度共 33 组财务指标及财报公布日后十个交易日股价涨跌幅的平均值，并考虑市场对于公司股价收益率的影响，经过拟合回归，分析判断收购前后一段时间收购方股价是否有明显的波动。

10.5.2.1　模型设计

本章选择基本每股收益 EPS、每股净资产 PB、净资产收益率 ROE、每股经营现金流 CFPS、指数波动率 mr 5 个指标作为自变量和营业收入的自然对数 lnR、是否牛熊市指标 S、流通股的自然对数 lnCS 以及衡量业务是否转型的 0—1 变量 T 4 个指标作为控制变量，用财报公布后十个交易日股价平均增长率 r 作为因变量进行拟合，分析比较收益率波动的差异。关于牛熊市指标，本章列示 2009 年 3 月至 2017 年 3 月共 33 组数据中所有的沪深 300 指数，选取其中最大值并赋值为 1，最小值赋值为 0，中间值利用差分法算出对应数值。关于收益，本章通过查找泛海控股每季度财务报告公布之日起十个交易日涨跌幅并计算平均值得出。同理，沪深300指数收益也是在对应时间内的平均涨跌幅，超额收益即为两者之差。各变量的缩写见表10-4。

表10-4 **变量缩写定义表**

变量名称	股票涨跌幅平均值	每股收益	每股净资产	净资产收益率	每股经营现金流	指数波动率	营业收入的自然对数	流通股的自然对数	牛熊市指标	业务是否转型
变量缩写	r	EPS	PB	ROE	CFPS	mr	lnR	lnCS	S	T

本章试图探究财报公布日后股票涨跌幅的影响因素，通过分别计算当期财务指标与涨跌幅拟合情况、当期财务指标同比增长额与涨跌幅拟合情况的方式，判断分析拟合的效果。另外，本章也分别研究是否剔除指数因素对于拟合结果的影响以及影响程度。本章首先对自变量和因变量进行拟合回归，通过观察拟合结果分析原因，并验证所选自变量是否有多重共线性，如果存在的话，则通过相关系数检验、主成分分析等方法消除多重共线性。

10.5.2.2 实证过程

首先是关于数据的选取，本章所采用的各类指标，如净利润、营业收入、每股收益等均为季度数据，这样既有利于消除数据重叠，亦方便进行比较。各指标的描述性统计结果见表10-5。

表10-5 **变量的描述性统计结果**

变量	观测值	最大值	最小值	均值	标准差
r	33	0.0246	−0.0322	0.0007	0.0094
EPS	33	0.2628	−0.0260	0.0677	0.0748
PB	33	3.7500	1.7000	2.6161	0.7880
ROE	33	0.1115	−0.0151	0.0268	0.0308
CFPS	33	1.5100	−2.4500	−0.2509	0.6118
mr	33	0.8250	−1.6860	0.0258	0.5039
lnR	33	22.6666	18.1303	20.7897	1.2807
lnCS	33	22.3511	19.9136	21.6361	1.0030
S	33	1.0000	0.0000	0.3319	0.2384
T	33	1.0000	0.0000	0.3939	0.4962

通过33组数据的描述性统计，可以看出股票涨跌幅r均值趋近于0，而mr均值则较高，r标准差较小，波动较小，mr标准差相对较大，说明同时段内市场波动较泛海控股更为明显；每股净资产PB由最小的1.7000至最大的3.7500，说明其所有者权益和净利润在该区间有较大幅度提升；每股经营现金流CFPS平均值为负值，而每股收益EPS、净资产收益率ROE平均值均为正值，说明泛海控股经营支出较大，但收益亦较为可观；营业收入以及流通股股数经过对数处理后，波动均较小；牛熊市指标S均值为0.33，说明该区间大盘指数总体偏于低迷；业务拓展变量T均值为0.39，是因为该区间选取更名前时段较长，更名后时段较短。

以股票涨跌幅r为因变量，以EPS、PB、ROE、CFPS、mr、lnR、lnCS、S、T为自变量和控制变量，对33组数据进行拟合，经过stata运算，拟合结果见表10-6。

表10-6　**三阶最小二乘法回归结果（以r为因变量）**

方程	观测值	参数	RMSE	R-sq	chi2	P
r	33	9	0.0045	0.7603	104.6500	0.0003
	相关系数	标准误	z	P>|z|	[95%Conf.Interval]	
EPS	-0.114000	0.046836	-2.43	0.015	-0.205790	-0.022200
PB	0.001807	0.002362	0.76	0.444	-0.002820	0.006437
ROE	0.057756	0.096815	0.6	0.551	-0.132000	0.247510
CFPS	0.000661	0.001766	0.37	0.708	-0.002800	0.004121
mr	0.013386	0.001894	7.07	0.000	0.009674	0.017098
lnR	0.003962	0.001431	2.77	0.006	0.001158	0.006766
lnCS	0.014526	0.004653	3.12	0.002	0.005406	0.023645
S	0.003552	0.001812	1.96	0.050	0.000001	0.007103
T	-0.005080	0.002729	-1.86	0.063	-0.010420	0.000273
_cons	-0.160040	0.048886	-3.27	0.001	-0.255850	-0.064220

经过拟合，可以发现F值较大，P值较小，因变量与自变量间存在较为显著的线性关系。另外，部分自变量如PB、ROE、CFPS由于P值较大，不能说明与因变量有显著关系。但自变量之间是否存在多重共线性呢？经过stata运算，结果见表10-7。

表 10-7　　　　**自变量之间的多重共线性检验结果**

变量	VIF	1/VIF
EPS	29.45	0.033957
PB	28.76	0.034767
ROE	23.36	0.042808
CFPS	1.59	0.630196
mr	1.38	0.723462
lnR	1 108.77	0.000902
lnCS	5.42	0.184602
S	889.29	0.001124
T	3.50	0.285482
Mean VIF	232.39	

观察表 10-7，有几个指标 VIF 值较大，说明存在多重共线性。从指标计算原理上考虑，由于 EPS 为复合指标，与企业收入、每股净资产、净资产收益率关联性较大；从逻辑上分析，虽然从杜邦分析法可得出净资产收益率的代表性更强，但由于估值模型中，EPS 受到投资者更高的关注。故本章首先以 EPS 为因变量，其余 8 个指标为自变量进行拟合，结果见表 10-8。

表 10-8　　　　**三阶最小二乘法回归结果（以 EPS 为因变量）**

方程	观测值	参数	RMSE	R-sq	chi2	P
EPS	33	8	0.0169	0.9475	595.6800	0.0010
	相关系数	标准误	z	P>|z|	[95%Conf.Interval]	
PB	0.019600	0.008090	2.42	0.015	0.003745	0.035456
ROE	1.846300	0.161822	11.41	0.000	1.529134	2.163465
CFPS	0.006867	0.006452	1.06	0.287	−0.005780	0.019513
mr	−0.008739	0.006873	−1.27	0.204	−0.022210	0.004732
lnR	0.012833	0.004826	2.66	0.008	0.003375	0.022292
lnCS	0.013569	0.017132	0.79	0.428	−0.020010	0.047148
S	0.005442	0.006667	0.82	0.414	−0.007630	0.018509
T	0.001061	0.010142	0.10	0.917	−0.018820	0.020938
_cons	−0.420512	0.166299	−2.53	0.011	−0.746450	−0.094570

由表10-8可知，F值较大，P值较小，说明EPS可由其余变量显著解释。通过观察各自变量P值，发现EPS与lnR、PB、ROE有显著相关性。此时，以EPS为因变量，lnR、PB、ROE为自变量进行拟合以及多重共线性检验，结果表明EPS被该组自变量解释较好，均表现显著。由于在以r为因变量时，要消除多重共线性，所以设置自变量为EPS、CFPS、mr、lnCS、S、T，拟合结果见表10-9。

表10-9　**剔除多重共线性后三阶最小二乘法回归结果（以r为因变量）**

方程	观测值	参数	RMSE	R-sq	chi2	P
r	33	6	0.0051	0.7018	77.6600	0.0001
	相关系数	标准误	z	P>|z|	[95%Conf.Interval]	
EPS	-0.045322	0.015405	-2.94	0.003	-0.075510	-0.015130
CFPS	-0.000772	0.001524	-0.51	0.612	-0.003760	0.002215
lnCS	0.012624	0.005055	2.50	0.013	0.002716	0.022532
mr	0.013447	0.001952	6.89	0.000	0.009622	0.017272
S	0.003482	0.001215	2.87	0.004	0.001101	0.005862
T	-0.002174	0.002733	-0.80	0.427	-0.007530	0.003184
_cons	-0.075394	0.026325	-2.86	0.004	-0.126990	-0.023800

从表10-9可以看到，此时R-sq、P值均在可接受范围内，各自变量P值除CFPS、T外较为显著。验证此时的多重共线性，得到结果见表10-10。此时VIF值并不算大，多重共线性不显著。再将并不显著的部分自变量（控制在5%的P值以下）剔除后的回归结果见表10-11。从表10-11可以看到，此时自变量变为四个：EPS、mr、lnCS 、S，多重共线性检验见表10-12。

表10-10　**进一步剔除后自变量之间的多重共线性检验结果**

变量	VIF	1/VIF
EPS	2.84	0.351973
CFPS	1.27	0.788685
lnCS	3.85	0.259899
mr	1.21	0.828468
S	3.42	0.292052
T	2.67	0.374577
Mean VIF	2.54	

表10-11 **剔除共线性和不显著变量后三阶最小二乘法回归结果（以r为因变量）**

方程	Obs观测值	参数	RMSE	R-sq	chi2	P
r	33	4	0.0051	0.6949	75.1600	0.0020
	相关系数	标准误	z	P>|z|	[95%Conf.Interval]	
EPS	-0.046790	0.015368	-3.04	0.002	-0.076910	-0.016670
lnCS	0.010969	0.004516	2.43	0.015	0.002118	0.019821
mr	0.013851	0.001914	7.24	0.000	0.010099	0.017603
S	0.002971	0.001026	2.89	0.004	0.000959	0.004982
_cons	-0.064358	0.022328	-2.88	0.004	-0.108120	-0.020600

表10-12 **四个变量之间的多重共线性检验结果**

变量	VIF	1/VIF
EPS	2.44	0.409785
mr	1.13	0.881183
lnCS	3.60	0.277811
S	3.36	0.297231
Mean VIF	2.63	

此时无论是拟合度、各自变量P值或者VIF都在可接受的范围内。故从该数据样本研究发现，收益率r与每股收益EPS、市场波动率mr、流通股对数lnCS、牛熊市指标S有显著关联。观察r与各自变量的系数关系，发现mr、lnCS、S系数均为正值，说明财报公布日十天平均涨跌幅与大盘波动、牛熊市因素以及流通股股数呈现正相关，符合预期判断。而r与EPS则呈现负相关，通过图10-3可以观测到在多数时间段二者呈明显反向变化，这与预期不符。原因可能是由于本章所用的r为财报公布十个交易日平均涨跌幅，衡量的是短时段内的收益情况；而EPS则是较长时间段内如一季度衡量公司每股的获利能力，由于短期受市场因素影响较大，EPS反而呈现出一定的纠偏作用，故导致其系数为负值。

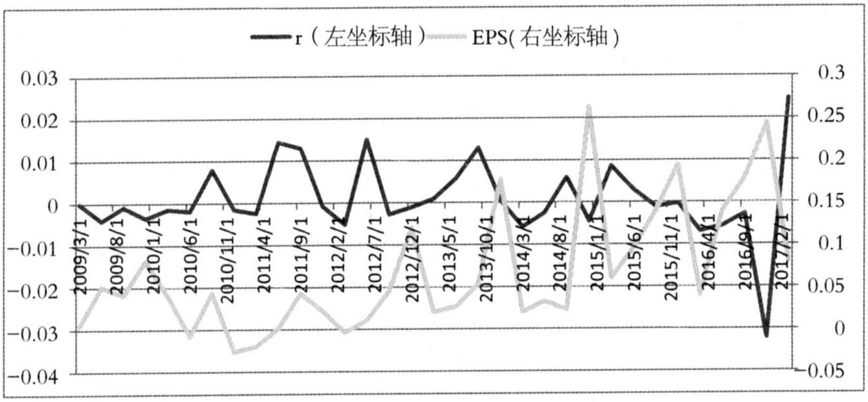

图10-3　r与EPS变动趋势对比

另外，之前的研究表明，每股收益EPS与营业收入对数lnR、每股净资产PB、净资产收益率ROE显著相关，在计算逻辑上ROE与营业收入显著关联，为了进一步研究股价波动深层次原因，分别对lnR、PB两个指标进行判断。将lnR作为因变量，PB、ROE、CFPS、mr、lnCS、S、T作为自变量，结果发现lnR与自变量ROE、T有显著相关性，这也同样说明了ROE和lnR的关联性。由于之前的数据表明金融业务的添加对于其营业收入在一年内的绝对增长率影响至为重要，故可以得出营业收入与主营业务拓展关联性较大。同样道理，对PB采取类似做法，可得PB与CF-PS、mr、S、T有较强关联性。其中PB与CFPS、mr、S呈现负相关关系，与T呈现正相关关系。原因可能是mr、S通过影响公司股价传导至对公司投融资能力的影响，进而引起净利润变动，并最终导致PB变化，而数据呈现出的负相关关系则表明泛海控股在大盘低位或者降低时内部财务指标仍呈现稳定态势，亦说明大盘股抵御市场波动的能力；CFPS是经营能力现金流的表现，在一定程度上反映了公司净利润，而数据表明泛海控股净利润与其当期经营现金流亦呈现负相关关系，且其经营现金流多为负值，原因在于房地产项目在北京、上海、海外等加快推进，土地支出大幅增加，导致负值出现，因具体项目实现利润推延，故PB与CFPS的相关性并不具有较大意义，所以本章不予考虑；T则作用于收入对PB造成影响，故呈现正相关关系。当然，亦存在小样本造成偏差的可能。

综上，泛海控股股价收益率r与每股收益EPS、市场收益mr、流通股股数对数lnCS、牛熊市指标S相关较大，而EPS则是由营业收入对数lnR、每股净资产PB、净资产收益率ROE影响，lnR、PB则由市场收益mr、牛熊市指标S、主营业务拓展系数T影响，最终可得，影响r变动的因素有mr、lnCS 、S、T。拟合结果见表10-13。通过比较，可以发现用mr、lnCS、S、T进行拟合，结果并不像EPS、mr、lnCS、 S显著，一方面说明单纯用T来替代EPS的准确度低，从而表明EPS对于股价波动的影响更重要；另一方面，T通过影响lnR进而传导至EPS，其效果经过两次传导带来的偏差较为显著。综上，每股收益EPS、市场收益mr、流通股自然对数lnCS和牛熊市指标S对泛海控股股价涨跌幅有显著影响。

表10-13 **最终回归结果（以r为因变量）**

方程	观测值	参数	RMSE	R-sq	chi2	P
r	33	4	0.0057	0.6222	54.3400	0.0012
	相关系数	标准误	z	P>|z|	[95%Conf.Interval]	
mr	0.014577	0.002128	6.85	0.000	0.010407	0.018748
lnCS	0.002461	0.001311	1.88	0.060	-0.000110	0.005031
S	0.007710	0.005362	1.44	0.150	-0.002800	0.018219
T	-0.003173	0.002981	-1.06	0.287	-0.009010	0.002670
_cons	-0.054192	0.028513	-1.90	0.057	-0.110080	0.001692

10.6 结论与投资建议

本章在前人研究的基础上，以泛海建设更名为泛海控股为例，对股票更名原因，以及主动更名后的市场反应，从长、短期两个时段探析其投资价值。短期内，上市公司更名行为带来了超越大盘指数的超额收益。泛海控股在窗口期累计超额收益最高为30%，并在窗口期内较快回归正常水平。这一方面是因为公司流通股本庞大，投资者对其投机性不高；另一方面是更名目的明确，泛海控股经营理念及多元化战略之路长远稳健，泛海控股未来拟转型为综合性业务的上市公司在前期已有体现，所以利好能够完全释放。从以上分析还可得出，由于主营业务拓展变更公司名称导致的差额收益不仅仅是业务转型造成的，亦隐含了投机心理下投资者羊群效应等非理性因素，这同时反映了我国股票市场的非有效性。泛海控股战略发展较为明朗，投资者对于大公司更名更为理性。长期内，更名后泛海控股超额收益较更名前显著。一方面，泛海的一些财务指标如每股收益、净资产收益率等在更名后较之前有较大提升，说明主营业务的拓展确实为自身带来较大成长；另一方面，实证分析显示，泛海控股在财报公布日附近的涨跌幅与其基本每股收益、市场涨跌幅、流通股自然对数、牛熊市指标关联性较强。由于其基本每股收益与每股经营现金流、主营业务拓展与否相关度较高，故可以得出企业因战略调整导致的更名行为对于其股价涨跌幅影响在长期亦有体现的结论。通过回归分析，亦可发现泛海控股作为成分股，与沪深300指数高低及其波动率关联度较高。

另外，本章研究的价值在于可以引导投资人做出更合理的投资行为。面对上市公司更名行为，短期可采取投机手段持仓，重点关注中小盘股；长期而言，真正做出业务拓展以及寻求到新的利润点的公司投资效果会更好。

本章主要参考文献

[1] EVANGELOS, MAREK. Patriotic name bias and stock returns [J] .Journal of Financial Markets, 2013, 16 (3): 550-570.

[2] LIN, ROBERT, SHIH-AN YANG, etal. The wealth effects of oil-related name changes on stock prices: evidence from the U.S. and canadian stock markets, journal of international financial markets [J] .Institutions & Money, 2015 (40): 26-45.

[3] HUNG.Corporate name changes: price reactions and long-run performance [J] .Pacific-Basin Finance Journal, 2011 (19): 230-244.

[4] BAE, WANG. What' s in a "China" name-a test of investor sentiment hypothesis [D] . Working Paper, 2010 : 429-455.

[5] MICHAEL, COOPER, AJAY, etal. Managerial actions in response to a market downturn: valuation effects of name changes in the dot.

com decline [J] .Journal of Corporate Finance, 2005 (11): 319-335.

[6] SAIM, VIJAY . The name' s game: does marketing impact the value of corporate name changes? [J] Journal of Business Research, 2015 (68): 281-290.

[7] WU . What' s in a name? What leads a firm to change its name and what the new name foreshadows [J] .Journal of Banking & Finance, 2010 (34): 1344-1359.

[8] 陈凌燕，杨承英.上市公司更名的异常收益实证检验 [J] .时代金融，2008 (2): 27-29.

[9] 邓建平，曾勇.上市公司股票更名特点和股市的概念炒作——来自A股的实证研究 [J] .管理学报，2005 (4): 455-458.

[10] 方辰君.股票更名异象、投资者关注与投资者行为分析 [J] .山西财经大学学报，2016 (2): 36-48.

[11] 蒋陆军.投资者非理性与上市公司更名效应关系研究 [J] .财经研究，2016 (4): 1-3.

[12] 李晶晶，李莉苹.基于主营业务视角对上市公司更名的市场效应对比分析 [J] .经营管理者，2016 (11): 182-182.

[13] 戚拥军，田野.上市公司更名的市场效应探析——以“山下湖”更名为“千足珍珠”为例 [J] .会计之友，2013 (16): 92-95.

[14] 查慧园，潘先栋，王学敏.上市公司变形记与市场效应——以“多伦股份”更名风波为例 [J] .金融与经济，2016 (03): 79-82.

索引